중국의 권력승계와 정책노선

17차 당대회 이후 중국의 진로

나남
nanam

나남신서 1344

중국의 권력승계와 정책노선
17차 당대회 이후 중국의 진로

2008년 10월 10일 발행
2008년 10월 10일 1쇄

저자_ 전성흥 · 조영남 外
발행자_ 趙相浩
발행처_ (주) 나남
주소_ 413-756 경기도 파주시 교하읍
출판도시 518-4
전화_ (031) 955-4600 (代)
FAX_ (031) 955-4555
등록_ 제 1-71호(79.5.12)
홈페이지_ http://www.nanam.net
전자우편_ post@nanam.net

ISBN 978-89-300-8344-7
ISBN 978-89-300-8001-9 (세트)
책값은 뒤표지에 있습니다.

나남신서 1344

중국의 권력승계와 정책노선

17차 당대회 이후 중국의 진로

전성흥 · 조영남 外

나남
nanam

Power Transition and Policy in China
China after the 17th Congress

by

Sung Heung Chun, Young Nam Cho *et al.*

nanam

2007년 10월 중국공산당 제17차 전국대표대회가 개최되었다. 역사를 거슬러 올라가면, 제1차 전국대표대회가 개최된 것이 1921년 7월이니 창당 86년 만에 그간 모두 17번의 당대회가 열린 셈이다. 중국공산당은 50여 명의 당원으로 처음 출발했으나, 17차 당대회 직전엔 약 7,336만여 명을 보유하는 세계 최대의 정당으로 발전했다. 상하이의 한 조계지(望志路 106號)에 모인 12명의 전국대표가 경찰의 삼엄한 감시망 속에서 회의도 채 마치지 못하고 저장(浙江)성의 자싱(嘉興)으로 피신해서야 겨우 '당 강령'을 통과시킬 수 있었던 창당 당시의 상황을 회고하면, 2,213명의 전국대표가 베이징의 인민대회당에 모여 수많은 내외신 기자들의 열띤 취재경쟁과 국내외의 각별한 관심 속에 성대한 잔치처럼 치른 17차 당대회는 비교조차 할 수 없을 정도로 달라진 공산당의 위상을 단적으로 잘 보여주는 것이다.

개혁개방 30년이 경과한 현재까지도 온건히 일당지배체제를 유지하는 사회주의 중국에서 최고 통치기구의 기능을 담당하는 당대회에 세인의 관심이 주목되는 것은 당연한 이치이다. 그 실제 과정은 논외로 치더라도, 최소한 형식상으론 당대회를 계기로 중국을 통치하는 최고 엘리트에 대한 인사와 함께 대내외 정책의 기본 방침이 결정되기 때문이다. 17차 당대회는 특히 집권 2기를 맞이하는 후진타오 시대 중국 지도부 내 권력승계와 공산당 노선 및 정책의 기본방향이 설정된 중요한 회의이다. 따라서 오늘의 중국을 이해하고 미래의 중국을 내다보기 위해서는 최근의 당대회를 살펴보는 것만큼 유용한 작업은 없다고 해도 과언이 아닐 것이다. 그럼에도 불구하고 이를 체계적으로 분석한 연구는 그리 많지 않다. 그런 점에서 17차 당대회를 종합적으로 분석한 이 책은 국내에선 처음으로 중국공산당 전국대표대회를 통해 중국의 현황과 변화를 설명하고자 시도한 단행본이다. 이런 시도는 나름대로 몇 가지 의미를 지니는 것으로 간주된다.

먼저, 중국연구 경향상의 특징 중 하나는 지방 및 기층 단위의 분석에 초점을 둔 미시적 접근에 치중한다는 것이다. 이는 중국 내 다양한 지역을 대상으로 현지조사와 인터뷰 등의 연구방법이 가능해진 개혁 이후 상황을 반영하는 연구경향으로서 과거 1960~70년대의 연구에 비해서는 중국을 보다 구체적으로 이해하는 데 일정 부분 주효한 것으로 평가된다. 하지만 이는 상대적으로 중앙 차원의 정치나 거시적인 접근이 필요한 문제들에 대한 연구를 소홀히 하는 경향을 의미하는 것이다.

이에 더해, 당대회에 대한 연구가 희소한 것은 중국 정치의 특징에서도 부분적인 이유를 찾을 수 있다. 즉 꽤 오래 동안 중국 정치는 최고지도자의 권력변동 등 주요 문제에서 늘 베일에 싸인 불확실성과 불투명성을 그 특징으로 했기 때문에 이른바 ‘비공식 정치과정’이 ‘공식 제도’보다 중요하다는 인식을 심어주기에 충분했고 이런 측면은 당대회를 정치적 선전의 장(場)으로만 이해하도록 했다. 그러나 최근 들어 중국 정치가 이른바 '정상정치화'(正常政治化) 되고, '제도화'(制度化) 되어 가는 추세를 보여줌으로써 당대회와 같은 공식제도에도 학자들의 관심이 점차 증대되고 있다.

따라서 당대회 분석을 통해 중국의 전반적인 현황을 파악하고자 하는 이 책의 기획 취지는 기존의 미진한 부분에 대한 하나의 보충이 되는 동시에 새로운 경향의 작은 출발이 될 것으로 생각한다. 또한 대개 당대회와 같은 시사적인 문제는 정치평론류의 분석에 해당하는 것으로 학자들의 연구 내지 집필대상으로 간주되지 못했기 때문에 그간 중국의 현실정치 현안에 대해 심도 있는 분석결과가 일반 독자들에게 전달되지 못했는데, 이 책이 다소나마 관련정보 제공에 일조할 수 있길 기대한다.

이 책은 상술한 취지하에 17차 당대회를 전후하여 국내의 관련 전문가들이 여러 차례에 걸쳐 기획회의와 세미나, 그리고 논문 발표회를 개최한 공동연구의 결과물이나. 이 책에 포함된 총 7편의 논문은 개관, 인사, 정치, 경제, 사회, 외교, 양안관계 등을 다루는 것으로서 17차 당대회를 체계적으로 이해하는 데 필요한 세부주제들로 구성되어 있다. 당대회 자체가 일종의 정치 행사로서 정치학적 분석이 주가 될 수밖에 없는 것이긴 하나, 그 정책적 함의는 경제, 사회, 대외관계 등 각 분야에 걸쳐 나타나는 것이다. 따라서 이와 같이 여러 학문분야 간의 협동을 통한 '학제적 연구'의 성격을 띠게 된 것은 보다 다양한 각도에서 종합적으로 당대회를 조명하고자 하는 의도에서였다.

제1장 '개관'(전성흥)에서는 17차 당대회의 주요 쟁점에 대한 소개를 포함하여, 개혁개방 이후 지금까지 있었던 당대회를 개괄적으로 분

석함으로써 지난 30년간 중국 사회의 변화를 당대회라는 프리즘을 통해 이해하고자 했다. 특히 그간 중국공산당이 보여준 적응의 노력을 당-국가 체제의 변천이라는 관점에서 파악했으며, 그 특징을 정책노선, 통치이념, 정권성격, 조직구성 등 4가지 측면에서 설명하고 있다.

제 2장 '인사'(김태호)는 공산당 중앙 내 주요 기관 및 인물의 변동을 매우 사실적이고 구체적으로 다루고 있다. 즉 공산당 중앙위원회와 정치국, 그리고 정치국 상무위원회의 인사결과를 세부 인적 사항까지 상세히 소개하고 있을 뿐 아니라 군 인사 및 당-군 관계에 대해서도 심도 있는 분석을 제시하고 있다. 아울러 이런 새로운 변화가 중국 지도부 내 역학관계 및 대내외 정책에 미치는 영향을 설명하고 있다.

제 3장 '정치'(조영남)에서는 이번 대회의 인사과정과 그 결과가 어떤 의미를 내포하는지를 엘리트정치의 변화라는 측면에서 분석하고 있다. 핵심인사에 대한 선발과정이 보다 제도화됨으로써 이른바 당내민주주의 내지 엘리트 민주주의가 더욱 확대되는 것으로 평가하는 동시에, 비록 전반적으로는 큰 변화가 없지만 정치체제에서도 일부 새로운 개혁적인 제도도입이 있음을 지적하고 있다.

제 4장 '경제'(정상은)는 후진타오 집권 1기에 대한 회고와 평가를 토대로 후진타오 제 2기의 경제정책에 대한 전망을 제시하고 있다. 특히 세계무역기구(WTO) 가입 이후 등장한 후진타오 체제는 글로벌 경제로의 도약이라는 과제에 직면하여 제 1기의 '고성장 지속'에서 제 2기의 '경제의 질적 발전'으로 전환하고자 하며, 이를 위해 과학발전관(科學發展觀)의 이론체계 하에 여덟 가지 방향의 정책을 추진하고 있다고 설명한다.

제 5장 '사회'(장영석)는 '11차 5개년계획'과 17차 당대회 정치보고를

토대로 후진타오 시기의 사회정책을 다루고 있다. 후진타오 1기 체제에 비해 2기 체제에는 보다 민생개선에 박차를 가한다는 기본방침이 제시되었는데 이것이 구체적으로 어떻게 정책에 반영되어 나타나는지를 세부 분야별로 분석하고 있다. 아울러 이를 집행할 수 있는 국가의 재정능력에 대한 평가도 제시한다.

제 6장 '외교'(김흥규)는 외교분야 관련 주요 인사에 대한 분석과 함께, 후진타오 2기 체제의 대외정책 변화가능성을 검토하고 있다. 즉 중국은 기본적으로 경제발전과 정치안정이라는 대원칙에 충실하고 실리 위주의 현실주의적인 자세를 견지하고 있지만 이와 동시에 보다 공격적이고 적극적인 대외정책을 추진할 개연성도 다분하다고 평가한다. 당대회 직전 대만사회 내에서는 대만의 유엔가입 추진 여부가 하나의 핫이슈가 되어 이에 대한 중국측의 반응이 어떠할지 주요 관심대상으로 부상했었다.

이에 초점을 둔 제 7장 '양안관계'(지은주)는 후진타오 시기의 양안관계에 대한 개괄적인 이해를 토대로, 예상 외로 이번 당대회에서 온건한 대응을 보인 중국측의 의도를 설명하는 한편 그 이면에 있는 강경입장의 지속이라는 양면성을 지적하고 있다.

이 책의 출판은 16차 당대회 관련 주제로 국내 학술지(〈신아세아〉)에 특집(2003년 봄호)을 기획한 것이 하나의 계기이자 모태가 되었다. 그때의 분석 및 기획의 경험과 함께, 당시 참여했던 일부 연구자들이 17차 당대회 연구팀에 흔쾌히 참여했을 뿐 아니라 기획 및 공동연구 작업에도 적잖은 조언과 도움을 주었다. 이와 관련하여 김태호, 조영남 교수 두 분께 감사드리며, 공동 편집의 부담까지 떠맡아준 조영남 교수께 특히 감사드린다. 바쁜 학기중에 기꺼이 공동연구에 응해준, 그것도 '시의성'을 이유로 촉박한 기일 내에 성의 있는 분석결과를 내도록 독촉하는 편집자의 요청에 별 불만 없이 따라준 여러 집필자 동학들에게 고마움을 전하고자 한다. 비록 기획취지에 대한 동의를 전제로 자발적 참여를 원칙으로 했지만, 편집책임자로서 개별 연구자들에게 별다른 재정적 지원을 하지 못한 데 대한 미안한 마음이 고마움을 앞선다. 이 책이 많은 독자들에게 의미 있는 참고자료가 된다면 그것이 그들에게 작은 위안과 보상이 되리라 기대해 본다.

그리고 자료수집 및 정리 등으로 수고한 서강대학교 이우준 석사와 김양민 학사 두 조교에게 감사하며, 전체 원고 편집을 맡아준 서울대학교 국제대학원의 이서영 석사와 김승호 학사에게도 감사한다.

마지막으로, 국내 출판업계에 그다지 우호적이지 못한 최근 여건 하에서도 이 책을 출판해주신 나남출판의 조상호 사장님께 심심한 사의를 표하고자 한다.

2008년 9월

집필자를 대표하여 전 성 홍

나남신서 · 1344

중국의 권력승계와 정책노선

17차 당대회 이후 중국의 진로

차 례

역대 당대회를 통해 본 중국공산당 제17차 당대회

전 성 홍 (서강대학교)

1. 서 론

공산당 일당지배를 그 특징으로 하는 사회주의 중국에서 당대회는 특별한 의미를 지닌다. 매 5년을 주기로 개최되는 당의 공식적인 최고 결정기구로서 당대회에서는 무엇보다 최고지도부에 대한 인사와 국정 전반에 걸친 정책노선이 제시된다.[1] 물론 당대회 이전에 이에 대해 충분한 내부적인 사전 논의과정을 거쳐 그 결과만을 선보이는 자리이므로 실질적으로는 관련문제에 대한 의사결정 기능보다는 대내외에 이

1) 1921년 중국공산당 창당 이래로, 초기엔 1, 2년에 한 번씩 당대회를 가졌으나 제 6차 당대회 이후부터 경우에 따라서는 최장 17년 만에 당대회를 개최하는 등 시대상황에 따라 매우 불규칙하게 운영되다가 제 11차(1977년) 부터 현재까지 매년 5년 주기로 당대회를 정례적으로 열고 있다. 역대 당대회에 대한 자세한 소개는 다음과 같은 중국의 공식 인터넷 사이트에 잘 나와 있다. "新華網特別專題: 黨史資料", 〈新華網〉, 2007. 10. 24, http://news.xinhuanet.com/ziliao/2004-11/24/content_2255749.htm(검색일: 2007. 11. 20).

를 널리 알리는 공식행사 내지 홍보기능에 더 가깝다고 봐야 할 것이다. 그럼에도 불구하고 당대회가 중요하게 인식되는 것은 그 과정여하를 불문하고 그런 중요한 변화들이 바로 당대회를 계기로 이루어진다는 사실에는 변함이 없기 때문이다. 특히 최근에는 세대교체에 의해 지도부의 권력이 승계되는 추세를 보여줌에 따라 5년 주기의 당대회가 중국 정치변화의 중요한 기점으로 자리매김함으로써 당대회에 대한 관심이 더욱 커져가고 있다.

그런 점에서 2007년 10월 개최된 중국공산당 제17차 당대회(中國共產黨 第17次 全國代表大會)에도 많은 관심이 집중되었다.[2] 그러나 그 열기는 어느 때보다 차분했다고 평가된다. 그 이유는 후술하는 바와 같이 대회 전에 외부 시각의 초점이 되었던 주요 이슈들이 대체로 짐작한 바대로였으며 예상 밖의 결과라고 할 만한 특별한 반전이 없었다고 해도 과언이 아니기 때문이다. 일례로, 최대 관심사라고 할 수 있는 정치국 상무위원회의 인선내용이 공식발표 훨씬 이전에 해외의 여러 언론매체를 통해 정확하게 보도된 것을 들 수 있다.[3] 이는 중국 정치가 비록 정책결정 과정에서의 투명성은 여전히 낮지만 상당부분 예측가능하게 되었음을 시사하는 것이다.

따라서 이번 대회는 중국 정치의 현주소를 파악하는 데 매우 중요한 판단근거가 된다고 하겠다. 전술한 바와 같이 예측가능성이 제고됐다는 것은 그만큼 과거와는 달라진 중국의 새로운 변화를 말해주는 것인바, 과연 어떤 새로운 변화들이 있는지, 그리고 그런 변화가 무엇을

---

2) 통상 중국에서는 당대회를 약칭할 때 차수 뒤에 대(大)를 붙여 '○○대'라고 부른다. 이 글에서도 그 관례를 따르기로 하되, 편의상 '○○차 당대회' 또는 '○○대' 등을 혼용하기로 한다.

3) 관련 내용에 대해선 김태호, "중국의 새로운 최고지도부 인사 분석: 내용, 성향, 함의 및 관찰자의 문제", 미래전략연구원 특별기고, 2007. 11. 8, pp. 7~8 참조.

의미하는지 등을 이해할 필요가 있기 때문이다. 아울러 이에 대한 분석은 향후 중국의 미래 발전방향과 관련하여, 중요한 측면들을 시사해 줄 것으로 생각된다. 이와 같이 변화의 추이에 초점을 둔 본 논문에서는 역대 당대회와의 비교의 관점에서 이번 대회의 의미를 짚어보고자 한다. 다만, 지난 당대회 모두를 비교할 수도 있겠지만 개혁개방 이후의 변화, 특히 최근 중국 엘리트정치의 특징을 분석한다는 점에서 개혁 이후 개최된 당대회만을 그 비교대상으로 하고자 한다. 이를 통해 상술한 문제에 대해 보다 간결하고 일관성 있는 설명을 제시할 수 있을 것으로 생각한다.

2. 역대 당대회의 회고

당대회와 관련해 가장 중요한 두 가시 이슈는 인사와 정책이라고 할 수 있다. 중국에서 개혁이라고 함은 주로 경제개혁을 지칭하는 것이라는 데 대부분 동의할 것이다. 그 이유는 주지하다시피 정치체제 개혁에 대해 비교적 심도 있는 논의가 이루어졌던 1980년대 중·후반 기간을 제외하곤 정치영역에서의 근본적인 변화가 거의 시도되지 않았고 이는 현재까지 지속되고 있기 때문이다. 따라서 중국의 정책노선이란 경제영역에 관한 것이 주가 될 수밖에 없다. 상대적으로 정치영역의 주요 이슈는 지도부 인사문제를 둘러싼 것이라고 할 수 있다. 즉 정치분야에서의 지도부 주요 인사와 경제분야에서의 새로운 개혁노선이 중국사회의 변화와 관련하여 가장 중요한 관심사항이었고 이런 결정은 주로 당대회를 통해 이루어졌던 것이다. 왜냐하면 중국은 지난 약 30년의 개혁개방 기간 동안 '경제발전'과 '정치안정'이라는 두 가지 목표를 추구해 왔는데, 정치적 안정은 지도부 내의 권력계승(인사) 문제를 적절히 해결함으로써, 그리고 경제발전은 경제체제의 시장화를 통해 이룩하고자 했기 때문이다. 아래에서 보는 바와 같이 지난 몇 차례의 당대회는 이런 중국의 노력과 변화를 잘 반영해 주고 있다.

1) 12차 당대회(1982년)

개혁 이후로서는 처음으로 개최된 당대회인 12대(大)는 여러 가지 측면에서 중요한 의미를 지니는 회의였다. 물론 마오쩌둥(毛澤東) 사후부터 1982년 9월의 12차 당대회까지 약 6년간의 시간은 중국 당사에서 가장 급박하게 상황이 전개되었던 기간이라고 할 수 있다. 그런 점에서 그 기간 중에는 당대회 못지않은 매우 중요한 사건과 변화들이 일어났다. 즉 통상 당대회에서 결정되어야할 주요 사안들이 당대회 개최까지를 기다리지 못하고 중앙위원회 전체회의(中全會) 또는 정치국회의(政治局會議)를 통해 이루어지게 되었던 것이다. 12대는 이런 일련의 과정이 종료되어 개혁노선이 확립된 시점으로서의 의미를 지닌다.

흔히 개혁의 기점으로 간주하는 1978년의 11기 3중전회는 실제 개혁정책과 관련해서는 특별한 구체적인 내용이 없는 회의였다고 할 수 있다. 그럼에도 불구하고 개혁의 시발로 보는 이유는 국가정책의 방향을 일대전환하게 된 계기가 되었을 뿐 아니라 이를 명시적으로 밝혔다는 데 있다. 회의결과를 널리 알리는 '공보'(公報)의 첫머리에 강조하고 있다시피 이른바 "전당의 업무중심을 사회주의 현대화 건설로 전환한다"는 것이 핵심인데, 그 생략된 부분은 바로 "계급투쟁노선으로부터"라는 것이다.[4] 다시 말해 문화대혁명(文化大革命, 이하 문혁)을 통

4) 공보의 다른 부분에서 "극소수 반혁명분자와 범법자들과의 계급투쟁은 필요하지만 대규모 군중운동 식의 계급투쟁은 이미 종식되었다"고 선언하고 있다. "中國共産黨第十一屆中央委員會第三次全體會議公報", 中共中央文獻研究室 編, 《三中全會以來重要文獻選編(上)》(北京: 人民出版社, 1982),

해 극명하게 드러났듯이 과거 마오(毛) 시기의 계급투쟁에서 탈피하여 경제건설을 중국의 국가목표로 재설정한다는 새로운 통치비전과 방향을 제시했다는 것이 가장 큰 변화였던 것이다.

그러나 구체적인 정책노선과 관련된 아이디어는 보여주지 못했다. 이는 덩샤오핑(鄧小平)이 말했듯이 "돌을 더듬어 강을 건너야 하는"(摸着石頭過河) 중국적 전략에 기인하는 것이기도 하지만 당시 지도부 내 상황이 이를 허락지 않았다는 데서도 부분적인 이유를 찾을 수 있다. 1977년 7월 10기 3중전회를 통해 복권(平反)된 덩(鄧)이 화궈펑(華國鋒)의 지배체제 하에서 마오 시기 사회주의건설 방식과 결별하고 새로운 방향전환을 위해서는 무엇보다 개혁 지도부를 구성하는 것이 시급했는데, 이는 당내 권력투쟁을 불가피하게 하는 것이었다.[5] 즉 구체적인 정책제시에 앞서 그것의 정당성을 확보하기 위해서는 우선 당 지도부 내에서 치열한 이념논쟁을 거쳐야 했다. 예컨대, 사상해방을 기치로 하여 1978년 5월 11일 "진리표준"에 관한 논쟁을 촉발함으로써 당내 및 일반대중을 망라하여 이데올로기적 측면에서, 마오쩌둥 사상 및 사회주의건설 노선에 대한 일대 인식의 변화를 촉구했다.[6]

---

pp. 1~15.

5) 사인방과 대결하는 과정에서는 화궈펑과 문혁 생존자 노간부 집단 간에 협력이 가능했으나 마오에 의해 권력을 승계 받음으로써 마오의 이념과 노선을 그대로 답습하고자 했던 '화궈펑'과, 문혁과 마오에 대해 비판적이었던 문혁 생존자 '노간부 집단' 사이는 근본적으로 불안정한 연합관계일 수밖에 없었다. 이는 사인방 척결이 완료되고 덩샤오핑의 복권 이후 보다 가시화되어 상호 균열로 귀결되었던 것이다. 안치영, "중국 개혁개방 정치체제의 형성(1976~1981)", 서울대학교 대학원 정치학 박사학위논문(2003. 8), pp. 89~158 참조.

6) 이 논쟁은 "실천은 진리를 검증하는 유일한 기준"(實踐是檢驗眞理的唯一標準)이라는 제목의 글이 특약평론원(特約評論員)의 명의로 1978년 5월 11일자 《光明日報》에 게재됨으로써 촉발되었는데, 그 원문은 다음 자료에서도 찾아볼 수 있다. 張樹軍·高新民, 《中共十一屆三中全會歷史檔案(下)》

그 공격의 대상은 바로 '범시론'(凡是論)의 논리요, 그런 논리에 기초한 정치세력으로서의 '범시파'(凡是派)였다. 7)

그 후 당내 주요 인사에서 덩은 화궈펑 세력을 몰아내고 그 자리를 자신의 사람들로 대체했다. 1977년 8월 11차 당대회(11大)에서 중앙위원으로 선출된 후야오방(胡耀邦)은 11기 3중전회에서 총서기로 임명되고, 1980년 2월 11기 5중전회에서 자오쯔양(趙紫陽)과 함께 정치국 상무위원에 선출된다. 1980년 11월 사인방(四人幇) 재판과 함께, 정치국 확대회의에서 화궈펑은 집중적인 공격을 받고 당 중앙군사위원회 및 국가 중앙군사위원회 주석직 사의를 표명하고 이를 11기 6중전회에서 공식 처리하기로 결정한다. 마오에 대한 평가를 포함해 중국 당사의 주요 문제에 대한 공식적인 입장 표명이 이루어진 1981년 6월의 11기 6중전회에서 화궈펑은 당 주석직은 후야오방에게, 중앙군사위원회

(北京: 中國經濟出版社, 1998), pp. 323~332. 애초에 난징(南京)대학의 철학과 교수인 후푸밍(胡福明)이 기초하고 후야오방이 지도 및 검토한 것으로 알려진 이 글은 매우 복잡한 정치적 과정을 거쳐 게재되었는데, 그 핵심 요지는 바로 "어떤 이론도 부단히 실천 속에서 검증을 받아야 한다"는 주장이다. 이에 대한 자세한 논의는 沈寶祥, 《眞理標準問題討論始末》(北京: 中國青年出版社, 1997); 湯應武, 《1976年以來的中國》(北京: 經濟日報出版社, 1997), pp. 53~57.

7) 이미 잘 알려진 사실로서 화궈펑과 그 추종세력은 1977년 2월 7일 〈人民日報〉, 〈紅旗〉, 〈解放軍報〉 등에 연합 사설(社論)의 형식으로, "學好文件抓住綱"라는 제하의 글을 게재했다. 여기에서 "마오 주석이 내린 결정은 무엇이든지 우리가 확고부동하게 수호해야 하고, 마오 주석의 지시는 무엇이든지 우리가 시종일관 준수해야 한다"는 내용의 이른바 두 개의 범시(兩個凡是)를 제시한 이래로 마오 노선 견지의 당위성을 주장하고자 했는데, 그 논리를 범시론(凡是論), 그리고 그 정치세력을 범시파(凡是派)로 칭했다. 그 원문 및 배경에 대해서는 각각 다음을 참조. 張樹軍·高新民, 《中共十一屆三中全會歷史檔案(上)》(北京: 中國經濟出版社, 1998), pp. 318~321; 劉勇·高化民 主編, 《大論爭: 建國以來重要論爭實錄(下冊)》(珠海: 珠海出版社, 2001), pp. 112~116.

주석직은 덩샤오핑에게 각각 이양하고 자신은 당 부주석으로 강등되고 정치국 상무위원회에서 가장 서열이 낮은 제 7위에 머물게 된다.[8] 반면 1980년 9월 제 5기 전국인민대표대회(全國人大) 3차회의에서 총리에 오른 자오쯔양은 6중전회에서 다시 당 부주석으로 승진함으로써 당내 서열이 후야오방, 예젠잉(葉劍英), 덩샤오핑 다음인 제 4위로 오른다.[9]

이런 일련의 과정을 통해 볼 때, 12차 당대회는 11기 3중전회에서 등장한 개혁개방의 정책노선을 인적 구성 및 권력구조의 측면에서 최종 승인해주는 의미의 회의였다고 하겠다. 마오 사후에 마오 자신도 보유해보지 못했던 당·정·군의 최고위직을 한 손에 장악하고 마오의 후계자로 등극했던 화궈펑은 12차 당대회를 통해 정치국에서 완전히 축출되고 그 지지 세력도 대부분 도태되고 만다. 이로써 후(黨)-자오(政)-덩(軍)으로 구성되는 이른바 트로이카(三頭馬車) 체제가 구축되어 개혁 지도부의 권력기반이 공고히 됨으로써 본격적으로 개혁노선을 추진할 수 있는 정치적 기반이 확립되었다고 할 수 있다.

또한 과도한 권력집중의 근본원인으로 지적된 문혁의 재발을 방지할 수 있는 제도적 장치를 마련하고자 주석직 폐지, 종신제 폐지, 중앙고문위원회의 신설 등의 조치가 이루어졌고,[10] 당장(당규약, 黨章)

---

8) 이 회의에서는 이른바 '역사결의'로 불리는 문건이 통과되었는데, 이를 통해 마오쩌둥 사상을 부정하지 않으면서도 과거 정책노선을 비판하는 등 개혁개방의 정당화라는 차원에서 1921년 공산당 창당 이래 지난 역사에 대한 총체적인 평가가 내려졌다. "中國共産黨中央委員會關於建國以來黨的若干歷史問題的決議", 中共中央文獻硏究室 編, 《三中全會以來重要文獻選編(下)》(北京: 人民出版社, 1982), pp. 788~846.

9) 보다 구체적인 과정에 대해선 Shu-shin Wang, "Hu Yaobang: New Chairman of the Chinese Communist Party", *Asian Survey*, 22-9(September, 1982), pp. 801~822 참조.

10) 주석직 폐지의 명분은 당 주석과 총서기의 기능상의 중복을 없애자는 것이었다. 그런데 실제 목적은 총서기는 서기처를 관장하고 정치국 및 그 상무

에 대한 전면적인 개정을 통해 마오 시기의 좌파적 요소를 대폭 제거하는 한편 개혁개방 시대에 걸맞은 당 체제를 구비하고자 했다.[11] 또한 강대국과의 적대관계 청산을 통해 경제건설에 유리한 국제환경을 조성하고자 독립자주(獨立自主) 외교노선을 제기했다. 그리고 중국 개혁의 이데올로기적 기초이자 이론적 근거인 덩샤오핑의 '중국 특색의 사회주의' 개념과 그 기본 아이디어가 제시되었다는 점도 이 회의의 의의 중 하나라고 할 수 있다.[12] 따라서 12대는 개혁의 대세를 최종적으로 확고하게 굳힌다는 의미를 지닌 당대회였다고 하겠다.

2) 13차 당대회(1987년)

12대가 개혁 지도부의 권력기반 확립을 확정하는 당대회였다면 13대는 그 개혁노선의 정책방침을 구체적으로 제시하는 계기였다고 할 수 있다. 그 과정은 대략 다음과 같다. 12대 이후 차기 당대회가 개최되기 전인 1985년 9월 중국은 임시 당대회의 성격을 띠는 전국대표회의

위원회를 소집하는 권한에 국한함으로써 개인숭배의 부활 가능성을 최소화하자는 의도였다. 고문위원회는 원로들의 자문기관이었는데 실제는 고령 간부 및 정치적 도태 대상의 간부들의 퇴임을 촉진하는 과도기적 기관이라고 봐야 할 것이다. Lowell Dittmer, "The 12th Congress of the Communist Party of China", *The China Quarterly*, 93(March, 1983), p. 112.

11) 예컨대 계속혁명론과 계급투쟁을 중심으로 삼는다는 조항을 삭제하고 계급투쟁이 더 이상 주요 모순이 아님을 명시했으며, 프롤레타리아 계급 정당이 아니라 전체 인민의 이익을 대변하는 공산당으로 재규정되었고, 당의 영도(共産黨的領導) 역시 모든 업무를 포괄하는 것이 아니라 정치, 사상, 조직 영도 등에 국한되어야 한다고 제한했다. "中國共産黨章程(1982. 9. 6)", 中共中央文獻硏究室 編, 《十二大以來重要文獻選編(上)》(北京: 人民出版社, 1986), pp. 63~90.

12) 원문은 다음 〈정치보고〉를 참조할 것. 胡耀邦, "全面開創社會主義現代化建設的新局面", 中共中央文獻硏究室(1986), pp. 6~62.

(全國代表會議)를 개최했다. 공식 의제는 '제7차 5개년계획(7·5 계획)'의 초안을 심의하고 조직을 재정비한다는 것이었다. 그러나 이런 문제는 중전회 차원에서도 다루어질 수 있는 것으로서 실제 사유는 지도부 인사와 관련된 것이었다. 덩잉차오(鄧穎超), 네룽전(聶榮臻), 예젠잉(葉劍英) 등이 퇴임하고, 후치리(胡啓立), 리펑(李鵬), 톈지윈(田紀雲) 등의 신세대가 등장했다. 문혁 이후 복권한 간부들 대부분이 고령으로서 시간이 갈수록 업무수행이 용이하지 않았기 때문이다. 그리고 이런 명분 이외에도 개혁에 보수적인 군 출신 원로들을 퇴출하고자 하는 의도도 가미된 것이었다. 실제 1983년 3월~1985년 9월에 중앙 및 지방의 당·정·군 지도부를 대상으로 대대적인 인사개편 작업이 이루어졌는데 이는 보다 젊고 개혁성향의 지도 간부들을 충원하려는 취지에서였다.[13]

이와 같은 개혁 지도부의 인사작업은 비교적 순조롭게 진행되었고, 이와 함께 개혁 지도부의 정치적 기반도 갈수록 공고해지는 듯 했다. 그러나 새로운 반전은 뜻하지 않게 안후이(安徽)성의 허페이(合肥)시에서 일어났다. 1980년대 중반 무렵 정치체제 개혁에 대한 논의가 활성화되고 이런 분위기에 편승하여 1986년 정부개혁을 요구하는 대학생들의 시위가 발생했던 것이다. 그리고 이에 적절히 대처하지 못했다는 사유로 개혁노선의 등장 이후 공식적인 최고지도자의 지위에 오른 후야오방 총서기가 사임하기에 이른다. 13차 당대회에서는 그 후임으로 자오쯔양 총리가 총서기로 정식 발탁되었다. 이로써 초기 개혁 지도부의 드림팀 구성에 중요한 변화가 발생하게 되었으나, 중앙위원 등 주요 인사에서 기술관료들(*technocrats*)이 대거 등장함으로써 카리스마적 인물의 지배에서 전문 기술관료의 지배시대로의 리더십 변화를 보

---

13) David S. G. Goodman, "The National CCP Conference of September 1985 and China's Leadership Changes", *The China Quarterly*, 105 (March, 1986), pp. 123~130.

여주었다.[14]

특히 13차 당대회에서는 보다 개혁을 체계화하고 심화하는 몇 가지 정책방침들이 제기되었다.[15] 첫째, 개혁 이후 진행되어 온 사회주의 및 자본주의에 대한 재인식 작업을 종합적으로 정리하여 이를 이론화 수준으로 끌어올린 '사회주의 초급단계'(社會主義初級階段) 론이 공식 제기되었다. 시장화 개혁에도 불구하고 중국은 사회주의체제를 견지해야 한다는 것, 그리고 이와 동시에 생산력 발전에 최우선 목표를 둬야 하는 현재의 초급단계를 건너뛸 수 없다는 것 등을 핵심내용으로 하는 바, 이는 '중국 특색의 사회주의' 담론의 구체적인 한 이론으로서 1980년대 후반 이후 일정 기간 동안 중국의 개혁노선을 정당화해주는 이데올로기적 기초로서 기능했다. 둘째, 개혁개방과 사회주의체제 간의 관계에 대한 당의 사상통일을 위해 '하나의 중심'(一個中心)과 '두 개의 기본점'(兩個基本點) 논리를 제기했다. 그 후 개혁과정에서 당 지도부는 경제적으론 반좌(反左), 정치적으론 반우(反右)경적 정책이라는 모순된 태도를 견지함으로써 경제발전과 체제안정이라는 이중의 목표를 추구하고자 했는데, 이를 그 이론적 준거 내지 지도원칙으로 주로 활용했다. 셋째, 이른바 정치체제 개혁의 총체적 구상으로서, 당정분리(黨政分開), 분권화(權力下放), 기구간소화(機構改革) 등의 주요 개혁의제가 구체적으로 제시되었다.[16] 당시 중국 지도부가 정치분

---

14) 이런 기술관료의 등장 현상은 흔히 기존의 혁명간부 세대로부터의 변화로 설명되었다. Hong Yung Lee, *From Revolutionary Cadres to Party Technocrats in Socialist China*(Berkeley: University of California Press, 1991).

15) 그 구체적인 내용은 자오쯔양 총서기의 다음 〈정치보고〉에 잘 나타나 있다. 趙紫陽, "沿着有中國特色的社會主義道路前進", 中共中央文獻硏究室 編, 《十三大以來重要文獻選編(上)》(北京: 人民出版社, 1991), pp. 4~61.

16) 그 외에도 간부 인사제도 개혁, 사회 협상대화제도 건립, 사회주의 민주정치제도 완비, 사회주의 법제건설 강화 등의 개혁프로그램이 포함되었다. 趙紫陽(1991).

야의 변화에 대해 극히 보수적이었지만 문혁에 대한 반발과 그 재발 방지라는 차원에서, 그리고 경제체제 개혁에 부합하기 위한 정치체제의 보조적 변화 필요성이라는 측면에서 개혁 초기부터 그 개혁의 방향을 모색했는데, 이 '구상'이 바로 그 고민의 결과로 제시된 것이라고 하겠다.[17] 그러나 주지하다시피 이때를 정점으로 중국 지도부는 더 이상의 진전된 '체제개혁 프로그램'을 제시하지 않았을 뿐 아니라 오히려 현재에 이르기까지 이보다 퇴보되거나 맥락이 다른 정치개혁의 양상을 보여주고 있다는 점에서 시사하는 바가 많다.

따라서 13차 당대회는 비록 학생시위와 같은 정치적 사건과 후야오방 총서기의 실각 등 최고지도부 내 주요 인사변동에도 불구하고 경제 및 정치 체제개혁은 지속되었을 뿐 아니라 보다 심화된 측면을 보여주었다. 이는 자오쯔양이라는 대안이 있었기 때문이기도 하지만 무엇보다 개혁노선 추진에서 덩샤오핑이 행한 역할에 주목하지 않을 수 없다. 이 시기 덩의 역할에 대해선 많은 얘기들이 있으나 그가 복잡한 중국 정치구도에서 실질적인 최고 권력자로서 군림했다는 사실에는 별다른 이견이 없을 것으로 생각한다.[18] 후야오방 총서기의 실각에서부터 14차 당대회에 이르기까지 몇 차례에 걸친 정책노선상의 반전과 최고지도자의 권력계승 과정에서 덩은 결정적인 역할을 수행했는데, 이는 다음과 같은 과정에서 잘 나타난다.

17) 그 고민은 덩샤오핑의 다음 연설문에 잘 반영되어 있다. 鄧小平, "黨和國家領導制度的改革", 中共中央文獻硏究室 編(上) (1982), pp. 510~534.

18) 당시 덩샤오핑의 위상과 그에 대한 당 내외 인식에 대해선 Stuart R. Schram, "China after the 13th Congress", *The China Quarterly*, 114 (June, 1988), pp. 195~196을 참조할 것.

3) 14차 당대회(1992년)

13차 당대회에서 14차 당대외에 이르는 기간은 개혁 이후 중국 정치에서 가장 극적인 변화를 보여준 시기로 볼 수 있다. 약 50일에 걸쳐 한때 100여 만 명에 이르는 군중들이 모여 벌인 톈안먼(天安門) 시위와 함께, 구소련을 비롯한 동구 사회주의국가들이 붕괴 내지 와해되는 사태가 도미노처럼 전개됨으로써 그야말로 중국 지도부의 입장에서는 내우외환의 국가 위기상황을 맞이했다. 자오쯔양 총서기는 톈안먼 사건 직후 개최된 13기 4중전회에서 시위군중에 동조적이었을 뿐 아니라 당을 분열시킨 죄목으로 권좌에서 물러나고, 이에 대신해 상하이시 당위원회 서기였던 장쩌민(江澤民)이 일약 총서기로 발탁됐다. 당시 자오쯔양을 대신할 총서기 감으로서 경력이나 신임 면에서 장쩌민을 능가하는 많은 후보자들이 중앙 및 지방 지도자 그룹에 있었다는 점에서 장쩌민이 총서기 직을 승계하게 된 정확한 경위는 불분명하다.[19] 다만 천윈(陳雲) 및 리셴녠(李先念)과 같은 원로들의 강력한 추천이 있었듯이 이 무렵에는 원로 정치인들이 당과 국가의 주요 문제에 직·간접적으로 개입했을 뿐 아니라,[20] 덩샤오핑과 같은 카리스마적인 인물이 공식 및 비공식 라인을 통해 특별한 역할을 행사했다는 사실과 불가분의 관계가 있는 것으로 추측된다. 이런 점은 후술하는 바와 같은 16차 당대회 이후의 제도화 과정과 크게 대비된다고 하겠다.

어떤 의미에서 보면 이는 후야오방에 이어 자오쯔양까지 실각됨으로써 개혁개방 노선에서 초기 덩샤오핑의 당 지도부 내 핵심인사 안배

19) Andrew J. Nathan and Bruce Gilley, *China's New Rulers: The Secret Files*(New York: New York Review Books, 2002), p. 147.

20) 덩샤오핑, 천윈, 양상쿤, 보이퍼(薄一波), 펑전(彭眞), 리셴녠, 왕전(王震), 덩잉차오 등 8명의 원로들이 핵심 인물이었는데 이들은 이른바 '八老'로 불렸고 그런 중국정치의 특징은 원로정치(*gerontocracy*)로 규정되었다.

가 실패로 귀결된 것으로 해석될 수도 있다. 그러나 다른 한편으론 오히려 이로써 경제개혁과 정치안정이라는 이중의 목표를 추구하려는 덩의 의도가 보다 분명하게 나타났다고 볼 수도 있다. 당시 혼란스런 정국의 소용돌이 속에서 당 지도부 내에선 다양한 의견과 주장들이 개진되었는데, 덩의 이런 이중적 태도는 공격의 대상이 되기도 했다. 즉 덩은 톈안먼사건 이후 침체된 경제에 새로운 활력을 불러일으켜야 할 필요성을 강조한 반면, 천윈은 제한된 범위와 속도의 경제개혁을, 그리고 덩리췬(鄧力群) 등은 이데올로기 업무의 중요성을 주장했다.[21] 어떤 의미에서는 경제개혁의 심화와 정치적 보수화라는 덩의 정책경향은 이런 당내 분위기가 연출한 타협의 결과물이라고 볼 수도 있다. 그러나 보다 분명한 것은 그 배경여하를 불문하고, "정국 안정이 최우선"(穩定壓倒一切)이라는 당시 구호에서도 잘 알 수 있듯이 결과적으로 덩 자신은 정치적 안정이라는 대전제 하에 시장화 개혁을 확고부동하게 추진해 나가야 한다는 상황인식 하에 있었다는 사실이다.

이런 덩의 인식과 정치적 역할을 결정적으로 잘 보여 준 것이 바로 1992년 초 남순강화(南巡講話)였다.[22] 자오의 실각 이후 리펑과 같은 보수적인 지도자들이 권력을 장악하는 한편, 정책노선에서도 1988년 조정(治理整頓) 정책의 추진과 함께 긴축의 기조가 유지되었는데, 덩의 남순강화는 이에 대한 일대 대반전을 초래하는 것이었다. 즉 덩은 남순강화를 통해 톈안먼사건과 소·동구 사회주의권의 몰락에도 불구하고, 그리고 중국 개혁의 이데올로기적 성격에 대한 논쟁에도 불구하

21) 각각의 견해에 대한 자세한 설명은 다음을 보라. Tony Saich, "The Fourteenth Party Congress: A Programme for Authoritarian Rule", *The China Quarterly*, 132(December, 1992), pp. 1140~1141.

22) 鄧小平, "在武昌, 深圳, 珠海, 上海等地的談話要點", 中共中央文獻研究室 編, 《十三大以來重要文獻選編(下)》(北京: 人民出版社, 1993), pp. 1851~1865.

고,[23] 중국은 일관되게 개혁개방을 심화시켜 나가야 한다는 것을 권위적으로 재확인시킴으로써 향후 관련정책들이 이를 근거로 정당성을 갖게 해 주었다.

톈안먼사건과 소련·동구의 변화, 그리고 남순강화 이후 개최된 14대는 이런 점에서 매우 중요할 뿐 아니라 새로운 대전환을 의미하는 당대회였다. 그 이전까지는 이른바 "돌을 더듬어 강을 건너는 식"의 실험주의적 방식으로 개혁의 방향을 탐색했다면, 14차 당대회를 통해 중국 지도부가 확고한 개혁의 목표와 근거를 제시함으로써 일사불란하게, 그리고 보다 "심화된 형태의 개혁"을 추진할 것을 천명했기 때문이다.[24] 돌이켜보면, 중국 경제가 비약적인 발전을 이룩한 것은 2001년 세계무역기구(World Trade Organization / WTO) 가입이 계기였지만, 여러 가지 우여곡절 끝에 시장화 개혁의 정책노선을 확립한 것은 바로 1992년의 14차 당대회를 통해서였다. 특히 이에 대해 보다 보수적인 입장을 지녔던 리펑과 장쩌민을 포함해 대부분의 당 지도자들이 전폭적인 지지를 표명했을 뿐 아니라, "11기 3중전회 이후의 기본노선을 100년간 견지해야 한다"는 덩의 남순강화 내용을 구체적으로 명시하고 "향후 100년 간 모든 국가정책은 사회주의 초급단계라는 국정(國情)을 벗어나선 안 된다"고 공식선언했다.[25] 또한 중국 특색의 사회주의 건

---

23) 당시 중국 내에서는 개혁개방이 사회주의적인 성격을 견지하는 것인지 아니면 자본주의적인 것인지라는 문제가 제기되어 일대 논쟁이 전개되었는데 이를 이른바 '성사성자'(姓社姓資) 논쟁이라 칭한다. 이에 대해서는 馬立誠·凌志軍, 《交鋒: 當代中國三次思想解放實錄》(北京: 今日中國出版社, 1998), pp. 157~223; 劉勇·高化民 主編, 《大爭論: 建國以來重要論爭實錄》(珠海: 珠海出版社, 2001), pp. 283~311.

24) 중국의 개혁 과정에 있어서 14차 당대회가 지니는 이런 대전환의 의미와 그 내용은 다음에 잘 서술되어 있다. Guoli Liu and Lowell Dittmer, "Introduction: The Dynamics of Deep Reform", Lowell Dittmer and Guoli Liu (eds.), *China's Deep Reform: Domestic Politics in Transition* (Oxford: Rowman & Littlefield Publishers, 2006), pp. 1~24.

설에 관한 이론을 지도이념으로 당장에 삽입하였을 뿐 아니라,[26] '사회주의 시장경제'(社會主義市場經濟) 이론을 제기함으로써 개혁 이후 중국 당내에서 제기되었던 다양한 비판적 시각과 논쟁들을 일단락 짓고 시장경제로의 전환을 돌이킬 수 없는 대세로 굳히는 계기가 된 것이다. 이에 비해 이전 당대회였던 13대에서 개혁의 총체적 구상이 의욕적으로 제시되었던 정치체제 개혁에 대해선 더 이상 별 언급이 없을 뿐 아니라 오히려 '당의 역할'을 강조하는 정책기조로 변화된 양상을 보여주었다.[27] 그 후 중국이 당면한 시대상황에 따라 다소간의 조정이 있긴 하였으나 기본적으로 이런 14차 당대회의 노선이 현재까지 유지되고 있다고 해도 과언이 아니다.

인사 면에서는, 장쩌민이 총서기 및 중앙군사위 주석직을 유지하는 한편 양상쿤(楊尙昆)이 실각했고, 당교 교장의 직책을 이용해 광범위한 네트워크를 구축한 차오스(喬石)와 차기총리 물망에 오른 주룽지(朱鎔基)가 부상하였으며, 후진타오(胡錦濤)가 49세라는 젊은 나이로 정치국 상무위원회에 진입했다. 특히 후진타오는 그의 정치적 후원자 송핑(宋平)의 천거를 통해, 그리고 보다 장기적으로 권력계승 과정을

25) 江澤民, "加强改革開放和現代化建設步伐, 奪取有中國特色社會主義事業的更大勝利", 中共中央文獻硏究室 編, 《十四大以來重要文獻選編(上)》(北京: 人民出版社, 1996), pp. 1~47.

26) "中共中央關於'中國共産黨章程(修正案)'的說明", 中共中央文獻硏究室(1996), pp. 48~58.

27) 예컨대, 13차 당대회에서는 정부기구 내 당조(黨組) 폐지를 제기했었는데, 14차 당대회에선 기층 당조직의 역할을 강조했으며, 정치개혁의 총체적 구상을 제기한 13차 당대회와는 달리, 14차 당대회에선 사회주의 민주 및 법제 건설과 인민대표대회 기능 강화 등을 제외하곤 당정분리 등과 같은 핵심적인 정치개혁 프로그램에 대해서 전혀 언급이 없다. 그리고 정기분리(政企分開) 조치 역시 13차 당대회에선 분권화(정치개혁)의 일환으로 다루고 있는 데 비해 14차 당대회에선 이를 경제개혁 부분에 포함시키고 있다. 中共中央文獻硏究室(1991); 中共中央文獻硏究室(1996).

안정화하려는 덩샤오핑의 정치적 고려에 의해 발탁되었다. 이때부터 후진타오는 비공식적으로 제4세대 지도부의 핵심으로 간주되었는데,[28] 그 후 2002년 16차 당대회에서 총서기 직에 임명되기까지 일련의 과정은 중국공산당 권력계승의 제도화와 관련하여 매우 중요한 시기라고 하겠다. 또한 지방의 대표성이 증대되었고, 중앙위원의 83.7%가 전문대졸 이상의 학력 소유자로 구성되었다. 반면, 중앙위원회 및 정치국 회의에 참석하는 등 원로들이 정책결정에 직·간접적으로 간여할 수 있도록 제도적으로 보장한 중앙고문위원회가 폐지됨으로써 보수세력의 권력기반은 상대적으로 약화되었다.[29]

4) 15차 당대회(1997년)

이와 같이 5년 주기의 당대회의 관점에서 보면, 두 차례에 걸친 최고지도자의 인사경질에도 불구하고 중국은 개혁개방의 기본노선을 일관되게 유지한 것으로 보인다. 이는 그만큼 중국 지도부 내 개혁정책에 대한 확고한 합의의 기초가 마련되어 있다는 것을 말해주는 것이라고 볼 수도 있으나, 앞서 언급한 바와 같이 이에 대한 덩의 인식과 중국 정치에서 덩이 차지하는 위상 및 역할과도 불가분의 관계에 있는 것이라고 하겠다. 덩의 카리스마적 리더십이 아니라면 그것이 타협의 결과이든, 독단적 결정이든 일관된 정책기조를 견지하기 어려웠을 것이기 때문이다. 그렇기 때문에 덩은 때론 지도부 내 개혁파의 보스로

---

28) 중국 정치에서 현재와 같은 세대 구분은 덩이 그의 두 번에 걸친 권력승계 작업이 실패로 귀결되자 세대교체를 통한 권력승계를 대안으로 생각하고 톈안먼사건 직후 장쩌민을 제3세대 지도그룹의 핵심(核心)으로 공언해준 이후 통용되고 있는 것이다. 세대 구분에 대한 보다 상세한 분석은 Cheng Li, *China's Leaders: The New Generation*(Oxford: Rowman & Littlefield Publishers, 2001), pp. 1~24 참조.

29) Saich(1992), pp. 1148~1155.

서, 때론 파벌 내지 계파를 초월하여 중국 지도부 내 최고 권력자로서 모종의 조정자 및 최고 결정권자로서의 역할을 수행하는 것으로 간주되었다.

이런 점에서 15대는 중국 당사에서 카리스마적 인물이 부재한 상황에서 개최된 최초의 당대회였으며, 특히 개혁의 총설계사로 칭해졌던 덩의 사후(死後) 처음으로 개최된 회의라는 점에서 주목받았다. 무엇보다 덩에 의해 일약 총서기로 발탁됐던 장쩌민은 당과 군 내 권력기반이 없어 그간 화궈펑과 같이 과도기적 인물로 간주되기도 했는데, 과연 덩 사후에도 자신의 권좌를 지킬 수 있는지가 관심의 초점이었다. 결론적으로 장쩌민은 15차 당대회에서 물러나지 않았을 뿐 아니라 자신의 권력기반을 보다 공고히 했다. 즉 14대에서 양상쿤 세력(이른바 楊家將)을 몰아내고 군부장악의 기반을 마련했을 뿐 아니라, 그간 줄곧 자신을 견제해 온 천시통(陳希同) 베이징시 당서기를 부패척결 작업을 통해 당에서 축출했으며, 강력한 라이벌로 성장한 차오스(喬石)를 15차 당대회에서 퇴출시킨 것이다.[30]

특히 차오스는 핵심제(核心制)를 강조하는 장쩌민과는 달리 법제(法制)를 우선시하는 등 다른 정책성향의 소유자로 알려졌는데, 그의 거취는 장쩌민의 진퇴여부와 함께 많은 주목을 받았나. 그런 점에서 차오스의 실각은 의외로 받아들여졌다. 명문규정은 아니지만 자체 내규 형식으로서 국가 지도자급 직위에 해당하는 자는 70세를 넘지 않도록 합의한 것이 그 근거인데, 이에 해당하는 차오스가 퇴진한 반면 장쩌민은 잔류한 것이 크게 대비되었다. 나름대로의 사유가 알려져 있으나,[31] 그 이유 여하를 막론하고 분명한 사실은 양상쿤 세력과 천시통

30) Li Cheng and Lynn White, "The Fifteenth Central Committee of the Chinese Communist Party: Full-Fledged Technocratic Leadership with Partial Control by Jiang Zemin", *Asian Survey*, 38-3(March, 1998), pp. 236~237.

배제에 이어, 이로써 장쩌민은 제3세대 지도부의 핵심으로서 확고부동한 권력을 행사할 수 있게 되었다는 것이다. 기타 인사에서도 흥미로운 사실은 정치국 상무위원 7명 모두가 기술관료 출신일 뿐 아니라 24명의 정치국원 중 18명이 엔지니어(工程師) 경력을 보유했다는 것이다. 기술관료의 등장은 12차 당대회부터 나타난 특징으로서 새로운 사실이라고 보긴 어려우나 당 중앙 내에 광범위하게 분포한다는 점에서 이례적인 현상으로 볼 수 있으며, 다른 한편으로 이는 장의 당내 주요 지지 기반을 형성한다는 점에서 주목되었다.[32]

15차 당대회에서는 기존의 맑스·레닌주의-마오쩌둥 사상에 이어 덩샤오핑 이론(鄧小平理論)이 당장에 공식적으로 삽입되었는데, 전술한 바와 같이 14차 당대회에서도 '중국 특색의 사회주의 건설'에 관한 이론이 지도이념으로 채택되었으나 차이점은 기존엔 특정인의 이름을 명기하지 않았으나 이번엔 덩샤오핑이라는 한 개인을 지칭해서 그 이론의 주체를 보다 분명하게 했다는 것이다.[33] 이는 본인이 생존해 있을 때와 그렇지 않을 때를 구분한 것이기도 하지만 그만큼 정책노선 추진에 덩의 권위를 추앙하는 의미도 내포하고 있다. 그리고 대회 전

---

31) 예컨대, 회의 기간중 개최된 정치국 확대회의에서 장은 당 지도부 내 젊은 피 수혈의 필요성을 강조한 전국 대표들의 의견을 근거로 들어 자신도 용퇴할 의사가 있음을 밝혔으나 당시 보이포(薄一波)가 10월로 예정된 클린턴 미 대통령의 예방과 제3세대 지도부의 중심이 필요하다는 명분을 내세워 장을 제외한 모든 70세 이상의 지도자들이 물러날 것을 제안해 그것이 관철되었다고 알려져 있다. 그리고 그 대신 장은 차기에 모든 직책에서 물러날 것과 차오스의 후임으로 차오가 신임하는 웨이젠싱(尉健行)을 상무위원에 임명하는 것을 받아들였다는 것이다. Richard Baum, "The Fifteenth National Party Congress: Jiang Takes Command?", *The China Quarterly*, 153 (March, 1998), p. 151.

32) 이에 대한 보다 체계적인 분석은 Li and White(1998), pp. 231~264 참조.

33) "中共中央關於黨章修正案的說明", 中共中央文獻硏究室 編, 《十五大以來重要文獻選編(上)》(北京: 人民出版社, 2000), pp. 52~60.

기대와는 달리 정치체제 개혁에 대해선 별 다른 변화가 없었으며 사회주의 민주(社會主義 民主)와 법제(法制), 그리고 '공산당 영도의 다당합작'(共産黨 領導的 多黨合作) 및 '정치협상'(政治協商) 제도를 강조하는 데 그쳤다. 경제정책에 가장 큰 변화는 공유제에 대한 새로운 해석과 함께, 대형국유기업을 제외한 나머지에 대해선 보다 과감한 개혁(큰 기업은 남겨두고 작은 기업은 매각한다는 방침, 이른바 '抓大放小')을 추진하겠다는 의지를 표명한 것이다.[34] 이런 당의 결정은 추후 헌법 개정을 통해 사적 소유가 법적 보장을 확보하는 중요한 근거가 되는 것이었다.

5) 16차 당대회

14차, 15차 당대회, 그리고 WTO 가입 결정을 통해 중국은 시장화·사유화·개방화에 있어서 너 이상 이데올로기적인 제약을 받지 않고 일사불란한 개혁과 경제발전을 추진할 수 있게 되었다. 이는 거시적 차원의 정책노선이나 경제발전 전략에 있어서만큼은 지도부 내 큰 이견이 없게 되었음을 의미한다. 이런 점에서 16차 당대회를 통해 나타난 새로운 변화를 든다면, 그것은 당내·외에서 많은 논쟁을 야기했지만 궁극적으로 삼개대표론(三個代表論)이 공식 지도사상으로 당장에 삽입되었다는 것이다.[35] 그러나 이는 국가발전 전략과 관련된 정책

---

34) "비공유제 경제부문이 중국 사회주의 시장경제의 중요한 구성 부분이다"라고 새롭게 규정함으로써 기존에 비공식적으로 진행되어 오던 사유화가 공식적으로 체제 내에서 인정받게 된다. 江澤民, "高擧鄧小平理論偉大旗幟, 把建設有中國特色社會主義事業全面推向二十一世紀", 中共中央文獻硏究室(2000), pp. 1~51.

35) "中國共産黨 第十六次 全國代表大會關於'中國共産黨 章程(修正案)'的 決議", 中共中央文獻硏究室 編, 《十六大以來重要文獻選編(上)》(北京: 中央文獻出版社, 2005), pp. 45~47.

노선의 변화라기보다는 공산당의 성격과 역할에 관한 전술적 재규정의 의미가 강하다. 다시 말해 시장화 개혁에 따른 계층분화 현상은 노동자·농민에 계급적 기반을 둔 현 공산당의 정통성을 위협하는 것인데, 이른바 계급정당(階級黨)에서 국민정당(全民黨)으로, 그리고 혁명당(革命黨)에서 집권당(執政黨)으로 변신함으로써 실질적인 자본주의화 추세에도 불구하고 일당지배 체제를 논리적으로 정당화하는 동시에, 체제외 영역에서 중대한 도전세력으로 성장할 잠재력을 지닌 자본가계급을 사전에 체제 내로 흡수하고자 하는 의도라고 볼 수 있다.

16차 당대회의 핵심이슈는 무엇보다 인사문제였다. 특히 장쩌민의 퇴진과 후진타오의 권력승계 여부가 초미의 관심대상이었다. 덩샤오핑에 의해 일찌감치 제4세대 지도자로 발탁되어 그 능력을 검증받았으나 덩이 없는 상황에서 과연 장쩌민이 순조롭게 자신의 권력을 후진타오에게 물려줄 것인가라는 점은 중국 당사의 복잡한 권력계승사의 관점에서 보면 하나의 중대한 의문이 아닐 수 없었다. 결과적으로 16차 당대회(16기 1중전회 포함)를 통해 장쩌민은 자신의 총서기직을 후진타오에게 물려주었으나, 당 중앙 군사위원회 주석직은 그대로 보유한 채 이양하지 않았다.[36] 이를 둘러싸고 중국 정치, 특히 지도부 내 권력계승 과정의 제도화에 대한 다양한 분석과 평가들이 제시되었는데, 이른바 '반퇴'(半退)가 지니는 함의가 무엇인가에 대한 해석들이 주를 이루었다. 이른바 장쩌민의 지속적인 영향력과 후진타오의 제한된 권한행사라는 문제점이 지적되었다.[37]

---

36) 중앙 군사위원회 주석직은 약 2년 뒤인 2004년 9월 16기 4중전회에 이르러서야 후진타오에게 이양되었다.

37) Suisheng Zhao, "The New Generation of Leadership and the Direction of Political Reform after the 16th Party Congress", Yun-Han Chu, Chih-cheng Lo and Ramon H. Myers(eds.), *The New Chinese Leadership: Challenges and Opportunities after the 16th Party Congress* (Cambridge: Cambridge University Press, 2004), p. 60.

비록 이런 권력승계의 불완전성에 대한 일부 비판이 있었지만 세대교체의 형식을 통해 평화적이고 순조롭게 권력이 이양된 것은 중국 당사에서 보기 드문 사례로서 중국 엘리트정치의 제도화 가능성을 엿볼 수 있는 것으로 평가되었다.[38] 주지하다시피 마오 시기의 역대 권력 후계자였던 류샤오치(劉少奇), 린뺘오(林彪), 화궈펑이나 덩샤오핑의 후계자였던 후야오방과 자오쯔양 모두 최고지도자의 자리에 오르지 못했거나 그 자리를 지키지 못했다. 그러나 오히려 취임 초기엔 과도기적 인물로 간주되었던 장쩌민이 13년간 총서기직에 재직한 뒤 나름대로의 합의된 원칙과 절차에 따라 자리에서 물러남으로써 평화적 권력이양의 선례를 남겼기 때문이다.[39]

38) 이런 평가와 관련된 긍정 및 부정적 견해에 대해서는 다음을 참조. 조영남, 《후진타오 시대의 중국정치》(서울: 나남, 2006), pp. 154~161.

39) 이런 의미를 지니는 16차 당대회 및 제4세대 지도부의 등장은 많은 연구자들의 관심을 받았고 다수의 연구결과물이 대회를 전후하여 국내외에서 제시되었다. 먼저 국내 연구로서 조영남 외(2006)에, 〈신아세아〉, 10-1(2003년 봄)에 8편의 논문으로 구성된 특집호가 게재되었다. 전성흥, "중국 16차 당대회에 대한 서설적 평가: 주요 쟁점과 시각을 중심으로", pp. 5~24; 김태호, "중국의 제16차 당대회: 신지도부 인사내용과 함의", pp. 25~41; 조영남, "중국의 제16차 당대회와 정치체제의 변화", pp. 42~60; 김재관, "제4세대 지도부의 개혁개방전략에 대한 전망", pp. 61~80; 박광희, "사영기업주의 포용과 후진타오 시대의 사회통합", pp. 81~98; 김도희, "중국 신지도부의 과제와 사회안정", pp. 99~113; 이동률, "16대 이후 신지도부의 등장과 외교정책 전망", pp. 114~132; 전병곤, "중국의 다자주의 지역전략", pp. 133~150. 또한 해외에서도 상술한 Chu, Lo and Myers(2004) 외에, 다음과 같은 편서들이 출판되었다. Weixing Chen and Yang Zhong(eds.), *Leadership in a Changing China*(New York: Palgrave Macmillan, 2005); David M. Finkelstein and Maryanne Kivlehan (eds.), *China's Leadership in the 21st Century: The Rise of the Fourth Generation*(Armonk: M.E. Sharpe, 2003); John Wong and Zheng Yongnian(eds.), *China's Post-Jiang Leadership Succession: Problems and Perspectives*(Singapore: Singapore University Press, 2002).

당시 세대교체에서 적용된 원칙은 두 가지였다. 첫째, "국가 지도자급 직위(국가주석, 전국인대 위원장, 총리 등)의 경우 연임 및 10년을 초과할 수 없다"는 1982년의 헌법 규정이다. 둘째, 비록 장쩌민이 예외로 인정되었지만, 15차 당대회에서 처음 적용했던 "(연령이) 70세를 초과할 수 없다"는 지도부의 내부 합의이다.[40] 16차 당대회에선 68세의 정치국 상무위원 리루이환(李瑞環)이 퇴임함으로써 그 경위에 대해 의견이 분분했는데, 이는 후술하는 바와 같이 차기(17차 당대회) 인사에서 하나의 중요한 기준으로 작용하게 된다. 그러나 총서기직을 어떤 원칙에 의해 누가 언제 어떻게 결정하는지는 여전히 인치(人治)의 영역으로 남아 있다. 따라서 장쩌민의 중앙군사위 주석직 유임과 같은 '예외'와 '인치'의 부분이 잔존하는 가운데 임기제한과 퇴임연령이라는 원칙에 의해 세대간 권력이양이 이루어졌다는 것은 비록 불완전하나마 권력승계의 '제도화 가능성'을 보여준 당대회였다고 평가할 수 있다. 이런 점에서 일반적인 형태의 정당간, 정치적 경쟁자간의 수평적 정권교체가 아닌 세대간의 수직적 권력교체라는 중국적 특징을 발견할 수 있다.

아울러 중앙위원 선거과정에서 보여준 제한적 형태의 경쟁선거(差額選擧)의 실시 역시 이런 당내민주(黨內民主) 차원의 한 성과라고 볼 수 있다. 중앙위원회(356명)의 절반, 정치국원(25명)의 60%, 그리고 7명에서 9명으로 증원된 정치국 상무위원회의 88%가 교체되는 대폭적 인사가 단행되었다. 그밖에 연소화·지식화·전문화 추세와 함께,

40) 간부 정년에 대한 규정은 1982년 "노간부 퇴직 제도에 대한 당 중앙의 결정"이 있는데, 이에 의하면, 당 중앙 및 국가 기관의 부장/부부장, 성급 당위원회 제1서기/서기와 성장/부성장, 그리고 기율검사위원회, 법원 및 감찰원의 주요 책임간부들의 경우 정직(正職)은 65세, 부직(副職)은 60세를 초과할 수 없는 것으로 되어 있는 바, 그 이상의 직급에 대한 "명문화된" 규정은 없다. "中共中央關於建立老幹部退職制度的決定(1982. 2. 20)", 中共中央文獻硏究室(下)(1982), pp. 1158~1168.

지방출신 정치지도자의 활발한 중앙 진출이 두드러진다는 점 등이 16차 당대회 인사의 특징으로 지적된다.[41] 또한 미시적 측면에서는 장쩌민의 반퇴가 후진타오의 권력기반을 약화시키는 요인으로 지적되기도 했지만, 보다 거시적 관점에서 보면 카리스마적 인물이 부재한 상황에서 여러 정치세력 간의 권력의 분점과 균형을 통해 집단지도체제가 관철되는 현상이 보다 근본적인 변화로 간주되었다. 특히 여전히 공청단파(團派)나 상하이방(上海幇)과 같은 정치세력이 존재하나 인적 구성에서 서로 중첩되기도 하며, 정책성향에서도 과거와 같이 근본적 의견차이를 보이지 않는다는 등의 이유로 인해 갈등과 대립보다는 상호 타협과 절충을 통한 합의도출이 용이할 것으로 평가되었다. 즉 어떤 개인이나 정치세력(파벌)도 지배적 영향력을 행사할 수 있는 구조가 아니라는 것이다.[42] 이는 관련학자들 간에 '비공식 정치' 속성이 '공식 정치'로 전환되는 과정, 즉 이른바 '중국 정치의 정상화' 여부를 둘러싼 논쟁을 야기하기도 했다.[43]

---

41) 특히 중앙위원 구성에서 지방이 가장 높은 비중을 차지하고 그 다음이 중앙, 군의 순서이다. Zhiyue Bo, "The 16th Central Committee of the Chinese Communist Party: Formal Institutions and Factional Groups", *Journal of Contemporary China*, 13-39(2007), pp. 223~256.

42) Li Cheng and Lynn White, "The Sixteenth Central Committee of the Chinese Communist Party: Hu Gets What?", *Asian Survey*, 43-4(July, 2003), p. 593.

43) 조영남(2006), pp. 154~156.

3. 17차 당대회의 주요 쟁점과 의의

이상에서 보는 바와 같이, 개혁 이후 17대 이전까지의 당대회는 매회마다 나름대로 인사나 정책 두 측면에서 세인의 관심을 끌만한 새로운 변화와 핵심 이슈들이 있었다. 그리고 그 과정에서 어떤 일정한 패턴과 추세를 찾는다면, 그것은 다음 두 가지 사실을 들 수 있다. 첫째, 중국 지도부는 당 내부에서 정치적 혼란이 야기되지 않는 한 이른바 개혁 이후 시민사회의 성장에도 불구하고 정권의 안정을 도모할 수 있다고 판단하고, 과거의 경험에 비추어, 마오와 같은 절대 권력자의 탄생을 억제하는 한편 그 대안으로서 집단지도체제 하에 권력계승 과정을 상호 타협과 합의에 의해 이루어지도록 노력해 왔다. 둘째, 시장경제로의 전환을 통한 경제발전이라는 정책목표는 거의 모든 지도자들이 합의한 중국의 정책노선으로서 확고부동하기에 개혁 이전과 같은 노선대립이 점차 사라지고 있다는 특징이 있다. 특히 이는 지도부 내 안정과 단결 유지에 대한 공감대와 함께, 상호간에 타협과 합의를 도출할 수 있는 공통의 인식기반으로서 지도부 권력계승 과정의 안정화에 크게 기여하는 요인이라고 할 수 있다.

1) 인사 변동

16차 당대회를 기점으로 5년 임기를 무사히 마친 후진타오가 총서기직을 연임할 것이라는 점은 대회 전부터 불문가지의 기정사실로 받아들여졌다. 따라서 17차 당대회 인사분야의 주요 관심사항은 바로 후진타오의 권력기반과 관련된 것이었다. 즉 누가 후진타오의 후계자로 지명될 것인지, 정치국 및 상무위원회의 구성이 어떻게 될 것인지 등 집권 제 2기를 맞이하는 후진타오가 과연 자신의 권력기반을 공고히 할 수 있을 것인지 아닌지에 관한 논의이다. 당대회 이후 이에 대한 평가는 크게 두 가지 상반된 시각으로 나뉜다. 먼저 후진타오가 권력을 공고히 하는 데 실패했다고 보는 관점이다.[44] 그 근거로서 먼저, 후가 자신의 권력집중을 위해 정책결정의 효율성과 업무분담의 타당성을 명분으로 내세워 주장했던 상무위원 7인제가 반대세력의 당내민주주의 확대명분에 밀려 받아들여지지 않고 9인제가 유지되었다는 사실이다. 또한 정치국 상무위원회가 리커창(李克强)이나 원자바오(溫家寶)를 제외하고는 대부분 장쩌민 또는 쩡칭홍(曾慶紅) 계열의 인사들로 구성된 사실이다. 그리고 리커창 1인 후계구도를 선호했으나 2인 경쟁구도가 형성되었을 뿐 아니라 당내 서열에서도 7위인 리커창에 앞서 시진핑(習近平)이 6위를 차지했다는 점도 후진타오의 열세 내지 좌절로 해석된다.

이에 비해, 반론의 근거도 적지 않다.[45] 먼저, 중앙위원회나 정치국 차원에서 보면 결코 후진타오가 불리한 위치에 있는 것이 아니라는 점이다. 특히 당대회를 전후하여 이루어진 지방 지도자 인사의 경우엔 후진타오가 우위를 차지했는데, 갈수록 지방출신의 간부들이 중앙의 핵심 직위에 중용되는 추세에 근거할 때 이는 후진타오에게 유리한 구도가 된다는 것이다. 그리고 조직부, 판공청, 선전부와 같은 중앙의 주요 부서를 각각 리위안차오(李源潮), 링지화(令計劃), 류윈산(劉雲山) 등 후진타오 계열에서 장악하게 된 것도 당에 대한 장악력이 증대

44) 예컨대, Willy Lam, "Hu's Impasse at the 17th Party Congress", *China Brief* 7-19(October 17, 2007), pp. 1~3; Wang Xiangwei, "The Limits of Hu's Influence Are Laid Bare", *South China Morning Post*, 2007. 10. 23.

45) 국내 연구자들에 의한 다음 정책보고서 성격의 분석결과가 대체로 이에 해당한다. 강준영, "제 17차 중국공산당 전국대표대회의 이해", 〈NEAR 브리핑〉(www.nearfnd.com), 2007. 10. 24; 최지영, "중국 공산당 제 17차 전국대표대회 평가 및 의의: 파벌정치적 관점에서", 〈KNSI 현안진단〉, 105(www.knsi.org), 2007. 11. 14; 이태환, "17차 당대회의 의미와 후진타오 집권 2기 정책전망", 〈정세와 정책〉, 139(2007년 11월호), pp. 9~12.

된 측면으로 해석된다. 무엇보다, 당내 기반이 취약한 상태에서 쩡칭홍과 같은 강력한 견제세력과 경쟁적 관계 하에 총서기직을 수행했던 지난 5년에 비해 집권 2기는 보다 안정된 기반에서 당 지도부를 이끌어나갈 수 있게 되었다는 점도 상대적 관점에서 볼 때 권력기반이 강화된 것으로 풀이된다.

이밖에 과학발전관(科學發展觀)의 당장 삽입에 대해서도 상반된 해석이 제기되었다.[46] 한편에선 이를 후진타오의 지도이념이 재직 시에 당장에 삽입된 것은 매우 이례적인 경우로서 후진타오의 집정능력을 보다 강화하는 것으로 보는 반면,[47] 다른 한편에선 이를 달리 평가한다. 즉 과학발전관보다 이론적 측면에서 상위의 개념인 조화사회(和諧社會)가 만약 당장에 추가될 경우 그 이론적 창시자인 후진타오가 보다 확고부동한 권위를 가지게 될 것을 우려하는 장쩌민이나 쩡칭홍의 반대로 인해 당장에 삽입되지 못했다는 것이다. 반면에 과학발전관은 비단 후진타오만의 전유물이라고 볼 수 없기 때문에 상대적으로 쉽게 받아들여질 수 있었다는 해석이다. 다시 말해 과학발전관의 주요 내용 중 하나인 균형발전 전략은 1990년대 말에 추진된 서부대개발 정책과 일맥상통하는 것으로 장쩌민 노선과도 관련이 깊고 어디까지나 '발전'이 강조되고 있다는 점에서 범계파간 타협의 여지가 많다는 것이다.[48]

46) 기존의 맑스·레닌주의, 마오쩌둥 사상(毛澤東思想), 삼개대표 중요사상('三個代表' 重要思想)에 이어, 이들과 일맥상통하면서도 새로운 시대환경에 걸맞은 지도방침으로서 과학발전관을 '중대전략사상(重大戰略思想)'으로 규정했다. "中國共産黨章程"(中國共産黨 第十七次 國代表大會部分修改, 2007年 10月 21日 通過), http://www.china.com.cn/17da/2007-10/25/content_9179079.htm(검색일: 2007. 11. 20).

47) 강준영(2007); 이태환(2007).

48) 조영남, "중국공산당 제17차 전국대표대회와 엘리트정치", 《현대 중국의 기억과 현실, 그리고 지향》(현대중국학회 연말 학술회의 논문집, 2007. 12.

이에 대해 혹자는 보다 이중적인 평가를 제시하기도 한다. 예컨대, 과학발전관은 후진타오의 아이디어로서 그것이 임기 5년 만에 당장에 삽입된 것은 장쩌민의 삼개대표론이 13년의 시간이 소요된 것과 비교할 때 그 이론 주창자 내지 옹호자인 후의 위상을 보다 격상시켜주는 효과를 지니지만, 평등과 재분배, 그리고 빈곤계층에 대한 배려를 주 내용으로 하는 조화사회의 개념을 부각시키기 보다는 발전과 풍요, 그리고 기업 엘리트와 같은 새로운 사회계급에 대한 배려를 상대적으로 중시하는 소강사회(小康社會)의 개념을 제기하는 데 만족해야 한 것은 관련 정책변화에 대한 당내 반발에 기인했다는 것이다.[49)]

이상의 견해를 종합해 이번 인사의 결과를 보면 일방적으로 후진타오에게 유리한 것도 불리한 것도 아니며, 권력이 강화된 측면과 그것을 제한하는 요인이 각각 존재함을 알 수 있다. 그런 점에서, 후진타오의 권력 공고화에 대한 부정적 평가도 후진타오의 권력기반이 만족할 만한 정도로 크게 공고화되지는 못했다는 의미이지 결코 이번 인사의 결과 후진타오의 권력기반이 취약해졌다는 주장은 아니라고 봐야 할 것이다. 즉 후진타오가 자신의 의도대로 관철시키지 못한 측면이 있다는 사실과,[50)] 권력기반이 기존보다 약화됐다는 것은 서로 다른 논리라

---

21), pp. 1~25.

49) Zhengxu Wang and Yongnian Zheng, "Key Policy Outcomes of the 17th National Congress of the Chinese Communist Party", *Briefing Series* (China Policy Institute, University of Nottingham), 31(November 2007), pp. 1~10.

50) 그 배경으로는 지도부 내 이익을 둘러싼 첨예한 대립이나 분열이 표면화될 것을 우려하여 당내 화합 차원에서 시진핑의 등용을 받아들였다는 것이 대체적인 해석이다. Cheng Li, "China: Riding Two Horses at Once", Brookings Institution, 2007. 11. 21, http://www.brookings.edu/articles/2007/1023china.aspx?p=1(검색일: 2007. 11. 21), p. 3; Willy Lam, "Re-orienting the 17th Party Congress: Boosting Unity and Thwarting Taiwan", *China Brief*, 7-18(October 3, 2007), p. 2.

고 하겠다. 비록 자신이 뜻한 대로 인사를 하지 못했지만 결코 후진타오에게 불리한 결과는 아니며 최소한 제1기 때보다는 권력이 약화되었다고 할 수 없을 것이다.

이런 평가의 배경에는 바로 중국 정치 내에서 발생하고 있는 다음과 같은 변화를 인정해야 한다는 판단이 깔려 있다. 즉 총서기로 대표되는 최고지도자의 권위가 갈수록 약화되는데, 이는 개인적 역량의 문제라기보다는 중국 정치의 구조적 문제로서 갈수록 누진적 효과를 나타낼 것으로 보인다.[51] 카리스마적 지도자가 부재한 상태에서 지도부 내 합의에 의해 최고지도자를 선임하는 구조이므로 최고위직에 오른 지도자는 두 가지 측면에서 권력행사에 한계가 있다. 첫째, 선거민(국민 대중)이나 절대적 권위자가 아닌 당 지도부에 책임지는 형태이기 때문이다. 카리스마적 인물이 존재하지 않는 현 상황에서 최고지도자의 등장 자체가 당 지도부 내 집단지도체제 하의 타협과 합의의 산물이기 때문에 최고위직에 대한 권한위임의 주체가 당 지도부가 되며, 그렇기 때문에 당 지도부에 의존적인 최고지도자가 취임 후 권한행사 시 한계를 지닐 수밖에 없다. 왜냐하면 논리상 국민의 직접선거에 의해 선출된 것이면 국민에 대해 책임지지만 당 지도부 내 합의에 의해 선임된 것이기 때문에 당 지도부에 책임져야 하는 것이므로 권력의 위임주체인 당 지도부에 의존적이지 않을 수 없다.

둘째, 최고지도자로서 총서기 재임기간 중에 생긴 권위로 인해 퇴임 후에도 일정 부분 영향력을 지니는데 이는 후임 총서기에게는 큰 정치

---

51) 이는 비단 개혁 이후에만 적용되는 것이 아니라 중국공산당사를 통틀어 거의 신격화된 존재였던 마오의 절대적 권위를 정점으로 그 후 덩샤오핑, 장쩌민, 후진타오 등으로 세대가 내려 갈수록 지도적 인물의 정치 자본(*political capital*)은 감소하는 추세이다. Kerry Brown, "China's 17th Party Congress: Leadership, not Policy", *Briefing Note*(Chatham House)(November 2007), pp. 1~6.

적 부담으로 작용하게 된다는 것이다. 첫 임기 5년간은 막 퇴임한 전임 최고지도자가 건재한 상황에서 그의 영향력 하에 자신의 기반을 구축해야 하는 난관에 부딪치고, 연임 시에는 5년 뒤 퇴임을 염두에 두고 차기 지도부를 구성해 권력승계를 준비해야 하는 것이다. 따라서 제 5세대 지도부 등장 시에는 이런 측면이 더욱 두드러질 것으로 예상된다. 예컨대 장쩌민의 건재 하에 후진타오 총서기가 행사할 수 있는 권한의 정도를 생각해보면 제 5세대 지도부의 등장 이후를 예상해 볼 수 있을 것이다. 즉 시진핑이든 리커창이든 다른 조건이 동일하다면 시간의 효과만으로 현재의 후진타오보다 제한된 권한을 행사할 가능성이 많다는 의미이다. 이들은 13년 간 총서기직에 재임했던 장쩌민이나, 총서기 등극 10년 전부터 정치국 상무위원으로 활동했던 후진타오에 비하면 권력기반을 다질 시간적 여유가 상대적으로 짧다.[52)]

따라서 후진타오의 열세를 권력기반 강화 실패로 해석하기보다는 누가 총서기이든 임기 10년의 제한적 시기 동안 자신의 권력을 공고히 하는 데 한계가 있는 현실에 주목할 필요가 있다. 요컨대, 17차 당대회에서 후진타오가 정치국 상무위원회를 확실하게 장악하지 못한 것은 개인적인 정치력 부족에도 부분적인 원인이 있겠지만 이와 동시에, 보다 근본적으론 과거와는 달라진 구조적 변화요인을 간과할 수 없다고 평가된다. 그밖에 인사와 관련하여, 하나의 변화는 이제 더 이상 기술관료가 절대적 비중을 차지하지 않게 되었다는 것이다. 시진핑(칭화대학 법학), 리커창(베이징대학 경제학), 리위안차오(중앙당교 법학)와 같은 박사학위 소지자를 비롯하여 신임 정치국원 중 상당수가 인문사회과학 출신자인데, 이는 경제 이외에 보다 다양한 사회문제의 해결을 요구하는 시대적 요구를 반영한 결과라고 하겠다.[53)]

---

52) 이남주, "중공 17차 전대회 분석: 중국 후계구도의 특징과 불안요인", 미래전략연구원 특별기고(2007. 10. 26), p. 5.

53) David Shambaugh, "China's 17th Party Congress: Maintaining Delicate

2) 정책 변화

17차 당대회 전 이번 회의에서 나타날 것으로 예상된 정책변화의 영역은 크게 세 분야로 집약된다. 정치체제 개혁에 대한 새로운 돌파가 있을 것인지에 대한 추측이 있었고, 경제사회 정책에서 사회 재분배와 균형전략이 얼마나 강조될 것인지에 대한 논의가 있었다. 그리고 대만의 분리주의적 행동에 대한 중국의 강경한 대응이 있을지 여부에 대해서도 관심이 집중되었다. 결론적으론 이번 당대회를 통해서는 별다른 이변이 일어나지 않았다고 할 수 있다.

먼저, 2006년 초 정치체제 개혁을 둘러싸고 좌-우파 간 이념적 논쟁이 전개되었고, 2007년에는 관방 측 인사들로부터 민주주의에 대한 긍정적 평가를 주 내용으로 하는 일련의 언급들이 이어졌다. 이를 근거로 17차 당대회를 앞두고 새로운 정치개혁의 추진 가능성 여부가 조심스럽게 타진되었다.[54] 그러나 실제 당대회에선 직접선거를 대폭 확대하거나 국민의 기본권을 보장하는 등의 획기적인 방안이 제시되진 않았다. 다만, 기층선거제도가 비록 기존에도 언급되긴 했으나 중국특색 정치제도의 한 구성요소로서는 처음 제기됨으로써 기층에서의 정치개혁이 보다 공식적인 정치개혁 프로그램으로 강조되는 경향을 보였다.[55] 이외에, 정치보고 및 개정 당장을 통해 중국특색 사회주의(中國

Balances", Brookings Institution, 2007. 11. 21, http://www.brookings.edu/opinions/2007/11_china_shambaugh.aspx?... (검색일: 2007. 11. 21), p. 3.

54) Joseph Fewsmith, "Democracy Is a Good Thing", *China Leadership Monitor*, 22(Fall 2007), pp. 1~9; Willy Lam, "Limited Reforms: Status Quo at the 17th Party Congress", *China Brief*, 7-17(September 19, 2007), pp. 6~7.

55) 胡錦濤, "高擧中國特色社會主義偉大旗幟爲奪取全面建設小康社會新勝利而奮鬪", http://www.china.com.cn/17da/2007-10/24/content_9119449.

特色社會主義)라는 표현이 새삼스럽게 강조된 점도 흥미롭다. 앞서 설명한 바와 같이 12차 당대회 이후 '중국 특색의 사회주의 건설'이라는 구호는 중국식 개혁개방 노선을 대변하는 상징어의 역할을 했으나 1990년대 후반 들어 그 빈도는 줄어드는 추세였다. 14차, 15차 당대회를 통해 공식 지도이념으로 격상된 데 이어 이번 대회에서는 기존의 "건설하자"(建設中國特色社會主義)는 구호에서 "발전시키자"(發展中國特色社會主義)는 구호로 변화되었는데 이는 새로운 시대환경 하에서도 여전히 중국식 개혁과 발전 노선을 견지할 뿐 아니라 그것을 보다 강화하겠다는 의지의 표명으로 해석된다.[56]

둘째, 경제정책에서는 '성장'(*growth*)보다는 '발전'(*development*)이라는 용어를 사용한 점, "빠르고도 좋은"(又快又好)에서 "좋고도 빠른"(又好又快) 발전으로 우선순위를 바꾼 점, 그리고 경제성장의 목표치를 국내총생산(GDP)에서 1인당 국내총생산으로 환산한다는 것 등이 변화의 주요 내용으로 거론되고 있다. 그리고 중국 특색 사회주의사업의 구성요소로서 기존의 경제건설, 정치건설, 문화건설에 더해 '사회건설'이 추가되었는데, 이는 이른바 인본사상(以人爲本)을 중심으로 최근 민생을 강조하는 정책방향을 확인시켜주는 것으로 볼 수 있다.[57]

---

htm(검색일: 2007. 11. 24).

56) 혹자는 이를 보다 정치적으로 해석한다. 즉 최근 지도부에 가해지는 좌·우파로부터의 비판에 대처하려는 의도에서 신좌파 계열에 대해선 개혁과 경제발전의 당위성을, 그리고 자유주의자들에겐 과감한 정치개혁의 시기상조론을 각각 강조하기 위해 덩샤오핑 시대의 낡은 슬로건을 새삼 제기했다는 것이다. Li Mingjiang, "17th CPC Congress: Transition the World Missed", *ISN Security Watch*, November 1, 2007, http://www.isn.ethz.ch/news/sw/details.cfm?ID=18304(검색일: 2007. 11. 7); 錢綱, "政治體制改革在哪裏", 〈亞洲週刊〉, 21-43(2007. 11. 4), pp. 35~37.

57) 중국 언론에서는 이와 같이 이른바 기존의 '삼위일체(三位一體)'(사회주의 시장경제, 사회주의 민주, 사회주의 선진문화 건설)에서 '사회주의 조화사회 건설'을 하나 더 추가함으로써 '사위일체(四位一體)'로 보다 광범위한 사

그리고 이는 '전면적 소강사회 건설'의 기치 하에 각종 복지정책을 제시하는 것으로 나타났다.

셋째, 당대회 직전에 대만 사회에서는 민진당을 중심으로 대만의 유엔 가입에 대한 논의가 무성했다. 이는 대만이 2008년 베이징 올림픽과 2010년 상하이 엑스포를 눈앞에 두고 국제사회에서의 이미지 관리에 주력해야 하는 중국의 상황을 대만 독립의 절호의 기회로 활용하고자 한다는 소문과 함께 이것이 양안관계에 새로운 긴장을 조성할 수 있는 주요 사건으로 인식되었다. 그러나 결과적으로 중국은 많은 사람들의 예측과는 달리 이에 민감하게 반응하지 않았고 특별한 대응을 보이지 않았다. 오히려 16차 당대회와는 달리 "무력사용 불포기"에 대한 언급이 없었다. 그 대신 통일의 목표와 양안경제협력의 다양한 계획에 대해 장황하게 언급하고 심지어, '평화협정'(和平協議) 체결의 가능성에 대해서 제안하기도 했다. 이는 2008년 올림픽을 고려했을 뿐 아니라 2008년 대만의 두 차례 선거에서 양안문제가 이슈화되는 것을 원치 않기에 그 전엔 어떤 액션도 취하지 않는 것이 현명하다고 판단한 결과라고 해석된다.[58] 그러나 그렇다고 중국이 유화적인 태도로만 일관한다는 의미는 아니다. 실제 최근 들어 중국은 대만을 향한 미사일 배치를 증가했으며, 평화협정의 전제조건도 대만 국민 대다수가 반대하는 하나의 중국 원칙을 받아들여야 한다는 것이기 때문이다.[59]

업 구상으로 발전되고 있다고 강조한다. "解讀十七大報告中的九個新表述和兩個沒有變", 〈新華網〉, 2007. 10. 21, http://www.scol.com.cn/focus/zgsz/20071021/2007102185529.htm(검색일: 2007. 10. 24).

58) I-chung Lai, "17th Chinese Communist Party Congress: Policy Implications on Taiwan", *China Brief*, 7-21(November 14, 2007), pp. 1~3.

59) 이밖에 대만 관련 군 인사들이 이번 인사에서 대거 승진 발탁된 것도 대만에 대한 군사적 대비를 강화한다는 의미로 해석된다. David Lague, "China Promotes Taiwan-Focused Military Officers", *New York Times*, 2007. 10. 10; 김태호(2007), p. 5.

이런 몇 가지 측면은 비록 "특기할만한 사항"이긴 하지만 "정책상의 특별한 변화"라고 하긴 어려운 것이다. 그렇다면 특별한 정책상의 변화가 없는 이유는 무엇인가? 물론 후진타오 총서기의 집권 2기를 맞이하는 시점이긴 하지만 그 성격은 여전히 동일한 지도부라는 데서도 부분적인 이유를 찾을 수 있을 것이다. 그러나 보다 근본적인 원인은 과거와는 달리 중국공산당 지도부 내에서 이념이나 노선상의 큰 이견을 발견하기 어렵다는 데 있다. 개혁 이전 지도부 내부에서 어떤 이념 및 노선상의 대립이 있었는지, 그리고 그로 인해 어떤 정치적 혼란이 야기되었는지는 중국 정치에서 재론의 여지가 필요 없는 상식에 해당하는 것이라고 하겠다. 그에 비해 최근 지도부 내 갈등과 대립이 크게 완화되었는데 그것은 바로 지난 30년간 추진해온 개혁의 결과라고 할 수 있다.

예컨대, 비록 초기 개혁시기에만 하더라도 비교적 두드러지는 정책 노선상의 갈등이 있었지만 장기간의 정책추진 과정을 통해 절충과 다협, 수정과 보완을 거치게 됨으로써 상당 부분 의견수렴의 효과를 지니게 되었다는 것이다. 30년간 중국이 경험할 수밖에 없었던 여러 가지 국내외적 상황에서 다양한 문제들을 해결하는 가운데 중국이 나아가야 할 방향에 대해 어느 정도 합의를 도출할 수 있세 되었다는 의미이기도 하다. 특히 현재 중국의 개혁과 사회변화에 대해 여러 가지 평가와 의견이 있을 수 있으나, 문제점보다는 성과가 두드러진다는 사실에는 별 이견이 없을 것이다. 즉 개혁의 부작용과 개혁 이후 중국이 해결해야 할 문제들이 산적해 있지만 '중국의 부상'이 전 세계적 관심인 현 상황에서 그것이 중국 개혁의 성과를 부정할만한 것은 아니라는 것이다. 따라서 이런 성과는 그간의 정책노선이 올바른 길이었다는 것을 객관적으로 입증해 주는 것으로 이에 대해 이의를 제기하기 어렵다는 점도 지도부 내 정책노선상의 대립이나 갈등을 억제하는 효과를 낳고 있다.

물론 현재의 성과를 능가할 만한 큰 문제나, 체제 및 정권에 근본적인 도전이 되는 어떤 위기가 도래한다면 그 책임소재 내지 문제해결 방법을 둘러싸고 갈등이 야기될 수 있겠지만, 그 이전에는 만약 현재의 성과가 지속된다면 정책갈등의 수준이 현저히 낮은 상태를 유지할 것으로 보인다. 따라서 카리스마적 인물이 부재한 상태에서, 장기간에 걸친 학습효과를 통해, 특정 정책노선이 일정부분 성과를 나타내게 되면 그에 대한 논쟁의 여지는 최소화된다는 결론이다. 이는 마오 시기와의 비교에서 더욱 분명하게 나타난다. 상대적 관점에서 보면, 마오 시기 노선대립과 권력투쟁은 마오 개인의 정치적 야욕에도 부분적 원인이 있고, 제도화되지 못한 당시 정치체제도 무시할 수 없는 요인이지만, 마오가 주도한 정책의 결과가 부정적이었다는 데 보다 근본적인 원인이 있다고 할 수 있다. 실제 마오 30년 집권 중 당내투쟁은 경제적 빈곤과 정치적 혼란의 원인(실책)과 그 해결을 둘러싼 논쟁에서 비롯된 것으로서 노선투쟁과 권력투쟁은 동전의 양면과도 같은 것이었다.

이에 비해 최근에는 GDP냐 일인당 GDP냐의 차이가 중요하게 되고, '성장'이냐 '발전'이냐 라는 그 미묘한 차이에서 변화의 의미를 찾는 것으로 바뀌었다. 성장과 효율을 중시하는 입장에서도 개혁 전반기와 같은 '성장제일주의'(이른바 *GDPism*) 식의 주장을 할 수는 없으며, 민생과 균형을 강조하는 입장에서도 성장 자체를 무시할 수 없기 때문에 지도부 내 정책상의 이견이 있다 하더라도 그 폭이 제한적일 수밖에 없다는 것이다. 이는 경제발전이냐 계급투쟁이냐를 두고 싸우던 시기와는 180도 달라진 시대적 상황을 반영하는 것이고, 일사불란한 시장화 개혁이냐 새장경제(鳥籠經濟)냐를 따지던 개혁 초기와도 크게 달라진 것이다. 어떤 의미에서는 중앙 지도부 내 정책갈등보다는 오히려 중앙-지방간에 이익을 둘러싼 갈등이 더욱 두드러지는 그런 시대를 맞게 된 것이다.[60]

3) 엘리트 정치의 진화

이런 측면은 중국 내에서 엘리트정치의 속성을 변화시키고 있다. 첫째, 파벌의 성격이 바뀌고 있다. 카리스마적 인물이 부재한 상황은 비록 최고지도자라고 하더라도 이른바 "대등한 집단 내의 동급자 중의 일인자"(*first among equals*)로서 권력행사에 한계를 지니게 됨으로써 '집단지도체제' 하에서 각 주요 지도자들이 의사결정상의 타협과 합의를 추구할 수밖에 없게 만들었다. 또한 정책노선상의 갈등요인이 현저하게 줄어들었다는 것은 타협과 합의가 보다 용이하게 되었음을 의미하는 것이다. 게다가 정권유지에 대한 공동의 이익은 지도부 내 정치안정에 대한 광범위한 공감대를 형성하는 효과를 초래했다. 이는 어떤 형태로든 존재하는 중국 정치 내의 각 정치세력 간에 투쟁적 요소를 크게 약화시키는 것으로 이해된다.

특히 앞서 지적했듯이, 과거와 같이 이념 및 노선이라는 단일한 기준에 의한 대칭적 분류가 아니라 지역연고(상하이방), 출신성분(태자당), 근무경력(공청단/團派) 등 복합적인 기준에 따른 중첩적 분류이기 때문에 한 사람이 여러 정치세력에 동시에 포함될 수 있는 등 더 이상 과거처럼 응집력 있는 정치집난이 아니라고 하겠다. 따라서 과거

---

60) 흔히 장기적인 관점에서 국가 전체의 이익을 고려하는 중앙과 해당 지역(또는 간부 개인) 차원에서 단기 이익을 추구하는 지방 사이에는 다양한 형태의 갈등이 야기되어 왔다. 최근에는 환경보호를 중시하는 중앙과, 경제발전에 치중하는 지방의 소극적인 태도 간의 갈등이 새로운 현상으로 대두되고 있는데, 이에 대한 대응으로써 중앙정부는 지방간부의 인사에 있어서 환경오염 개선 여부를 주요 평가항목으로 추가해 지방정부의 행태를 통제하고자 한다. 劉金賀·馬茲暉·姬虹, "환경오염과 중국 경제발전", *SERIChina Review*, 제2007-17호(2007. 11. 22), pp. 1~24; 이장규·배승민, "중국 지방간부 평가의 환경조항 추가와 시사점", 〈KIEP 지역경제 포커스〉, 2-6(2008. 4. 4), pp. 1~8.

엔 파벌 간 노선갈등이 정치적 대립을 초래하고 이는 권력투쟁(*power struggle*)으로 비화됐으나, 현재에는 각 정치세력이 정치적 이해를 둘러싸고 경쟁 및 갈등관계에 있으나 타협과 절충을 통해 합의를 도출하는 권력분점(*power sharing*) 관계로 변화되고 있다고 해석된다.[61] 왜냐하면 상술한 바와 같이 국가발전 방향에 대해 광범위한 공감대가 형성되어 있어 지도부 내에서 대체적으로 인식의 일치가 이루어져 있기 때문에 과거처럼 이념이나 노선을 둘러싼 대립과 갈등이 크게 줄어들었다는 것이다. 그런 점에서 비록 파벌적 요인이 잔존하고는 있지만 그것의 성격과 내용이 달라지고 있기 때문에 파벌분석을 통해 중국정치를 이해하고자 하는 시도는 관련 학자들 간에 새로운 논쟁적 주제가 되고 있다.[62]

둘째, 여전히 논쟁적 측면에 있긴 하지만, 17차 당대회가 중국정치사에서 차지하는 가장 큰 의미가 있다면 그것은 제도화의 진척이라고 할 수 있다. 정치국원 선출에서 민주추천제(民主推薦會)와 비밀투표 방식이 도입되었고,[63] 차액선거(差額選擧)로 진행된 중앙위원 인선에

61) Cheng Li and Lynn White, "The Sixteenth Central Committee of the Chinese Communist Party: Emerging Patterns of Power Sharing", Lowell Dittmer and Guoli Liu(2006), pp. 81~118.

62) 예컨대, 혹자는 중국공산당 내 상하이방 중심의 '엘리트연합'과 공청단 계열 중심의 '민중연합'이라는 두 파벌의 존재를 강조하는 반면, 혹자는 태자당과 공청단(단파) 계열을 기존의 상하이방과 같은 파벌 개념보다는 광의의 의미로서 '주요 정치세력'으로 규정한다. 각각 다음을 참조. Cheng Li, "Party's Inner Party Democracy: Toward A System of 'One Party, Two Functions'?", *China Brief*, 6-24(December 6, 2006), pp. 1~6; Yongnian Zheng, "Hu Jintao's Road Map to China's Future", *Briefing Series*(China Policy Institute, University of Nottingham), 28(October 2007), p. 11. 이에 대해 단순한 파벌 분류에 근거한 권력 구조변화 설명 등의 연구방법 및 경향을 비판적으로 보기도 한다. 김태호(2007), p. 12; 이남주(2007), pp. 1~6.

서도 후보자 탈락률이 16차 당대회의 5%에서 8%대로 증가된 점 등을 들 수 있다.[64] 특히 16차 당대회에 이어 17차 당대회에서도 나이가 지도부 인사의 중요한 하나의 기준이 되었다. 쩡칭홍의 퇴진여부가 관심의 초점이 되기도 했는데, 그가 퇴진한 데는 여러 가지 이유가 있지만 그 중 하나의 명분은 16차 당대회에서 적용되었던 68세의 연령기준을 준수한다는 것이었다. 이는 유사한 사례가 반복적으로 되풀이되고 누적될수록 추후 이를 위반하는 데 따른 위험부담이 증대되는 효과를 초래함으로써 지도부 내 하나의 규범으로 정립되는 것이다. 이와 같이 연령에 의한 퇴진이 보다 보편화되어 가는 추세는 이른바 중국 엘리트정치의 새로운 진전으로 해석될 수 있다.

그러나 이는 '정치 민주화'의 의미가 아니라 '행정 합리화'의 의미가

---

63) 민주추천제는 원래 지방 당 인사에 적용되었던 것인데, 이번 17대에서 처음으로 중앙정치국 인사에까지 확대 실시되었다. 이는 중앙 고위간부들(중앙위원급 400여명)이 사전에 상무위원회가 마련한 정치국원 예비후보들(63세 이하 부장급 간부 약 200명)을 대상으로 추천투표(推薦票)를 하면 이를 토대로 대상자 명단이 작성되어 중앙위원회 회의에서 최종 결정되게끔 한 과정 및 제도를 의미한다. 刘思扬 · 孙承斌 · 刘刚, "爲了党和國家兴旺发達长治久安: 党的新一屆中央领導机构産生纪實", 〈新華網〉, 2007. 10. 24, http://news.xinhuanet.com/newscenter/2007-10/24/content_6931498.htm(검색일: 2007. 11. 20). 2008년 3월 개최된 제 11기 전국인대 1차 회의 및 전국정협 11기 1차 회의에서 이루어진 전국인대 부위원장과 전국정협 부주석에 대한 인선 역시 동일한 방식을 거쳤다. 孙承斌 · 李斌 · 李亞杰, "担当起時代赋予的庄嚴使命: 新一屆國家机构和全國政协领導人員産生纪實", 〈人民網〉, 2008. 3. 20, http://politics.people.com.cn/GB/1026/7021671.html(검색일: 2008. 3. 30).

64) 이는 정원보다 많은 수의 후보자를 지명해 그에 대한 투표를 실시하여 낮은 득표율 순으로 탈락시키는 방식인데, 중앙위원회와 함께 이른바 '양위'(兩委)로 불리는 중앙기율검사위원회 인선도 차액선거 방식을 통해 이루어졌다. 刘思扬 · 刘刚 · 孙承斌, "肩负起党和人民的重托: 新一屆中共中央委員會和中共中央纪律檢查委員會诞生记", 〈人民網〉, 2007. 10. 22, http://politics.people.com.cn/GB/1026/6411397.html(검색일: 2007. 11. 19).

강하다. 즉 연령(생물학적 나이)에 의한 승진과 퇴진이라는 것은 일당 지배체제 하에서 '종신제'(개인숭배)의 폐단을 개선하고 이를 예방하고자 하는 취지에서 도입된 것으로 어떤 의미에서는 여전히 비민주적인 것이다. 왜냐하면 민주성은 "민의의 반영 여부"에 의해 평가되는 것으로 민주주의 체제에서는 개인 건강과 능력에 따라 다르기 때문에 최소 연령에 대한 규정은 있어도 최대 연령에 대한 규정은 없는 것이 일반적이다. 그런데 중국에서는 유권자의 의사와 무관하게 나이가 퇴출의 주요 원칙이 되는 방식이니 비록 제도화의 과정에 있지만 그 의미는 정치적 측면의 민주화보다는 국가관료 조직 및 인사와 관련된 행정적 측면에서의 제도화의 의미를 지니는 것으로 평가된다.

그렇다고 정치적 의미가 없는 것은 아니다. 왜냐하면 이는 공산당 내부의 응집력에 관건적 요인이 되는 상층부의 정치적 안정이 어느 정도 확보되었다는 것을 의미하기 때문이다. 물론 한 가지 유보적인 입장의 근거로서, 차기 총서기 후보를 확정하지 못하고 시진핑과 리커창의 2인 경쟁구도로 된 것이 계파 간 타협의 결과인 점을 고려하면 여전히 불안정적 요인이 상존하는 것으로 간주될 수도 있다. 그러나 이 역시 과거와 같은 카리스마적 인물에 의한 낙점이 아니라 자신들의 향후 업적(*performance*)에 의해 최종 결정될 수 있는 여지를 남겨둔다는 점에서 보다 경쟁과 합의의 룰이 존중되는 것으로 볼 수도 있다. 즉 정치적 불안정성은 게임의 결과가 아니라 그런 게임의 룰이 지켜지지 않을 때이므로 상술한 집단지도체제가 작동하는 한, 그리고 타협과 합의의 정치과정이 존속된다면 당내 정치적 안정이 유지될 수 있을 것으로 간주된다.[65]

65) 실제 11기 전국인대 1차회의에서 예상대로 시진핑은 국가 부주석, 그리고 리커창은 국무원 부총리에 임명되었다. 이를 포함해 주요 인사 결과에 대해선 "中國機構及領導人資料庫", 〈人民網〉, http://politics.people.com.(검색일: 2008. 3. 30); "中央和地方重要人事任免", 〈人民網〉, http://

사실상 현 지도부를 비롯해 중국의 지배엘리트들은 서방국가의 인권문제 제기와 같은 외부로부터의 압력이나 시민사회의 성장에도 불구하고, 지속적으로 경제가 발전하는 한, 그리고 그것의 부작용인 빈부격차를 해소하는 등 민생문제를 적절히 처리하는 동시에 당내 안정만 유지한다면 민주화나 근본적인 정치개혁 없이도 현 체제를 장기적으로 지속시킬 수 있다고 판단하고 있다.[66] 그런데 과거 역사적 경험을 통해 볼 때 당내 안정을 유지하는 데 있어서 가장 핵심적인 문제는 바로 정치적 불안정의 일차적 요인이었던 권력승계와 관련된 것이다. 따라서 급격한 서구식의 정치 민주화 대신에 지도부 내 권력승계의 제도화로써 공산당 일당체제의 정권안정을 장기적으로 추구한다는 포석이라고 하겠다. 이에 대한 광범위한 합의가 개혁개방 후 대내외적으로 가해지는 근본적인 정치체제 변화의 압력 하에 집단적 위기의식을 느끼는 당 지도부로 하여금 모종의 정해진 틀을 깨지 않고 타협에 이르게 하는 중요한 기제로 작용하는 것으로 보인다.

politics.people.com(검색일: 2008. 3. 30) 참조.

66) 관련 학자들과의 현지 인터뷰(2008. 1). 제17기 1중전회의 정치국 및 그 상무위원회 인선 직후 이루어진 내외신 기자회견에서 후진타오 총서기도 다음과 같은 덩샤오핑의 말을 인용해 이런 속내를 엿보였다. "중국 문제의 관건은 정치국, 특히 정치국 상무위원회에 달려 있는데, 이 부분에서 문제가 발생하지만 않는다면 중국은 태산과도 같은 안정을 유지할 수 있다(中國问题的關键在于共産党要有一个好的政治局, 特别是好的政治局常委會。只要这个环节不发生问题, 中國就穩如泰山)", 刘思扬·孙承斌·刘刚(2007).

4. 결론: 당-국가 체제의 변화와 향후 전망

이상 살펴본 역대 당대회들은 개혁 이후 중국사회의 변화를 단적으로 잘 반영한다고 볼 수 있지만 어디까지나 그것은 지도부의 인식이라는 프리즘을 통해서이다. 그런 점에서 당대회는 사회 자체의 변화보다는 오히려 "당과 국가가 조직 및 기능에 있어서 하나로 결합된 형태를 지닌다"는 의미에서의 이른바 '당-국가(*party-state*) 체제'의 변화를 가장 잘 보여주는 것이라고 할 수 있다. 왜냐하면 개혁 이후 17차 당대회까지 일련의 과정은 지난 30년간 중국의 정치, 경제, 사회 제 측면에서의 변화를 압축적으로 반영하고 있지만, 그 중 특히 새로운 국가목표를 추구하는 가운데, 그리고 그로 인한 사회변화에 능동적으로 대응하는 과정에서 중국 지도부가 보여준 적응의 노력을 집약적으로 잘 반영해주고 있기 때문이다. 이는 정책노선, 통치이념, 정권성격, 조직구성 등 중국공산당의 변화를 중심으로 설명될 수 있다.

첫째, '정책노선'에서, 1978년 말 개혁노선의 제기 이후 12차 당대회까지는 개혁지도부의 권력기반 확립 과정으로서 구체적인 정책조치들은 1980년대 중반 이후 가시화되어 나타났다. 비록 1988~92년 사이에 일시적인 조정기간을 거치긴 했으나 경제개혁정책은 WTO 가입을 통한 자본주의 세계경제로의 편입이 상징적으로 보여주듯 그간 시장경제를 발전시키는 방향으로 일관되게 추진되었다. 반면에 정치개혁은 1980년대 중반 무렵 이른바 '병행 개혁'(雙改)의 기치 하에 적극적인 추진을 모색하기도 했으나 13차 당대회를 정점으로 오히려 퇴보하는 대조적인 현상을 보여주었다. 그보다 갈수록, 특히 2000년대 들어 개혁보다 개혁 이후의 문제, 즉 민생문제 해결이 보다 중요한 현안으로 다루어지는데, '경제체제개혁'에서 '사회문제개선'으로 정책초점이 전환되는 추세를 발견할 수 있다. 다만, 기층 단위에서의 선거제도 도입이 하나의 새로운 시도로 추진되고는 있지만, 대체로 정치개혁은

법치나 권력승계의 제도화 등을 통해 민주화를 우회하고자 하고 있다.

둘째, '통치이념'과 관련하여, 개혁개방 이후 중국 지도부는 시장화 개혁의 이론적 근거 및 이념적 정당성 부여를 위해 지속적으로 기존 사회주의 이론을 수정 및 보완했다. 이는 그간 여러 가지 개념과 논리의 제기를 통해 궁극적으로 덩의 '중국 특색의 사회주의 건설' 이론체계(12차 당대회) 속에서 '사회주의 초급단계'(13차 당대회) 하의 중국이 '사회주의 시장경제'(14차 당대회)를 건립해야 한다는 논리로 마무리되었다. 사회주의 이론 수정작업은 한마디로 사회주의의 외연을 확장함으로써 개혁개방을 이데올로기적으로 정당화하고자 하는 것이었는데, 이는 상대적으로 사회주의의 내포를 희석시키는 효과를 초래하는 것이다. 따라서 계획경제와 시장경제를 자본주의와 사회주의를 구분하는 대립적인 개념으로 간주하던 기존 입장으로부터 완전히 벗어나 "사회주의에도 시장경제가 있을 수 있다"는 사회주의 시장경제론에까지 이르러 더 이상 사회주의의 개념 확장이 불가능해졌다고 할 수 있다. 근래에 들어 대안의 이념으로서 민족주의, 애국주의, 전통사상 등을 강조하지만 이로써 기존의 것을 대체할 수 있는지는 아직 미지수라고 하겠다.

셋째, 이와 같이 기존 사회주의 이론 틀 내에서 개혁을 합리화함으로써 정권의 정당성을 도모하는 작업이 실효성을 가질 수 없을 정도로 큰 사회변화를 겪자 중국 지도부는 체제전환의 논리로부터 벗어나 '정권의 기능 및 성격'을 새롭게 규정함으로써 공산당 집권의 정당성을 유지하려는 방식을 모색하게 된다. 즉 고도 경제성장이라는 업적 자체가 중요한 하나의 정통성 기반이 되는 것이긴 하지만, 이와 동시에 그 부작용으로 대두된 계층분화에 직면해 이에 대한 합리화로서 삼개대표론을, 그리고 빈부격차 등의 민생문제에 직면해 그 해결의 논리로서 조화사회론을 각각 제기했다. 1982년 12차 당대회에서 당장 개정을 통해 프롤레타리아 계급정당에서 모든 인민을 대표하는 전민정당으로 전환한 이후 2002년 16차 당대회의 삼개대표론, 그리고 2007년 17차 당대회의 조화사회론을 통해 집권당으로의 변신을 시도하는 것이다. 이는 개혁 이후 중국사회의 급격한 계층분화 및 양극화 추세로 말미암아 당이 계급적 기반에 근거해 정권유지를 합리화하는 것이 아니라 통치능력과 사회문제해결을 통해 집권당으로서의 정통성을 가지고자 하는 노력이라고 할 수 있다. 이로써 유일정당으로서의 존재의의를 계속 유지하려는 시도를 통해 이른바 공산당의 기능과 성격이 과거의 계급정당에서 전민정당, 그리고 집권당으로 변화되어 감을 보여주고 있다.[67)]

넷째, '관료조직'과 관련하여, 중국 지도부는 경제발전과 정치사회적 안정을 도모하기 위해 다양한 형태의 제도화를 추진했다. 그 일환으로서 우선 간부인사제도의 개혁을 들 수 있다. 각 시기별로 필요한 인재의 충원을 위해 그간 연소화, 전문화, 고학력화, 지방화(지방출신의 대거 발탁) 등을 추진했으며, 그 결과 "혁명간부→기술관료→행정관리"로의 변화를 보여주었다. 즉 과거에는 당성(黨性)이 투철한 혁명간부들이 중심이었으나, 개혁개방의 시대적 사명과 경제건설이라는 국가목표를 효과적으로 추진하기 위해서는 이른바 '간부 4개 현대화(幹部四化)'의 취지하에 기술관료들이 대거 등용되었고, 지방간부 출신의 중앙진출이 갈수록 늘어나는 한편 연령과 학력 면에서도 과거에 비해 큰 변화를 보여주었다. 최근에는 각종 사회문제의 대두와 함께 민생안정이 주요 정책 기조로 되면서 행정관리형 간부들의 등장이 가시화되는 추세를 보여주고 있다. 또한 다소 유보적인 입장이 없는 것은 아니지만 16차 당대회 및 17차 당대회의 주요 이슈에 대한 분석을 통해 살

---

67) 실제 1978~2006년 사이 당내 계급 구성의 변화를 살펴보면, 노동자 비율은 18.7%에서 11.1%로, 농민은 46.9%에서 31.7%로, 그리고 군인은 6.9%에서 2.2%로 감소한 반면, 화이트칼라(경영자 및 기술자 포함) 당원의 비율은 21.4%, 그리고 사영기업 출신은 5.1%로 크게 증가되었다. Yongnian Zheng(2007), p. 4.

펴봤듯이 상층 엘리트 충원에서도 점차 권력계승 과정이 제도화되고, 집단지도체제 하에 타협과 협상을 통한 평화적 세대교체가 추진됨으로써 대체적으로 안정적인 정치국면이 유지되는 성과를 거두고 있다.

요컨대, 비록 내부적으로 적잖은 문제점을 안고는 있으나 눈부신 경제성장과 함께 기본적인 사회안정을 유지하고 있다는 점은 그간 중국 지도부가 거둔 성과의 핵심내용이다. 돌이켜보면 이는 중국이 여러 가지 혼란 끝에 궁극적으로 개혁노선을 추진할 수 있었던 데 기인하는 것이지만, 개혁의 기치가 가능했던 것은 오히려 문혁의 혼란과 좌절이 미래에 대한 확고한 비전을 제시했기 때문이라고 하겠다. 그런 점에서 과거의 실패가 현재 성공의 밑거름이 되었다고 할 수 있을 것이다. 또한 지난 몇 차례의 당대회가 보여주듯 중국공산당은 새로운 국가목표와 사회환경에 적응하고자 정책노선, 통치이념, 정권성격, 조직구성 등의 측면에서 끊임없이 자기혁신을 노력한 것 역시 성과의 주요 요인으로 간주된다. 다만, 공산당의 자기변신 노력만으로 과연 중국이 당면한 많은 문제를 해결하기에 충분할 것인지는 아직 불분명하다고 하겠다. 왜냐하면 당대회를 통해 파악할 수 없는 많은 중국사회의 문제들이 현 체제와 정권의 근본적인 변화를 요구하고 있기 때문이다.

제 2 장

중국의 신지도부 인사 분석

내용, 특징 및 정책결정과정에의 함의

김 태 호 (한림국제대학원대학교)

중국공산당 제17차 전국대표대회(이하 '17대')는 중국 정치의 본질, 특히 '정치 지도부'(*political leadership*)의 기본성격에 어떤 변화를 초래하였는가? 즉, 과거 당대회와 비교해 볼 때, 17대에서 발표된 인사, 정책 및 이념은 무엇이 새로운가? 보다 구체적으로 17대 지도부 인사에 대한 국내외 언론 및 국내 학계의 분석, 특히 '계파별(派閥) 분석'은 어느 정도의 타당성을 갖고 있는가? 또한, 당과 군 지도부의 대규모 교체는 중국의 정책결정과정, 당-군 관계, 그리고 중국의 미래에 어떤 영향을 미칠 것인가? 중국내 경제·사회문제의 심화와 '중국의 부상'과 같은 급격한 국내외 환경 변화를 감안할 때, 새로 선출된 지도자들의 개별적인 배경과 지도부 전체의 성향을 분석하는 것은 유의미한 작업이라고 생각된다.

이 장은 이와 같은 관점에서 17대에서 발표된 새로운 중국 지도부의 인사 내용, 특징, 추이 및 함의를 분석하고 있다. 제1절에서는 당 지도부 개편내용을 기관별로 분석하고, 구체적 통계와 기본적 배경자료를 제시하였다. 제2절에서는 군 최고지도부(領導機構)의 인사내용과 함의, 즉 당-군 관계, 군의 전문화(專業化), 그리고 군사력 운용에 미치는 영향을 중심으로 고찰하였다. 제3절에서는 17대 이후 현재(2008년 3월말)까지의 후속인사 및 업무조정 현황을 기술하였고, 2008년 3월 개최된 제11기 전국인민대표대회 제1차 회의에서 선출·발표된 국가 및 국무원의 주요 보직인사를 분석하였다. 제4절은 금번 지도부의 인사개편이 '지도부정치'/엘리트정치에 갖는 함의를 고찰하고 있는데, 특히 '최고지도부'(즉, 중앙정치국 상무위원회와 중앙정치국)의 운용방식, 계파별 분석의 유용성, 그리고 차기 후계구도를 집중적으로 조망하였고, 제5절은 지도부 집단의 특성변화(즉, 원인)와 정책(즉, 결과)간의 상관관계를 외교정책결정 일반 이론 및 중국의 사례로 나누어 분석하였다. 마지막으로 제6절에서는 과거 당대회와의 비교를 통해 17대를 회고하였고, 이에 대한 국내연구 현황과 향후 연구방향을 검토하였다.

이 연구는 중국의 지도부 인사에 대한 방대한 자료를 기초로 수행되었다. 기본적으로 중국 관영매체의 공식발표와 각종 인명록을 중심으로 분석하였고, 추가로 기존 축적자료 및 중화권 언론의 보도내용을 사용하였다.[1] 또한, 중국의 지도부 인사에 대한 심층적 이해를 위해 과거 당대회와의 비교, 통계자료의 분석, 그리고 외국에서의 토의·면담 내용을 추가하였으나, 중국 정치의 기본적인 사항이나 국내외 2차 분석에 대한 평가는 가급적 포함시키지 않았다. 더욱이, 17기 중앙위원회 위원과 후보위원(총 371명) 그리고 군의 7개 대군구급(級)

---

1) 17대 공식 사이트(www. cpcnews. cn), 新華網의 '人事任免'(www. xinhuanet. com/politics/rsrm. htm), 人民網의 '中央和地方重要人事任免'(politics. peopledaily. com. cn/GB/shizheng/252/9823/index. html)은 주요 인사 내용을 월별, 기관별로 제시하고 있으며, '중화권 언론'으로는 주로 〈中國時報〉(www. chinatimes. com), *South China Morning Post*(www. scmp. com), 〈多維新聞〉(www5. chinesenewsnet. com), 〈文匯報〉(www. wenweipo. com), 〈明報〉(www. mingpaonews. com)를 사용하였다.

지도자 중 신규 임용자의 경우, 현재 개인별 인적 정보가 부족하기 때문에 부분적인 통계분석과 전체적인 특성만을 적시하였다. 더욱 문제가 되는 부분은 지도부의 개편으로 인해 '최고지도자'(*paramount leader*) 와 특정 지도자간의 '꽌시'(關係), 지도자들 간의 유대와 연합, 그리고 지도자 개개인의 '학습효과'(*learning effect*) 가 현재 형성 초기로서 이와 같은 새로운 현상이 특정 형태로 정착될 때까지 이 연구의 주장 및 결론은 상황적 증거 및 논리적 추론에 기반한 잠정적 연구결과로 보아야 한다.

1. 당 지도부 개편내용 및 성향[2)]

17대에 대해 중국 내외에서 가장 관심을 가졌던 이슈는 ① 후진타오(胡錦濤) 체제의 지도이념인 '과학적 발전관'(科學發展觀)과 '조화로운 사회'(和諧社會)의 당장(章程) 삽입 여부,[3)] ② 향후 5년간(2007년~2012년) 국내외 주요 정책의 내용 및 방향,[4)] 그리고 ③ 당·군 지도부 인사였으나, 상기한 이념, 정책, 그리고 인사는 모두 동전의 양면으로서 서로 맞물려 있다. 특히, 지도부의 개편은 중국의 체제안정과 직결되어 있고, 구체적으로 후진타오의 권력 공고화, 지도부의 단결, 그리고 차세대 지도자의 등장을 가름할 수 있는 중요한 사안이다.

17대 인사개편의 주요 특징 중 하나는 '중앙영도기구'의 규모(즉, 구성원 수)가 16대와 매우 유사하다는 점이다. 중앙정치국 상무위원회는 9명으로 16대(2002년 11월)와 동일하고, 중앙정치국은 후보위원 없이 25명으로 구성되었는데 이도 16대가 후보위원 1명을 포함 25명으로

---

2) 이 절은 필자의 "중국의 새로운 최고지도부 인사분석: 내용, 성향, 함의 및 관찰자의 문제", 미래전략연구원, 2007년 11월 8일(www.kifs.org)의 내용을 수정·보완한 것임. 17대의 인사 및 정책에 대한 미국 연구자들의 평가에 대해서는 The Brookings Institution, *China's 17th Party Congress: Looking Ahead to Hu Jintao's 2nd Term* (Washington, DC: The Brookings Institution, October 2007) 중 특히 리(Cheng Li)와 샴보(David Shambaugh)의 발표내용 참조.

3) '조화로운 사회'와 '과학적 발전관'의 구체적 내용 및 순위변화에 대한 가장 종합적인 분석은 조영남, "'조화사회' 건설: 후진타오 통치이념의 등장", 미래전략연구원, 2006. 10. 23 및 이 책 제3장 "중국공산당 제17차 전국대표대회와 엘리트정치" 참조.

4) 지난 5년(2002년~2007년)의 회고와 향후 5년에 대한 당의 비전 및 정책방향에 대해서는 2007년 10월 15일 17대 개막식에서 후진타오 당 총서기가 발표한 〈정치보고〉 참조. "胡錦濤在中國共産黨第十七次全國代表大會上的報告", 〈新華網〉(http://news.xinhuanet.com/newscenter/2007-10/24/content_6938568...)

구성된 것과 동일하다. 중앙서기처의 경우는 군인사 1인이 제외되어 16대 7명에서 17대 6명으로 축소되었으나, 중앙위원회는 당원 수(2007년 6월말 현재 7,336만 명)의 증가로 인해 16대 중앙위원 198명, 후보위원 158명에서 각각 6명과 9명이 증가하여 17대에서는 중앙위원 204명, 후보위원 167명(총 371명)으로 구성되었다. 당 중앙군사위원회는 16대에 8명으로 구성되었으나, 2004년 9월에 개최된 16기 4중전회 이후 11명으로 증가하였고, 같은 수가 17대에 선출되었다.

각 기구의 인사내용을 분석하면, 중앙정치국 상무위원회(9명) 중 유임자는 5명(胡錦濤, 吳邦國, 溫家寶, 賈慶林, 李長春), 16대 중앙정치국 위원에서 상무위원으로 승진한 인사는 2명(賀國强, 周永康), 그리고 신임은 2명(習近平, 李克强) 뿐이다.[5] 동 기구는 실질적으로 중국내 최고 정책결정기관이기 때문에 이에 대해서는 국내외 언론의 집중적인 보도가 있었으나, 특히 '계파별(派閥) 분석'과 '후진타오의 후계자'에 대한 평가는 매우 조심스런 접근이 필요하다. 상기 9인 중 적이도 5인(吳邦國, 賈慶林, 李長春, 賀國强, 周永康)은 경력 및 업종(同行)으로 미루어 볼 때, 장쩌민(江澤民)과 쩡칭훙(曾慶紅)의 후광을 입은 인사, 즉 이른바 '상하이방(上海幇)'으로 볼 수 있으나, 그렇다고 후진타오의 지지자/측근은 중국공산주의청년단(共靑團; 이른바 '團派') 출신인 리거창(李克强) 뿐이라고 보는 것은 중국 최고지도부의 운용방식과 동학(*dynamics*)을 지나치게 단순화·획일화시키는 자의적 해석이다.

16기 중앙정치국 상무위원 중 탈락자는 쩡칭훙(1939년생), 황쥐(黃菊, 1938년생〔사망〕), 우관정(吳官正, 1938년생), 뤄간(羅干, 1935년생)으로 전원 68세 이상이다. 특히, 쩡칭훙이 후진타오의 '정치 라이벌'로서 상하이방의 실질적 리더인 점을 감안할 때, 그의 퇴진은 후진타오의

---

5) 특히, 시진핑(習近平)과 리커창(李克强)은 16기 중앙위원회 위원에서 중앙정치국 위원/후보위원을 거치지 않고 중앙정치국 상무위원으로 '2계급 승진'('兩級跳')하였다.

권력 공고화에 득이 될 가능성이 높다.

상무위원 9명을 제외한 17기 중앙정치국 위원은 총 16명으로서, 16기 중앙정치국 후보위원 왕강(王剛)이 승진하였고, 7명(王岐山, 劉延東, 李源潮, 汪洋, 張高麗, 徐才厚, 薄熙來)이 새로 중앙정치국에 진입하였다. 17기 중앙정치국 위원 25명(상무위원 9명 포함)의 기본적인 배경은 다음의 〈표 2-1〉과 같다.

중앙정치국도 상무위원회와 마찬가지로 소폭 개편이 보이는데, 이른바 '5세대'(1950년대 출생자로서 현재 40대 후반에서 50대 후반)의 전면적인 등장은 이루어지지 않았다. 전체적으로 당·정·군의 국가지도자급(당 총서기, 국가주석, 국무원 총리, 당 중앙군사위원회 주석, 전국인민대표대회〔전국인대〕 상무위원장, 중국인민정치협상회의〔정협〕 주석) 외, 주요 성·구(자치구)·시(직할시)의 당서기(베이징시〔당서기와 시장〕, 톈진시, 상하이시, 충칭시, 장수성, 광둥성, 후베이성, 랴오닝성, 신장자치구), 당/국무원 주요 기관(중앙조직부, 중앙선전부, 중앙통전부, 상무부, 공안부)의 장(長), 그리고 군대표(2명), 국무원 부총리, 중앙기율검사위원회 서기 등이 선출되었다.[6)]

6) 단 17대에서 발표된 중앙정치국 위원과 상무위원회 위원의 당시 보직은 차기 보직을 고려한 인사이기 때문에 특정 부서나 지역의 장(長)이 선출되었다는 의미는 아니다.

〈표 2-1〉 중국공산당 제17기 중앙정치국 위원 명단 (2007년 10월 현재)

성 명	출생지	생년월일	당가입년	학 력	현직, 주요 경력 및 비고
習近平★▲	陝西富平	1953. 6	1974. 1	청화대학(박사)	상해시당서기, 前절강성당서기, 前복건성성장
王 剛■	吉林扶余	1942. 10	1971. 6	길림대학	중앙직속기관공위서기, 前판공청주임
王樂泉●	山東壽光	1944. 12	1966. 3	중앙당교	신강자치구당서기(산동 26년, 신강 16년 근무)
王兆國●	河北豊潤	1941. 7	1965. 12	하얼빈공대	전국인대부위원장, 前통전부장, 前판공청주임
王岐山▲	山西天鎭	1948. 7	1983. 2	서북대학	북경시장, 前해남성당서기, 前건설은행장
回良玉●	吉林楡樹	1944. 10	1966. 4	省委당교	부총리, 前강소성당서기(길림 29년 근무)
劉 淇●	江蘇武進	1942. 11	1975. 9	북경강철학원	북경시당서기, 前치금부장(무한 25년 근무)
劉雲山●	山西忻州	1947. 7	1971. 4	중앙당교	중앙선전부장, 서기처서기(내몽고 29년 근무)
劉延東▲	江蘇南通	1945. 11	1964. 7	길림대학(박사)	중앙통전부장, 前정협부주석(통전부16년근무)
李長春★●	遼寧大連	1944. 2	1965. 9	하얼빈공대	前광동성당서기, 前하남성당서기, 前요녕성장
李克强★▲	安徽定遠	1955. 7	1976. 5	북경대학(박사)	요녕성당서기, 前하남성당서기/성장
李源潮▲	江蘇漣水	1950. 11	1978. 3	중앙당교(박사)	강소성당서기, 前문화부부장
吳邦國★●	安徽肥東	1941. 7	1964. 4	청화대학	전국인대위원장, 前부총리, 前상해시당서기
汪 洋▲	安徽宿州	1955. 3	1975. 8	앙당교	중경시당서기(안휘 약 26년 근무)
張高麗▲	福建晋江	1946. 11	1973. 12	하문대학	천진시당서기, 前산동성당서기
張德江●	遼寧台安	1946. 11	1971. 1	김일성종합대학	광동성당서기, 前절강성/길림성당서기
周永康★■	江蘇無錫	1942. 12	1964. 11	북경석유학원	공안부장, 前서기처서기, 前사천성당서기
胡錦濤★●	安徽績溪	1942. 12	1964. 4	청화대학	당총서기, 국가주석, 당/국가 중앙군위주석

성 명	출생지	생년월일	당가입년	학 력	현직, 주요 경력 및 비고
兪正聲●	浙江紹興	1945. 4	1964. 11	하얼빈군공정원	호북성당서기, 前건설부장, 前청도시당서기
賀國强★■	湖南湘鄕	1943. 10	1966. 1	북경화공학원	중앙조직부장, 前서기처서기(산동 24년 근무)
賈慶林★●	河北泊頭	1940. 3	1959. 12	하북공학원	정협주석, 前북경시당서기, 前복건성당서기
徐才厚▲	遼寧瓦房店	1943. 6	1971. 4	하얼빈군공정원	중앙군위부주석, 前서기처서기, 前총정주임
郭伯雄●	陝西禮泉	1942. 7	1963. 3	해방군군사학원	중앙군위부주석, 前난주군구사령원
溫家寶★●	天津市	1942. 9	1965. 4	북경지질학원	총리, 前부총리, 前판공청주임
薄熙來▲	山西定襄	1949. 7	1980. 10	중국사회과학원	상무부장, 前요녕성장(요녕 20년 근무)

범례: ★당 중앙정치국 상무위원 ▲신임 ●유임 ■승진(16기 중앙정치국 위원/후보위원)

주: 1. 상기 〈표 2-1〉의 '현직'은 17대 개최 기간(10월 15일~21일) 중 재직 현황임. 이후 후속인사는 아래 본문 참조. 2. 왕강(王剛)은 16기 중앙정치국 후보위원이며, 허궈창(賀國强)과 저우융캉(周永康)은 16기 중앙정치국 위원임. 3. 박사학위 소지자의 '학력'은 최종학력이며 학부의 전공과 출신학교가 다를 수 있음.

출생연도는 1940년(賈慶林)에서 1955년(李克强, 汪洋)으로 넓게 분포되어 있는데, 평균 출생년도는 1945년(2007년 현재 62세)이고, 중위(*median*)년도는 1946년, 그리고 최빈/다빈(*mode*)년도는 1942년(6명)이다. 동 25인의 당 가입년도는 1959년(賈慶林)에서 1983년(王岐山)으로 무려 24년의 차이가 있는데, 평균 당 가입년도는 1969년이고, 중위년도는 1973년, 최빈/다빈년도는 1964년(5명)이다. 16기 중앙정치국 위원/후보위원 25명에 대한 해당 통계와 비교할 때[7], 거의 모든 항목 간 4~5년의 간극이 있으나, 예외적으로 당 가입년도의 중위년도는 16기 1964.5년에서 17기 1973년으로 8.5년 차이가 나고, 특히 17기의 경우 당 가입년도의 중위년도는 1973년이나 최빈/다빈년도는 1964년(5명)이고 차하위 최빈/다빈년도는 1971년(4명)인 특징을 보이고 있다. 통계적 의미에 국한해 볼 때, 이는 17기 중앙정치국 위원의 경우 당 가입년도 및 경력상 상위그룹과 하위그룹 간의 차이가 크다는 것을 의미한다. 또한, 동 25인의 출생 및 당 가입년도는 중국 건국 초기의 국내외 사건·환경에 비추어 볼 때, 대부분이 청소년기에 '백가쟁명(百家爭鳴)'(1957), '대약진운동(大躍進運動)'(1958~61년)과 '사회주의 교육운동(社會主義 教育運動)'(1960년대 초), 그리고 20대와 30대에 '문화대혁명(文化大革命)'(1966~76년)을 거친 이른바 '4세대 지도부의 후기그룹'으로 볼 수 있나. 또한, 동 세대는 인격형성기에 '계급투쟁'과 '반소반미'를 포함한 정규 '사회주의교육'을 받은 세대로서 당과 인민의 일체감이 높은 시기에 당에 가입하였다.

17기 중앙정치국의 다른 주요 특징으로는 ①'기술관료'가 대다수인 16기에 비해 17기 중앙정치국은 인문·사회과학 전공자가 크게 증가하였고, 최초로 4명의 박사학위 소지자(習近平, 劉延東, 李克强, 李源

7) 16기 중앙정치국에 대한 통계 분석은 필자의 "중국의 제 16차 당대회: 신지도부 인사내용과 함의", 〈신아세아〉, 중국의 제 16차 당대회와 지도부의 세대교체 특집호, 10권 1호(2003년 봄), pp. 28~31 참조.

潮)가 진입한 점, ② 이른바 '태자당(太子黨)'(예, 習近平, 兪正聲, 王岐山, 薄熙來)과 '공청단'(李克强, 李源潮, 劉延東, 汪洋)의 대표주자가 선출된 점, ③ 상당한 지방행정 경력자의 충원이 이루어졌으나, 이로 인해 외교 및 군사업무 경험이 일천한 점, 그리고 ④ 중앙-지방, 직능 및 '계파' 간 균형적 안배가 이루어진 점을 들 수 있다.[8] 또한, 후진타오는 14대(1992년) 이후 중앙정치국 상무위원(12대〔1982년〕 중앙위원회 후보위원/위원), 우방궈는 14대 이후 중앙정치국 위원, 원자바오는 14대 이후 중앙정치국 후보위원/위원, 그리고 자칭린은 15대(1997년) 이후 중앙정치국 위원으로 보임되어, 중앙정치국에서의 활동기간 및 경력이 서열책정의 기준이 되고 있다. 일부 의외의 인사(예, 賈慶林)를 제외하면, 전체적으로 집단지도체제 유지, '당-국가'(*party-state*)의 집정능력 강화, 다양한 경제·사회적 요구 관리에 초점을 맞춘 안정적인 '실무형 인사 안배'라고 평가된다.[9]

중앙서기처는 중앙정치국(상무위원회 포함)의 업무기구(辦事機構)로서, 당 최고지도부와 당·정·군 주요 조직간의 일상업무를 조율하는 매우 중요한 조직이다. 동 조직은 15대와 16대 각 7명에서 17대 6명으로 축소되었는데, 시진핑은 서기처 총괄업무(黨務 포함), 류윈산(劉雲山)은 선전, 리위안차오는 조직, 허융(何勇)은 중앙기율검사 및 감찰(紀檢), 링지화(令計劃)는 중앙판공청 업무, 왕후닝(王滬寧)은 정책연구 업무를 맡게 될 것으로 보인다. 특히, 군인사가 중앙서기처에서 배제됨으로서, 군 지도부와 당 지도부 간의 연결고리는 당분간 중

---

8) 중국의 새로운 지도부에 대한 중국측 공식 평가는 孫宇挺, "中共高層新成員: 文科高學歷, 地方歷練, '新生代'", 〈人民網〉(www.people.com), 2007. 10. 22 참조.

9) 17기 중앙정치국 위원, 상무위원 및 중앙서기처 서기(총 28명)의 개인별 공식 약력에 대해서는 〈新華社〉(www.xinhuanet.com) 2007년 10월 22일자 참조. 신임 당·군 지도자 26명의 경력 및 인물평은 *South China Morning Post*, 2007. 10. 23 참조.

앙정치국(상무위원회)이 될 전망이다.[10]

중앙위원회는 중앙위원 204명, 후보위원 167명으로 구성되었는데, 중앙위원 중 유임자는 99명(48.5%), 신임 및 승진자는 105명(51.5%) 이고, 후보위원 중 신임자는 124명(74.3%)으로 잠정 집계되었다.[11]

17기 중앙위원회도 입후보자가 의석수보다 많은 일종의 경쟁('差額') 선거 방식에 의해 구성되었는데, 당 기관지인 〈인민일보〉의 발표(10월 22일)에 의하면, 중앙위원은 221명의 후보 중 204명(8.3%), 후보위원은 183명의 후보 중 167명(9.6%)이 선출되어 16기의 5.1%, 5.7%에 비해 경쟁 비율이 상향 조정되었다. 이 중 공청당(共靑團) 출신은 약 40명으로 추정되며, 여성은 중앙위원에 13명, 후보위원에 24명(총 37명, 10%)이 선출되었는데, 16기에 비해 각각 8명, 2명이 증가한 수치이다.

또한, 총 371명 중 소수민족은 40명(10.8%)이고, 중앙위원과 후보위원 중 대학학력 이상 소지자는 92.2%이다. 득표 수에 의해 열거되는 후보위원의 경우, 17기 최저득표자는 자팅안(賈廷安) 당 중앙군사위원회 판공실 주임으로서 16기 최저득표자 여우시구이(由喜貴) 전 중앙판공청 경위국 국장과 함께 장쩌민의 인맥으로 분류되는 인물이다. 참고로 15기(1997년) 최저득표 후보위원은 시진핑이었는데, 이 또한 '계파' 및 인맥(즉, 太子黨) 인사에 대한 당 대표들의 거부감을 잘 나타내고 있다.

---

10) 13대(1987년)와 14대는 양바이빙(楊白冰), 15대는 장완녠(張萬年), 그리고 16대는 쉬차이허우(徐才厚)가 중앙정치국 위원 겸 중앙서기처 서기에 보임되었다. 17대 군인사가 중앙서기처에 배제됨으로 인해 '군의 이익'은 권력의 최상부인 중앙정치국 및 중앙정치국 상무위원회에서 반영되겠으나, 동 기구들은 중앙서기처와는 달리 상시 모임을 갖지 않는다.

11) 16기 중앙위원 중 탈락자 명단은 〈文匯報〉(www.wenweipo.com), 2007년 10월 22일자 참조.

2. 군 지도부 변화와 '전문화(專業化)'의 심화

중국군의 최고정책결정기구인 당 중앙군사위원회(중앙군위)는 주석 1명(胡錦濤), 부주석 2명(郭伯雄, 徐才厚), 위원 8명(梁光烈, 陳炳德, 李繼耐, 廖錫龍, 常萬全, 靖志遠, 吳勝利, 許其亮) 총 11명으로 구성되었다. 이 중 후진타오는 중앙정치국 상무위원, 부주석인 궈보슝과 쉬차이허우는 중앙정치국 위원, 그리고 위원 8명은 모두 중앙위원회 위원으로 보임되었다. 중앙군위의 차하위 급인 '사총부(四總部)'의 경우, 총참모부 3명, 총정치부 4명, 총후근부와 총장비부 각 2명이 중앙위원회 위원에 선출되었는데, 총정치부의 강세가 지속되고 있다. '대군구급(大軍區級)' 단위 총 13개의 사령원(司令員)/원장(院長)/교장(校長), 그리고 해당 단위의 정위(政委)는 모두 중앙위원회 위원으로 선출되었으나, 해군의 경우 퇴직 예정인 정위(政委) 후옌린(胡彦林)이 교체되지 않아 사령원인 우성리(吳勝利)만이 중앙위원회에 진출하였다.[12]

현재(2007년 12월 말)까지의 조사에 의하면, 204명의 중앙위원 중 군인사는 41명(20.1%), 167명의 후보위원 중 군인사는 23명(13.8%)으로 17기 중앙위원회(총 371명)에서 군인사가 차지하는 수·비율은 64명, 17.3%로서 과거에 비해 조금씩 감소하는 추세를 보이고 있다.[13] 단, 중앙위원회 위원 중 군이 차지하는 비율은 20% 내외로 조

---

12) 특히, 2003년 5월 명(明)급 잠수함 사고의 지휘책임을 물어 사령원(司令員) 스윈성(石雲生)과 정위(政委) 양화이칭(楊懷慶)이 해임된 이후, 2006년 12월에는 중앙군위 위원이자 해군 사령관인 장딩파(張定發)가 사망하는 등 해군 지휘부의 잦은 교체와 군내 위상문제가 발생하고 있다.

13) 17기 중앙위원회 위원 및 후보위원 중 군인사에 대한 종합적인 분석은 Li Cheng and Scott W. Harold, "China's New Military Elite", *China Security*, Vol. 4, No. 4(Autumn 2007), pp. 62~89 참조. 단, 분석자에 따라 新疆建設兵團 소속 인사 혹은 院校의 '文職'을 '군인사'로 포함시키느

〈표 2-2〉 14대 이후 중앙위원회 군 인사 수·비율의 변화 추이

	14대(1992)	15대(1997)	16대(2002)	17대(2007)
군 인사 / 중앙위원	46/189 (24.3%)	41/193 (21.2%)	44/198 (22.2%)	41/204 (20.1%)
군 인사 / 후보위원	20/130 (15.4%)	26/151 (17.2%)	24/158 (15.2%)	23/167 (13.8%)
합 계	66/319 (20.7%)	67/344 (19.5%)	68/356 (19.1%)	64/371 (17.3%)

주: 17기 중앙위원회 후보위원 중 군인사의 수는 잠정 집계이며, 17기 중앙위원회 위원 중 군인사의 수에는 네웨이궈(聶衛國) 新疆建設兵團 政委를 포함하지 않았음.

정되고 있다고 평가된다. 특히, 중앙위원회 위원과 후보위원 중 군인사 수의 변화 보다 중앙위원회 위원 및 후보위원의 수가 큰 폭으로 변화하고 있기 때문에 상기 비율은 보다 큰 감소세를 보이고 있다. 이와 같은 추이에 대해 일부 학자의 경우,[14] 군의 위상 저하 혹은 정책결정과정에서의 배제 현상으로 보고 있으나, 사실상 이는 1990년대 장쩌민 시대 이후 지속·심화되는 군의 '전문화'(專業化) 추세를 반영하고 있는 것으로 판단된다. 14대(1992년) 이후 중앙위원회 위원 및 후보위원 중 군인사의 수·비율의 변화는 〈표 2-2〉와 같다.

냐의 여부에 따라 통계상 약간의 차이가 발생하고 있다.

14) 캐나다 앨버타(Alberta) 대의 정주윤 교수는 14대에서 류화칭(劉華淸)이 중앙정치국 상무위원을 지낸 이후, 동 기구에 군인사의 선임이 없었고, 중국의 국가안보정책결정에서 군의 위상이 저하되었다는 주장을 하고 있으나, 기본적으로 중앙정치국 상무위원은 "군의 대표" 보다는 "국가지도자"의 역할과 위상을 갖고 있고, 군사력의 사용 가능성이 있는 안건의 토의 시 군의 참여는 필수적이다. Joo-Youn Jung, "China's National Security Policy-making: Waning Military Representation and Shifting Policy Priorities", *Korean Journal of Defense Analysis*, Vol. 19, No. 3(Fall 2007), pp. 77~98 참조.

〈그림 2-1〉 중국인민해방군 지휘조직도(2008년 3월 현재)

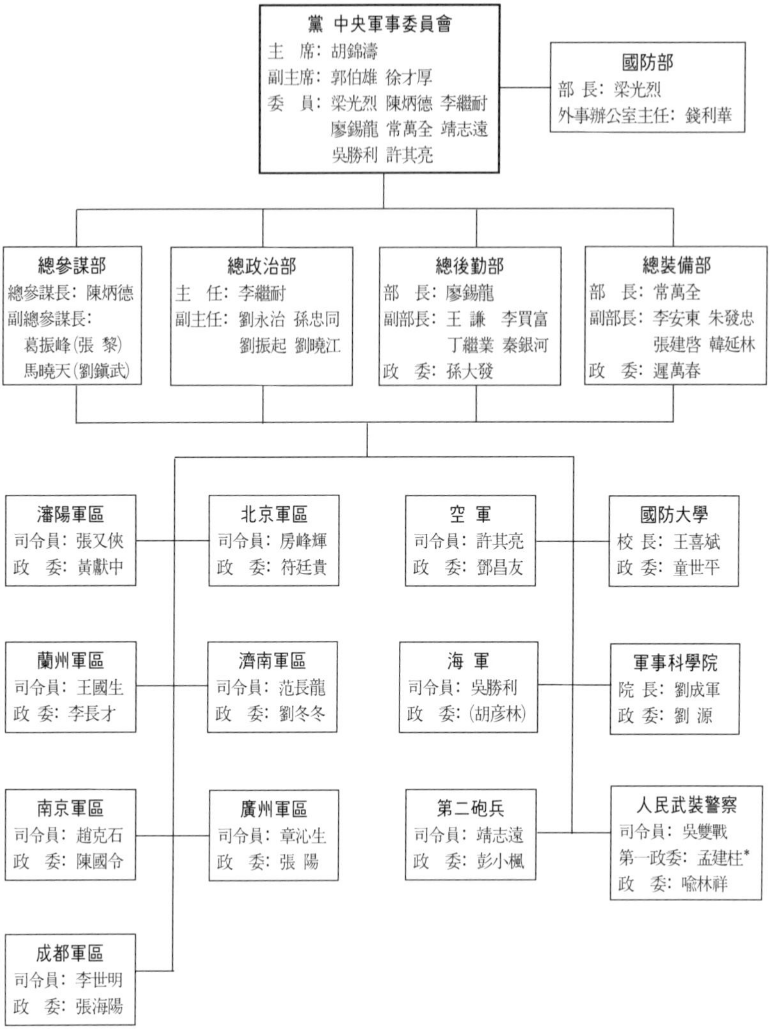

주: ( )안의 인사는 퇴직 예정자이며, 인민무장경찰 총부 제1정치위원은 현직 공안부장의 당연직임.

중앙군위를 제외한 군의 영도기구(4총부 및 대군구급)에 대한 보직 조정은 2007년 여름 이후 17대 직전까지 대대적으로 진행되었는데, 특히 7개 대군구 중 5개 대군구의 사령원이 모두 교체되었다[15] (위의 〈그림 2-1〉 참조). 사실, 중국군 지휘부에 대한 인사는 국내외 일부 언론 보도와는 달리, 일반적으로 '파격적'이거나 '군내 파벌'의 세력변동에 크게 영향을 받지 않고 있고, "정례화・제도화 추세"가 심화되고 있다. 이 중 가장 중요한 원칙은 연령정년으로서 대군구('大單位')의 경우 사령원/정위 65세, 부사령원/부정위 63세 외, 각 부대단위에 대한 보직연한 제한이 적용되고 있다. 또한, 상장진급 연한은 중장 승진 후 최소 4년 복무이며, 정기인사는 매년 12월과 6월에 실시되고 있으나, 2007년 말에는 상기한 보직조정의 후속인사로서 대단위 별 하위직 인사만이 진행되고 있다.

금번 군인사의 주요 특징의 하나는 과거와는 달리 중앙서기처에 군인사가 배제된 점이다. 사실, 이는 13대(1987년) 이후 중앙정치국 위원 중 군인사 1명이 중앙서기처 서기를 겸직한 관례를 볼 때, 매우 특이한 현상이다. 군인사가 중앙서기처에서 배제됨으로써, 군 지도부와 당 지도부 간의 연결고리는 당분간 중앙정치국(궈보슝과 쉬차이허우)과 상무위원회(후진타오)가 될 전망이며, 이 또한 당과 군간의 "제도적 분리" 현상을 심화시킬 것으로 보인다.

또 다른 특징은 당 중앙군위 부주석이 3명에서 2명으로 환원된 점을 들 수 있는데, 중앙군위는 전통적으로 2명의 부주석이 각각 군의 전략/훈련/운영과 군사외교/방산/교육의 직무를 담당하였다.[16] 단, 과거

---

15) 彭志平, "5大軍區領導人 世代交替", 〈中國時報〉, 2007년 10월 2일.

16) 중앙군위의 역할, 구조 및 구성원에 대한 가장 종합적인 분석으로는 Nan Li, "The Central Military Commission and Military Policy in China" and David Shambaugh, "The Pinnacle of the Pyramid: The Central Military Commission", James C. Mulvenon and Andrew N. D. Yang(eds.),

자오쯔양(趙紫陽)과 후진타오와 같이 민간 지도자이나 당 총서기직에 해당하는 인물에 대해서는 중앙군위 부주석에 임명하여 군과의 유대 및 경험을 쌓을 필요가 있는 경우 중앙군위 부주석은 3명을 유지하였다. 현재의 상황은 적어도 두 가지 사례와 관련이 있는데 첫째 량광례 전 총참모장이 17대 당시 무보직으로서 중앙군위 부주석이 아닌 위원으로 임명된 사실이다. 이로 인해 량광례가 맡을 수 있는 군내 보직은 국방부장 뿐이나, 그간 중국의 국방부장은 중앙정치국 위원이자 당 중앙군위 부주석이 겸직을 했기 때문에 기타 주요 보직이 없는 상황에서 국방부장에의 취임은 실권이 없다고 보아야 한다. 또한, 차기 당 총서기로 거론되는 시진핑의 경우, 당 중앙군위에의 진입(즉, 부주석)이 필수적이나, 현재까지 동 기구의 민간 지도자는 후진타오뿐이다. 또한, 향후 수 년 내 시진핑이 중앙군위 부주석에 취임할 경우에도 이른바 '군 지도자'로서의 수련기간이 짧게 될 예정이다.

국내외 언론에서 보도가 된 바와 같이, 금번 군 지도부 인사에는 대만유사 및 육·해·공 합동작전 지휘경력자들이 상당수가 발탁되었다. 주요 인사로는 천빙더(陳炳德) 총참모장, 마샤오톈(馬曉天) 부총참모장, 쉬치량(許其亮) 공군사령관, 우성리(吳勝利) 해군사령관 등은 대만을 작전구역으로 하는 난징군구 근무경력이 있고, 량광례 중앙군위 위원 겸 전 총참모장은 상륙작전 전문가이다. 또한, 중국군의 전자전 및 합동(연합)작전능력 중시로 인해 다양한 과학·기술 경력을 갖춘 인사가 발탁되었는데, 천빙더, 장친성(章沁生) 광저우군구 사령원, 팡펑휘(房峰輝) 베이징군구 사령원 등이 이에 속한다. 단, 중국군 지도부의 '나이 연소화(年輕化)'와 개혁·개방기 중국의 대외군사력 미사용으로 인해 실전 경험을 갖춘 지휘관은 64명의 17기 중앙위원회 위

The People's Liberation Army as Organization: Reference volume v1.0 (Santa Monica: The RAND Corporation, 2002), pp. 45~94, 95~121 각각 참조.

원과 후보위원 중 량광례와 랴오시룽 단 2명뿐으로 양 인은 1979년 대 베트남전에 참전한 바 있다.

이외에도 상당수의 당·군 원로의 자제가 군 최고지휘부에 진입한 점을 들 수 있다. 예를 들어 군사과학원 정위인 류위안〔劉源; 전 국가주석 류샤오치(劉少奇)의 아들〕, 총정치부 부주임인 류샤오장〔劉曉江; 전 총서기 후야오방(胡耀邦)의 사위〕, 성도군구 정위 장하이양〔張海陽; 전 중앙군위 부주석 장쩐(張震)의 아들〕, 심양군구 정위 장요우샤〔張又俠; 군 원로인 장종쑨(張宗遜)의 아들〕 등이 있다.[17] 단, 군의 특성상 이른바 '공청단파(團派)'나 '상하이방(上海幇)'이 존재할 수는 없으나, 그렇다고 '태자당(太子黨)'의 진출을 강조하는 것은 잘못된 분석이다. 이는 당·군 원로 자제의 성장 시 군의 높은 위상으로 인해 입대와 상대적으로 주요 보직에의 진출이 용이했을 것으로 보인다.

17기 중앙위원회 위원 중 군인사는 41명으로서, 이 중 유임자는 17명(41.5%), 신임자는 22명(53.7%), 그리고 16기 중앙위원회 후보위원에서 승진한 인사는 2명(4.9%)이다. 16기 중앙위원회 위원 중 군인사 총 44명의 해당 비율이 각각 17명(38.6%), 22명(50%), 5명(11.4%)이고, 15기(총 41명)의 경우 11명(26.8%), 25명(65%), 5명(12.2%)임을 감안할 때, 신임자의 비율이 지속적으로 과반수를 넘고 있다. 이는 군 간부인사관리 제도의 정착을 의미하며, 군 지휘부의 평균 연령도 이른바 "간부 나이 연소화(幹部 年經化)"로 인해 지속적으로 낮아지고 있다.

---

17) 군 지휘부내 태자당 출신 인사에 대한 보다 자세한 내용은 徐尙禮, "近卄太子黨躋身黨政軍高層", 〈中國時報〉, 2007년 10월 22일.

〈표 2-3〉 중국공산당 제17기 중앙위원회 위원중 군인사 명단(총 41명; '07. 10 현재)

성 명	출생지	생년월일	당가입년	군가입년	학 력	현직(주요 경력)
馬曉天●	河南鞏義	1949. 8	1969. 7	1965. 7	空軍航空學校	副總參謀長(南京/蘭州空軍司令員)
王國生▲	吉林大安	1947	—	1968	—	蘭州軍區司令員
王喜斌▲	黑龍江	1948. 2	—	1966. 1	機甲學校/國防大	國防大學校長(北京軍區參謀長)
鄧昌友●	四川蓬溪	1947. 2	1970. 5	1968. 3	黨校/政治學院	空軍政委(空軍政治部主任)
田修思▲	河南孟州	1950. 2	1968. 2	1968. 3	西安政治學院	新疆軍區政委
劉 源▲	北京	1951	—	—	北京師範大	軍事科學院政委
劉冬冬●	湖北武漢	1945. 10	1963. 10	1961. 7	政治學院	濟南軍區政委(蘭州軍區政委)
劉永治●	河南鄢陵	1944. 11	1963. 11	1960. 8	黨校/政治學院	總政治部副主任(蘭州軍區政委)
劉成軍▲	山東威武	1949	—	—	空軍指揮學院	軍事科學院院長(空軍副司令員)
劉曉江▲	江西吉安	1949	—	—	—	總政治部副主任
許其亮★●	山東臨朐	1950. 3	1967. 7	1966. 7	航空學校	空軍司令員(副總參謀長)
孫大發▲	安徽金寨	1945. 11	—	—	—	總後勤部政委
孫忠同■	山東威海	1944. 10	1965. 9	1965. 1	濟南工業校/黨校	總政治部副主任(解放軍報社社長)
李長才▲	安徽合肥	—	—	—	國防大學	蘭州軍區政委(南京軍區政治部主任)
李世明▲	四川三臺	1948. 1	1968. 12	1968. 4	陸軍指揮學院	成都軍區司令員(瀋陽軍區參謀長)
李繼耐★●	山東滕州	1942. 7	1965. 5	1967. 12	哈爾濱工大	總政治部主任(總裝備部長/總裝政委)
吳雙戰●	河南淸豊	1945. 2	1965. 6	1963. 12	普中師範專科大	武警司令員(武警副司令員)
吳勝利★▲	河北吳橋	1946	—	1968	—	海軍司令員

성 명	출생지	생년월일	당가입년	군가입년	학 력	현직(주요 경력)
遲萬春●	山東文登	1946. 4	1971. 4	1965. 8	哈爾濱工程學院	總裝備部政委(國防科技大學政委)
張 陽▲	河北武强	1951. 8	—	1968	政治學院/國防大學	廣州軍區政委(廣州軍區政治部主任)
張又俠▲	陝西	1951	—	—	國防大學	瀋陽軍區司令員(北京軍區司令員)
張海陽▲	湖南平江	1949. 7	1969	1969	政治學院	成都軍區政委
陳國令▲	遼寧瓦房	—	—	1968	—	南京軍區政委
陳炳德★●	江蘇南通	1941. 7	1962. 3	1961. 4	軍事學院	總參謀長(濟南/南京軍區司令員)
范長龍■	遼寧丹東	1947. 5	1969. 9	1969. 1	中央黨校	濟南軍區司令員(瀋陽軍區參謀長)
房峰輝▲	陝西	1951. 4	—	—	—	北京軍區司令員
趙克石▲	河北	1947	—	1968. 2	陸軍指揮學院	南京軍區司令員(南京軍區參謀長)
徐才厚★●	遼寧瓦房	1943. 6	1971. 4	1963. 8	哈爾濱工程學院	政治局委員/軍委副主席(總政主任)
郭伯雄★●	陝西禮泉	1942. 7	1963. 3	1958. 8	軍事學院	政治局委員/軍委副主席(副總參謀長)
黃獻中▲	山東單縣	1945. 12	—	—	哈爾濱工程學院	瀋陽軍區政委
常萬全★●	河南南陽	1949. 1	1968. 11	1968. 3	陝西渭南師範專大	總裝備部部長(瀋陽軍區司令員)
符廷貴●	遼寧盤山	1944. 8	1966. 4	1963. 12	黨校/國防大	北京軍區政委(39集團軍政委)
章沁生▲	山西孝文	1948. 5	—	1962	機甲學校/國防大	廣州軍區司令員(副總參謀長)
梁光烈★●	四川三台	1940. 12	1959. 11	1958. 1	河南大/軍事學院	(總參謀長, 瀋陽/南京軍區司令員)
彭小楓▲	河南鎮平	1945. 2	1965. 12	1968. 8	哈爾濱工程學院	第二砲兵政委
葛振峰●	河北淸苑	1944. 8	1965. 7	1962. 6	黨校/軍事學院	副總參謀長(軍事科學院院長)
董貴山▲	河南西平	1946. 7	1966. 1	1964. 12	—	西藏軍區司令員

성 명	출생지	생년월일	당가입년	군가입년	학 력	현직(주요 경력)
喩林祥▲	湖北應城	1945. 1	1966	—	政治學院	武警部隊政委(蘭州軍區政委)
童世平▲	黑龍江	1945. 5	—	1968	政治學院/海軍學院	國防大學政委(海軍政治部主任)
靖志遠★●	山東臨沭	1944. 12	1969. 12	1963. 8	砲兵學校/軍事院	第2砲兵司令員
廖錫龍★●	貴州思南	1940. 7	1963. 2	1959. 1	軍事學院/國防大	總後勤部長(成都軍區司令員)

범례: ★ 당 중앙군사위원회(중앙군위) 위원 ▲신임 ●유임(16기 중앙위원) ■승진(16기 후보위원)

주: 상기 〈표 2-3〉은 추가적인 조사가 필요함.

출처: 中共中央組織部/中共中央黨史硏究室 共編, 《中國共產黨歷屆中央委員大辭典 1921~2003》(北京: 中共黨史出版社, 2004); "新增中共軍方人事異動表", 〈前哨〉, 2007년 11월호, p. 59 외, 2007년 말 국내 및 대만의 중국군사 연구자와 토론한 내용을 포함하였음.

〈표 2-3〉에 나타난 바와 같이, 17대 중앙위원 군인사 41명(Nf=41)의 출신지별 분포는 산둥성과 허난성이 각각 7명으로 가장 높은 비율(17%)을 보이고 있고, 그 다음은 허베이성과 랴오닝성 각각 4명(9.8%), 그 외에는 산시(陝西)성과 쓰촨성 각각 3명, 후베이성, 안후이성, 헤이룽장성은 2명, 그리고 지린성, 베이징시, 후난성, 산시(山西)성, 장수성, 장시성, 꾸이저우성이 각 1명이다. 이 중 중국의 지역구분에서 화동(華東)지역(산둥성, 장수성, 안후이성) 및 중남(中南)지역(허난성, 후난성, 후베이성) 출신 장성은 총 20명으로 전체 중앙위원 군인사의 절반에 근접하고 있다. 특히, 산둥성과 허난성 출신은 16대 11명, 8명에서 각각 4명과 1명이 감소하였으나, 지속적으로 높은 피선율을 보이고 있다.[18]

17대 중앙위원 군인사 총 41명 중 출생연도가 파악된 39명(Nb=39)의 평균출생년도는 1946년으로 중앙군위 위원 10명(후진타오 제외)의 평균출생년도는 1943년이고, 이를 제외한 중앙군위 군인사(총 29명)의 평균출생년도가 1947년인 점으로 미루어 볼 때, 양자 간 연령차이는 불과 4년이다. 이는 중국군 최고지도부급과 차하위 2개급 지도부 간의 연령차는 불과 4년으로 크지 않은 편이며, 이 또한 연령정년제도의 정착화 그리고 '나이 연소화(年輕化)' 추세를 반영하고 있다.

당 가입년도의 경우 총 25명의 평균 당 가입년도는 1966년으로 만 20세에 당에 가입하였고, 평균 군 가입년도(Nm=32)는 1964년으로 만 18세에 군에 입대하였다. 이는 17기 군 영도기관 각급 인사는 성장환경, 교육 수준 및 내용, 그리고 세계관이 유사함을 의미하며, 군 경력 초기에 문화혁명을 겪은 세대로서 군의 현대화와 전문화에 대한 강한 의지를 갖고 있다고 보아야 한다. 종합적으로 평가할 때, 17기 군

---

18) 16기 중앙위원회 위원 및 후보위원 중 군인사의 기본적인 배경에 대한 분석은 필자의 "중국의 당-군 관계와 군의 역할변화", 유세희 편, 《현대중국정치론》(서울: 박영사, 2005), pp. 207~55, 특히 pp. 226~39 참조.

지도부는 과반 수 이상이 신임으로서, 보다 젊고(年輕化), 전문군사 교육(PME)을 이수한 집단이라고 볼 수 있다. 또한, 과거 지도부와는 달리 1979년 대베트남전 참전 및 실전 경험은 거의 없고, 비군사적 업무 경력이 없는 특징을 갖고 있다. 이와 같은 특성으로 인해 신 군지도부는 국내정치에의 '연루' 가능성을 축소시키는 동시에 '전문화된 군 건설'을 추진할 것으로 전망된다.

3. '17대' 이후 후속인사 현황

중국에서 지도부의 개편은 공식적으로 당대회를 통해 5년에 한 번씩 이루어지는데, '중앙영도기구'에의 진입은 당·정·군의 요직에 발탁되기 위한 전제조건이다. 또한, 당대회는 지도부 개편, 즉 간부인사 과정의 일환으로서 일종의 분수령에 비유할 수 있는데, 다양한 사유(예, 연령제한, 병사 및 출당)를 감안하여, 당대회 개최 전 부분적인 보직 조정 및 임면이 이루어지고, 이는 당대회 개최 시 새로운 지도부의 구성에 종합적으로 반영되며, 이때에 당과 군계통의 보직 안배가 발표된다. 같은 방식으로 국가 및 국무원의 보직(국가주석, 국무원 총리·부총리 및 국무위원 등)은 당대회가 끝난 후 다음 해에 개최되는 전국인민대표대회에서 선출·발표된다. 예를 들어, 17대(2007년 10월) 이전 지방(성·구·시급) 당서기에 대한 보직 조정은 2006년 후반기와 2007년 전반기까지 1년에 걸쳐 이루어졌다.[19] 또한, 국가 및 국무원에 대한 보직인사는 2008년 3월 5일~18일에 개최된 제11기 전국인민대표대회 제1차 회의에서 발표되었는데, 이때에 비로소 중국의

19) 동 기간 중 '지방 지도자'의 임면 상황 및 17대 이후 인사변동에 대한 월별 통계 및 해당 인사의 자력표는 〈人民網〉의 "中央和地方重要人事任免"(politics.peopledaily.com.cn/GB/shizheng/252/9823/index.html) 참조.

새로운 당·정·군 지도부가 확정되었다.[20]

17대 종료 직후에는 주로 새로운 당 '중앙영도기구'의 구성에 따른 업무조정의 일환으로 후속인사가 진행되었는데, 2007년 말까지 2회의 연쇄적인 보직조정이 이루어졌다. 전체적으로 과거에 비해 보다 신속하고, 점진적인 조정이 이루어졌으나, 파격적인 발탁은 없는 것으로 보인다. 10월 22일 17기 1중전의 종료 후, 최초의 인사로서 10월 26일 신임 중앙정치국 상무위원이자 중앙기율검사위원회 서기에 임명된 허궈창(賀國强)이 맡던 중앙조직부장에 중앙정치국 위원으로 발탁된 장수성 당서기 리위안차오가 임명되었고, 장수성 당서기에는 장수성 성장인 량바오화(梁保華)가 보임되었다. 10월 27일에는 중앙정치국 상무위원인 시진핑이 상하이시 당서기직을 사임하였고, 후임에는 위정성(兪正聲) 중앙정치국 위원 겸 후베이성 당서기가 임명되었고, 후베이성 당서기에는 후베이성 성장인 뤄칭취안(羅淸泉)이 승진·임명되었다. 10월 28일에는 저우융캉(周永康) 신임 중앙정치국 상무위원이 맡고 있던 공안부장에 멍셴주(孟建柱) 장시성 당서기가 임명되었다. 10월 29일에는 중앙정치국 상무위원에 선출된 리커창의 랴오닝성 당서기직에 장원웨(張文岳) 랴오닝성 성장이 임명되었다.

이후 약 한 달 간격으로 제 2차 인사조정이 발생하였는데, 11월 30일 중앙정치국 위원인 왕치산이 맡고 있던 베이징시장에 궈진룽(郭金

---

20) 17대 이후 인사조정의 월별 내용은 〈新華網〉의 "人事任免"(www.xinhuanet.com/politics/rsrm.htm), 〈人民網〉의 "中央和地方重要人事任免"(politics.peopledaily.com.cn/GB/shizheng/252/9823/index.html) 참조. 특히, 〈人民網〉 "中央和地方重要人事任免"의 "中央及地方領導資料庫"(politics.people.com.cn/GB/118356/index.html)는 새로 선출된 당 중앙 지도자, 국가지도자, 국무원 부장급(부장 및 주임) 지도자, 그리고 지방 성급 지도자 전원의 약력을 제공하고 있다. 동 자료에는 중앙군위 지도자들이 누락되어 있는데, 이에 대해서는 解放軍報의 〈中國軍網〉(www.chinamil.com.cn) 내 "中國軍委領導人"(www.chinamil.com.cn/site1/zyjwldr/zyjwdr1.htm) 참조.

龍) 안후이성 당서기가 임명되었다. 이 후 안후이성 당서기에는 왕진산(王金山) 안후이성 성장, 그리고 안후이성 성장에는 왕싼윈(王三運) 푸젠성 당 부서기가 임명되었다. 또한, 동일에는 멍젠주의 중앙 이전으로 인해 공석이 된 장시성 당서기직에 수룽(蘇榮) 중앙당교 부교장이 임용되었다. 12월 1일에는 왕양 중앙정치국 위원 겸 충칭시 당서기가 광둥성 당서기, 그리고 보시라이 중앙정치국 위원 겸 상무부장이 충칭시 당서기로 이동하였다. 이후(12월 29일) 신임 상무부장에는 천더밍(陳德銘) 상무부 부부장이 승진・임명되었다.

12월 2일에는 중앙정치국 위원인 류옌둥이 맡고 있던 중앙통전부 부장직에 두칭린(杜青林) 쓰촨성 당서기가 임명되었고, 쓰촨성 당서기에는 류치바오(劉奇葆) 광시장족자치구 당서기가 보임되었다. 이후 광시장족자치구 당서기에는 부서기인 궈성쿤(郭聲琨)이 승진・임용되었다. 12월 6일에는 선전시 당서기인 리훙중(李鴻忠)이 후베이성 대리성장에 임명되었다.

2008년 1월 중에는 각 성・구・시의 인대 위원장 및 정협 주석의 선출과 국무원 해당 기구의 부부장급과 차하위 직급에 대한 후속인사가 진행되었다. 17대 이후 발생한 2차에 걸친 인사조정은 안정적이고 점진적인 안배가 주를 이루고 있으나, 보다 부유한 지역에서 낙후된 지역으로 이동 혹은 그 반대의 추세는 발견되지 않았다. 베이징시장에 임명된 궈진룽의 경우는 시짱자치구(1994년 11월~2004년 11월), 안후이성(2004년 12월 이후) 근무로 인해 후진타오와 유사한 경력 패턴을 보이고 있다.

2008년 3월에 개최된 제 11기 전국인민대표대회 제 1차 회의의 주요 안건은 국가 및 국무원 지도부 인사, 국무원 기구개혁 및 국정계획 발표로서, 인사에 국한해 볼 때, 국가주석 겸 국가 중앙군위 주석 후진타오, 국무원 총리 원자바오, 전국인대 위원장 우방궈, 정협 주석 자칭린과 같은 '국가 지도자'는 모두 연임되었고, 국가 부주석에 당 중앙정치국 상무위원인 시진핑이 새로 선출되었다.

국무원 지도부의 경우, 총 10명(총리 1명, 부총리 4명, 국무위원 5명) 중 총리인 원자바오와 부총리인 후이량위(回良玉) 이외의 8명이 전원 교체되었다. 부총리에는 리커창, 후이량위, 장더장(張德江) 및 왕치산(王岐山)이 임명되었는데, 리커창은 예상대로 이른바 '상무 부총리'로서, 발전 및 개혁, 물가, 재정, 통계 등 경제 총괄업무를 담당하며, 3월 21일 개최된 국무원 제1차 전체회의에서 통과된 〈국무원공작규칙(國務院工作規則)〉에 따라 총리의 해외출국 기간 중 '총리대행'을 맡게 된다.[21] 이로서 리커창은 차기 총리로의 진출에 한 발짝 다가서게 되었다. 연임된 후이량위는 지속적으로 농업, 임업 및 수리(水利) 영역 외, 본인이 회족(回族)인 점으로 인해 민족 및 종교 업무도 담당하게 될 것으로 알려지고 있다. 장더장 부총리는 김일성종합대학 경제학과 졸업 및 광둥성, 저장성, 지린성 서기 경력을 바탕으로 공업, 전신(電信), 에너지, 교통과 같은 산업 및 자원 분야, 그리고 왕치산은 다양한 업무경력 소지자로서 향후 금융, 무역(대외 협상 포함), '품질검사(質儉)', 해관업무 외, 공상(工商) 관리 및 여행업무를 맡을 것으로 알려지고 있다. 이로서 왕치산은 쩡페이옌(曾培炎)이 담당했던 금융 분야 및 우이(吳儀)의 대외무역과 같은 주요 업무를 모두 관장하게 된다.

준(準) 부총리격인 국무위원 5인〔류옌둥, 량광례, 마카이(馬凱), 멍젠주, 다이빙궈(戴秉國)〕은 전원이 새로 임명되었는데, 중앙정치국 위원인 류옌둥은 천즈리(陳至立)가 맡던 교육 및 문화 분야를 주로 담당하고, 당 통일전선부장 경력으로 인해 홍콩/마카오 업무에도 참여하는 것으로 알려지고 있다.[22] 량광례는 당 중앙군위 위원으로서 차오

21) 부총리 4인의 업무분장 내용에 대해서는 "四副總理分工現端倪", 〈文匯報〉(www.wenweipo.com) 2008년 4월 1일 참조.

22) 부총리 4인과 국무위원 5인의 업무분장 내용에 대한 개괄적인 분석으로는

강촨(曹剛川)이 맡던 군사 및 국방업무를 담당하는 국무위원 겸 국방부장에 임명되었다. 단, 량광례가 국무위원 겸 국방부장에 임명되기는 하였으나, 차오강촨과 같은 당 중앙정치국 위원 겸 당 중앙군위 부주석이 아니기 때문에 국무원 내 동인 및 군부의 위상과 '격(格)'은 저하된 것으로 보아야 한다. 전(前) 국가발전개혁위원회(國家發展和改革委員會/'發改委') 주임이자 국무원 부비서장 출신인 마카이는 국무위원 겸 국무원 비서장에 임명되었는데, 주로 국무원 행정 및 국무조정업무를 담당할 것으로 보인다. 공안부장인 멍젠주는 과거 중앙정치국위원, 국무위원 겸 공안부장인 저우융캉이 맡던 공안 및 정법(政法) 업무를 담당하게 된다.[23] 다이빙궈는 탕자쉬안(唐家璇)의 후임으로서, 과거 외교부 부부장, 당 중앙대외연락부 주임, 그리고 특히 당 중앙외사영도소조 판공실 주임 경력을 바탕으로 중국의 외교 및 대외업무(대만 포함)를 담당하게 될 전망이다.[24]

국무원 부장급(部長 및 主任) 인사는 국무원 기구개혁으로 인해 최종적으로 기존의 28개 부처에서 1개가 감소한 27개 부처에서 이루어졌는데, 이 중 신임은 12명(44.4%)이나 2007년 임명자 9명을 포함시 21명으로 전체의 77.8%에 해당한다.[25] 즉, 2003년 제10기 전국인대 제1차 회의 시 임명된 인사 3명과 2007년 이전 임명된 인사 3명을 포

정주호, 〈연합뉴스〉, 2008. 4. 1 참조.

23) 량광례의 사례와 마찬가지로 멍젠주도 국무위원 겸 국무원 부장직을 맡고 있으나, 전임자들의 중앙정치국 위원 직함은 갖고 있지 않다. 현재 중앙정치국 상무위원인 저우융캉은 뤄간의 후임으로 중앙정법위원회(※비공식 당·정 협의 기구) 서기에 임명되고, 멍젠주는 중앙정법위원회의 구성원이 될 전망이다.

24) 李春, "對台小組秘書長 戴秉國接唐家璇", 〈聯合報〉(http://udn.com/NEWS/WORLD/WOR1/4262134.shtml) 2008년 3월 18일 참조.

25) '大部制'를 포함한 중국의 국무원 기구개혁에 대한 권위있는 분석 및 국무원 지도부 인사에 대한 최근 연구로는 조영남, "중국 제2기 후진타오 체제의 출범과 정책변화"(2008, 출간 예정) 참조.

함하면 모두 6명(22.2%)이 연임되었다. 특히, 금번 전국인대에서는 부서간 직능조정을 통해 7개의 거대 부서(大部)가 탄생하였는데, 이에는 공업정보화부(工業和信息化部), 교통운수부(交通運輸部), 인력자원사회보장부(人力資源和社會保障部), 환경보호부(環境保護部) 및 주택도시농촌건설부(住房和城鄕建設部) 외, 국가발전개혁위원회와 위생부가 포함된다. 통폐합 및 신설된 주요 부서로는 국가발전개혁위원회 내 국가에너지국(國家能源局), 국가국방과학기술공업위원회(國防科工委)는 공업정부화부 내 국가국방과기공업국(國家國防科技工業局), 교통운수부 내 국가민용항공국(國家民用航空局), 인사부 및 노동사회보장부의 일부 기능은 인력자원사회보장부 내 국가공무원국(國家公務員局)으로서 각 국(局)의 장(長)은 차관(副部長)이상의 직위를 유지하고 있다.[26] 상기한 부서 통폐합으로 인해 국무원 부장급은 28명에서 27명으로 단 한 명이 감소하였으나, 같은 이유로 부부장급은 대폭 증가하는 기현상을 보이고 있다. 또한, 금번 기구개혁으로 인한 인력감축은 없으며, 전례를 보더라도 "축소(精簡)→팽창→재축소→재팽창"의 악순환이 지속되고 있어 진정한 의미의 기구개혁 가능성은 높지 않다고 볼 수 있다.[27]

이외에도 금번 전국인대는 중화인민공화국(국가) 중앙군사위원회(중앙군위)의 구성원을 인선하였는데, 이는 17대 당 중앙군위의 구성

26) 정부 기구개혁으로 인해 부서의 격이 '部'에서 '局'으로 낮아졌다고는 하나 '局'의 수장(首長)은 공식적으로는 차관급(副部長級)이고, 실제로는 장관급(正部長級)이 대부분이다. 이와 같은 관행이 향후 지속될 지는 현재로서는 판단이 어렵다.

27) 금번 국무원 기구개혁의 의미와 문제점에 대한 중화권 언론의 보도로는 文濤來, "中共改革派新思維與政府機構改革", 〈多維新聞〉(www.dwnews.com/gb/Mainnews/Opinion/2008_3_17_22_54_56...), 2008년 3월 17일, "中國國務院5大部4局首長名單底定", 〈聯合報〉(http://udn.com/NEWS/WORLD/WOR1/4272364.SHTML), 2008년 3월 25일 참조.

원과 동일하다. 동 조직은 1983년 6월 제6기 전국인대 제1차 회의의 결정으로 탄생하였는데, 대외적으로 중국의 군을 '국가의 군'으로 홍보하기 위한 제도적 장치이나, 실제로는 "두 개의 부서명, 한 개의 부서"(兩塊牌子, 一套班子)이다. 이외에도 최고인민법원 원장에는 왕성쥔(王勝俊), 최고인민검찰원 검찰장에는 전 최고인민법원 부원장인 차오젠밍(曹建明)이 당선되었다.

종합적으로 평가할 때, 금번 전국인대에서는 국가지도자급 인사는 거의 유임되었으나, 국무원 지도자(총 10명) 및 부장급(총 27명)은 대부분이 신임자로서 경제분야 및 지방행정 경력이 많은 특징을 갖고 있다. 또한, 신임 지도자의 경력 다소에 따라 업무의 범위를 조정한 흔적이 보이는데, 예를 들어 왕치산의 경우는 금융, 무역, 해관, 공상업무와 같은 매우 다양한 업무를 담당하는 반면, 류옌둥과 같이 오랜 기간 통일전선공작에 종사하여 지방이나 국무원 업무경력이 적은 경우는 교육과 문화, 그리고 홍콩/마카오와 같이 업무분야가 비교적 협소한 편이다.[28] 17대에서의 당·군 지도부 인선과 제11기 전국인대 제1차 회의에서의 국가 및 국무원 지도부 인선은 집권 2기를 맞는 '후진타오-원자바오 체제'의 국내외 정책, 특히 민생문제 해결에 중점을 둔 각종 개혁방안의 추진에 유리하게 작용할 것으로 전망된다.

---

28) 류옌둥의 업무경력에 대한 분석으로는 汪莉絹, "共青之花劉延東 缺地方歷練", 〈聯合報〉, 2008년 3월 18일 참조.

4. 새로운 지도부, 새로운 동학(動學)

17대에서의 지도부 개편은 중국의 '지도부 정치'(엘리트 정치)의 변화 가능성을 내포하고 있는데, 주요 특징 및 새로운 추이는 다음과 같이 요약할 수 있다.

첫째, 후진타오의 권력 공고화는 인사의 제도화, 최고지도부의 관료화와 맞물려 안정적으로 진행되고 있다. 15대(1997년) 이전부터 중앙정치국 진입기준으로 여겨지는 '70세 연령제한'이 '68세'로 정착되는 추세를 보이고 있고, 고위급 지도자들이 지도부의 단결과 '계파'(즉, 권력기반) 중 전자를 우선시 하고 있다고 판단된다. 또한, 후진타오가 고위급 지도자 중 대표주자로서 정치 제도화의 상징이며, 중국사회의 보수·진보(중국에서는 "좌파·우파"로 구분) 세력의 폭넓은 지지를 받고 있는 점이 이를 반증한다. 이외에도 '경쟁자'인 쩡칭홍(曾慶紅)의 퇴진, '과학적 발전관'의 당장(章程) 삽입, 그리고 중앙위원회 및 당 중앙직속기구에 자신의 측근을 선임한 점은 후진타오의 권력 공고화 및 정책추진에 긍정적으로 작용할 것으로 보인다.[29]

둘째, 이와 관련하여 보다 중요한 사실은 중국의 최고지도부 내 '게임의 규칙', 즉 운용방식 및 동학이 변화하고 있다는 점이다. 중국의 최고지도부는 사회적 압력, 대중의 요구 혹은 제도적 제약에 크게 영

---

29) 물론 당 중앙정치국 상무위원회에서의 '계파별' 분포, 후계자 선정을 둘러싼 논란, '조화사회(和諧社會)'에 대한 논쟁 등은 국내외 언론 및 연구자가 지적하는 바와 같이 후진타오에 불리하게 작용하는 요소이나 이는 근본적으로 최고지도자의 위상 저하로 인한 지도부 내의 불가피한 타협의 결과로 보아야 한다. 17대에서의 후진타오의 '목표'와 '결과' 간의 괴리에 대해서는 대표적으로 Wang Xiangwei, "The Limits of Hu's Influence Are Laid Bare", *South China Morning Post*, 2007. 10. 23; 李春, "江系沒全退 胡系沒全上", 〈聯合報〉, 2007. 10. 23; Joseph Kahn, "China's Leaders Deadlocked Over Succession", *New York Times*, 2007. 10. 5 참조.

향을 받지 않는 '엘리트 중심'의 자율적 · 계서적 조직으로서, '최고지도자'와 특정 지도자간의 '꽌시'(關係), 지도자들 간의 유대 및 연합, 그리고 지도자 개개인의 자질에 의해 그 구성원과 '게임의 규칙'이 변화한다. 그러므로 합의(*consensus*) 및 순응(*conformity*)은 지도부의 단결을 유지하기 위한 가장 핵심적인 조건이자 지도자가 갖추어야 할 가장 중요한 덕목이다. 또한, 중국의 '최고지도부'(이 경우 중앙정치국과 중앙정치국 상무위원회)는 특정 사안에 대해 '표결'을 통해 '다수결'에 의한 결정방식을 취하지 않는 것으로 알려지고 있다.[30] 적어도 15대(1997년) 이후 총서기의 당대회 〈정치보고〉에 나타난 '집단지도'(集體領導)에는 '민주집중제(民主集中制)', 개별 토의 및 회의에 의한 정책결정 등의 개별 원칙이 포함되어 있다.

이를 요약하면, 중국의 최고지도부는 형식상(*de jure*) '1인 1표'를 표방하며, 이 경우 특정 파벌의 세력이 결정을 좌우할 수 있으나 실제적(*de facto*)으로는 타협에 의한 '합의 구축'(*consensus building*)의 원칙에 의해 운용되며, 소수의 의견은 이에 순응한다. 즉, 과거의 투쟁적 · 파벌적 운용과는 달리 현재의 후혁명 지도자들은 지도부의 단결과 안정을 최우선시하고 있다. 특정 사안에 대한 정책결정은 해당 지도자들의 전문성과 의견이 존중되나, 이견이 발생할 경우 총괄 업무를 맡고 있

30) 중앙정치국 상무위원회에서의 정책결정 방식, 그리고 동 기구와 중앙정치국 간의 관계에 대한 가장 상세한 분석은 H. Lyman Miller, "Hu Jintao and the Party Politburo", *China Leadership Monitor*, No. 9 (Winter 2004)이다. 정책결정 시 '표결여부'는 매우 중요한 부분으로서, 이에 대해서는 보다 상세한 설명이 필요하다. 밀러(H. Lyman Miller)를 비롯한 일부 외국의 중국학자들은 '최고지도부' 내 '1인 1표'가 아닌 합의를 통한 '만장일치제'를 가정하고 있으나, 이는 덩샤오핑과 같은 혁명지도자의 생존 시 가능했고, 장쩌민 시대 후기 이후부터 그리고 '최고지도부'의 차하위급에서는 실제적으로 '1인 1표'를 통한 다수결 원칙이 적용되고 있다는 지적이 나오고 있다. 이와 같은 가능성을 지적해준 조영남 교수에게 감사를 드린다.

는 총서기(즉, 최고지도자)의 조정 및 지도부의 단결(즉, 대외적으로 만장일치)이 우선적으로 고려된다.

셋째, 권력승계에 대한 제도적 장치나 합의된 절차가 존재하지 않는 사회주의 국가인 중국에서 후계자의 구도를 생산한 것은 결코 적지 않은 성과이다. 더욱이, 17대에서의 '2인 구도'는 마오쩌둥(毛澤東)과 덩샤오핑과 같이 개인적 위상과 영향력을 갖춘 혁명지도자가 부재한 상황에서 탄생한 최초의 정치적 실험으로서, 만일 순조로운 권력승계가 이루어질 경우 중국 엘리트정치의 새로운 규범으로 자리잡게 될 것이다. 단, 중국은 권력체제의 속성과 전통적·문화적 요인, 그리고 유사시(예, 지도부내 권력투쟁 혹은 사회적 소요발생) 지휘계통의 혼란방지를 위해 당·정·군(최소 당권과 군권)을 1인이 장악하고 있는데, 차기 최고지도자의 경우 당 중앙군위의 진입이 필수적이나 2012년까지는 '지도자 수련' 기간이 짧을 수밖에 없는 상황이다.[31]

차기 후계자 구도에 대한 국내외 언론의 관심으로 인해 시진핑과 리커창에 대해 집중적인 보도 및 분석이 이루어졌는데, 두 지도자가 모두 50대(각각 1953년, 1955년생)로서 최소 2개 성(省)급의 당서기 직무경력과 박사학위(법학, 경제학)를 소지하고 있고, 15대(1997년) 이후 중앙위원이나 후보위원으로서 17대에 최소 두 단계를 뛰어 넘어('兩級跳') 중앙정치국 상무위원으로 발탁된 특징을 지니고 있다. 이는 중국의 엘리트정치, 특히 최고지도자의 선출과 관련하여 매우 중요한 함의를 갖고 있는데, 첫째 과거 마오쩌둥의 사례(예, 劉少奇, 林彪, 華國鋒) 혹은 덩샤오핑의 경우(胡耀邦, 趙紫陽, 江澤民, 胡錦濤)와 같은 최고지도자의 '1인 낙점'의 시대는 지나갔다고 볼 수 있다. 또한,

31) 시진핑은 1979년 4월에서 1982년 3월까지 3년간 중앙군위 판공실 비서로 현역 근무한 경력이 있으며, 특히 부친인 시중쉰(習仲勛)의 오랜 군 경력(정위) 및 부인인 펑리위안(彭麗媛)이 '문직(文職)'으로 군 장성급 예우를 받고 있는 점으로 미루어 볼 때, 군과의 유대가 깊다고 판단된다.

이와 같은 새로운 현상을 정치권력의 제도화라고도 표현할 수 있겠으나, 엄밀히 말하면 이는 최고지도자의 위상과 영향력이 약화된 결과이다. 더욱이, '2인 구도'가 '1인 낙점'에 비해 더욱 안정적이고 '성공' 가능성이 높다고 볼 수 있는 근거는 없다. 모든 국가의 정치와 마찬가지로 중국의 경우도 예측 불가능한 상황이 발생할 가능성이 있을 뿐만 아니라, 특히 중국은 역사적으로 그리고 정치체제의 속성 상 최고권력의 형성과정에서 수많은 시련 및 실패를 겪을 가능성이 남아 있다.

넷째, 17대 최고지도부의 인사안배는 분명 지도자들 간의 합의의 결과이나, 이를 과거 우리가 알던 '파벌'(*faction*)의 개념으로 이해하기에는 무리가 있다. 예를 들어, 중국의 지도부 구성이 후진타오(共靑團)와 쩡칭훙/장쩌민(上海幇) 간의 '막후협상'에 의해 어떤 비율로 결정이 되었다는 식의 분석이 난무하고 있다.[32] 그러나, 이 같이 피상적이고, 소설에 가까운 파벌분석은 상기한 바와 같이 현 중국 지도부의 운용방식과 동학을 잘못 이해하고 있는 결과이다. 파벌분류의 지속적인 문제점인 분류의 불확실성을 예로 들면 공청단 계열의 대표주자로 잘 알려져 있는 리위안차오의 경우 부친이 리간청(李幹成) 전 상하이시 부시장으로서 '태자당'이자, 리위안차오의 상해시 근무 및 학습 경력(1972년~1983년) 등을 종합해 볼 때, '상하이방'으로도 분류할 수도 있다. 같은 이유로, 현재 상하이시 시장인 한정(韓正)도 3개 계파에 모두 속하는 사례이다.

이를 요약하면, 1970년대 중국 정치 연구의 중심개념인 '파벌'은 현

---

32) 이와 같이 '지나친 파벌분석'은 '중화권 언론'과 국내 언론에서 종종 발견되는데, 독자의 이해를 돕기 위해 국내 주요 언론의 예를 들면, 정주호, "후진타오-장쩌민 권력암투 막전막후", 〈연합뉴스〉, 2007. 10. 23; 송의달, "현직 후진타오, 전직 장쩌민에 밀려", 〈조선일보〉, 2007. 10. 23; 최형규, "후·장 후계구도 암투 '5세대 선점 경쟁 … 장쩌민 우세승", 〈중앙일보〉, 2007. 10. 23; 하종대, "中 시진핑 떴다 … 리커창 제치고 후진타오 후계자리 선점", 〈동아일보〉, 2007. 10. 23 참조.

재 연구대상(즉, 구성원)과 환경(즉, 중국의 정치환경 및 연구자의 환경)의 변화에 의해 그 의미가 크게 변화된 것으로 보아야 한다. 현재 중국에서의 '파벌'/계파는 파이(Lucian Pye) 교수의 문화・심리적 접근, 쩌우(Tang Tsou) 교수의 '승자독식' 개념, 그리고 네이선(Andrew Nathan) 교수의 "계서화되고 조직적인 후견인-피추종자 관계"와 같은 파벌의 기본 전제에서 벗어나 있고, 또한, 개혁・개방기 디트머(Lowell Dittmer) 교수와 우(Yu-Shan Wu) 교수가 정의하는 '비공식 정치', 즉 목적이 아닌 '가치-합리적'이며, 그 자체가 목적인 개인적 '관계'와도 다르다.[33] 바꾸어 말하면, 현재 중국 '지도부 정치'의 '파벌'/'계파'는 수직적이라기보다는 수평적 연계성이 강하고, 특정 인사가 다수의 '비공식 집단'에 해당되고, 개인적 목적보다는 공적인 목적 혹은 단결에 더욱 중점을 두는 성향을 보이고 있다. 적어도 이와 같은 "규범화된 행태"는 사회적 소요나 지도부 내 권력투쟁과 같은 이익・지위에 대한 첨예한 대립이 발생하지 않는 한, 지속적으로 유지・심화될 것으로 전망된다.

마지막으로, "문제가 없으면 중국이 아니다"라는 혹자의 표현대로, 역사적으로 현재의 중국만큼 국내외 문제가 다층적이고, '체제 변화'(*system change*)적 성격을 띤 적도 없었다. 동시에, 17대를 통해 중국의 최고지도부가 보여 준 바와 같이 중국 지도부가 국내사회의 요구 및 국제적 압력에 현재와 같이 '관심'을 갖고 대처한 적도 거의 없다고 평가된다. 중국의 지도부가 누누이 강조하는 대표적인 슬로건인 '과학발전관', '당내민주화', '화평발전', '화해세계' 등은 현재 중국의 모순적인 상황을 잘 표현하고 있다. 적어도 17대에 새로 선출된 최고지도부

33) 중국에서의 '엘리트', '파벌' 및 '꽌시'의 개념과 이에 대한 주요 학자의 정의에 대해서는 필자의 "중국의 정치엘리트 연구", 정재호 편, 《중국정치연구론: 영역, 쟁점, 방법 및 교류》(서울: 나남출판, 2000), pp. 31~67, 특히 pp. 33~41 참조.

는 이 같은 국내외 도전을 효율적으로 관리하기 위해 보다 높은 전문성과 실용성, 그리고 변함없는 '당성(黨性)'을 겸비한 지도자들로 구성되었다고 평가된다.

5. 국내외 주요 정책결정과정에의 함의

여기에서는 지도부의 개편(즉, 원인)이 정책(결과)에 미치는 영향에 대해 간략히 고찰하고자 한다. 정책결정과정에 대한 기존의 연구 중 본 연구와 관련이 있는 접근법 중 하나는 허만(Charles Hermann)과 동료들이 다년간 연구한 '정책결정 단위'(*decision-making units*)와 특정 정책결과 간의 관계로서, 이에는 두 가지 기본 전제가 필요하다.[34] 하나는 결정단위의 구조와 과정이 정책결과의 성격에 영향을 준다는 것이고, 다른 하나는 모든 단위는 '1인 결정단위', '집단 결정단위', 그리고 '다수의 개별적 행위자 단위'로 분류할 수 있다는 것이다. 부언하면, '집단 결정단위'는 집단지도체제 하의 단일 결정을 의미하고, '다수의 개별적 행위자 단위'는 구성원의 개별적 이해충돌로 인해 해당 단위 내 단일 결정이 어려운 환경을 의미한다. 요약하면, 특정 단위 내 단일 결정 여부는 구성원의 이익 및 충성도가 지도부의 단결이냐 아니면 단위 밖의 제도화/관료화된 이익이냐에 달려 있다.

중국의 지도부(즉, 단위)는 과거 마오쩌둥과 덩사오핑의 '1인 결정단위'에서 후혁명 지도자인 장쩌민, 후진타오의 '집단 결정단위'로 전이

---

34) Margaret G. Hermann, Charles F. Hermann, and Joe D. Hagan, "How Decision Units Shape Foreign Policy Behavior", Charles F. Hermann, Charles W. Kegley Jr., and James Rosenau(eds.), *New Directions in the Study of Foreign Policy*(London: Allen & Unwin, 1987).

된 것으로 개념화할 수 있는데, 이에는 최고지도자의 위상 저하, 13대(1987년) 이후 중앙정치국과 상무위원회 구성원의 지속적인 증가, 그리고 업무의 확대와 전문성 요구 등이 주요 원인으로 작용하고 있다. 또한, 장쩌민과 후진타오 모두 '집단지도체제'를 표방하고 있으나, 전자에 비해 후자의 권력기반이 취약하고, 보다 다양한 국내외적 도전에 직면하고 있을 뿐만이 아니라, 당과 군 간의 제도적 분리가 심화되는 추세인 점을 감안할 때, 전체적으로 후진타오 체제는 과거에 비해 지도부의 단결을 이끌어 내기 위한 최소한의 합의도출이 더욱 어려울 수 있음을 의미한다. 더욱이, 현재 최고지도부가 제도적 경계와 관료적 업무분장이 분명한 직무 대표로 구성된 점으로 미루어 볼 때, 정책적 합의 도출은 적어도 "보다 복잡하고, 소모적인" 성향을 보일 것으로 평가할 수 있다. 특히, 이와 같은 정책결정체제 하에서는 전략적 결정이나 "새로운 실험(*experiments*)" 보다는 정책적 타성과 체제의 정체성 측면이 더욱 부각되는 경향이 있다.

중국과 같이 행정석·지역적으로 복잡하게 구성된 국가의 경우는 종종 '정책적 정체'를 겪게 되는데, 이를 해결하는 중요한 제도 중 하나는 당 '중앙영도소조'(中央領導小組, *leading small groups*) 혹은 위원회이다.[35] 1958년에 설립된 중앙영도소조 체제는 당 중앙서기처와 함께 국가의 주요 정책(國政) 심의·조정 및 당 중앙의 정책이행을 감시하는 당·정·군 협의체이나 그 구성원과 조직은 대외적으로 공개되지 않는다. 당 차원의 주요 영도소조/위원회에는 중앙외사영도소조(中央外事領導小組), 중앙대만공작영도소조〔中央對臺(灣)工作領導小組〕,

35) 장쩌민 시기 당 중앙영도소조의 구성과 운영에 대해서는 Taeho Kim, "Leading Small Groups: Managing All Under Heaven", David M. Finkelstein and Maryanne Kivlehan(eds.), *China's Leadership in the 21st Century: The Rise of the Fourth Generation*(Armonk: M. E. Sharpe, 2003), pp. 121~39 참조.

중앙재경영도소조(中央財經領導小組), 중앙정법위원회(中央政法委員會)를 포함, 10여개의 주요 영도소조가 운영되고 있고, 대부분 조장은 중앙정치국 상무위원이 맡고 있고, 조원의 구성에는 당·정·군 해당 단위의 장(長)이 당연직으로 포함되어 있다.36)

1990년대 중반 이후 장쩌민 체제하에서는 '정책결정' 과정에서의 중앙영도소조의 중요성이 크게 제고되었는데, 특히 외교(外事) 업무의 경우 공식적인 중앙판공청(中央辦公廳)과 중앙외사영도소조 판공실(中央外事領導小組 辦公室) 외에도 비공식적으로 중앙정책연구실 내에 외사부서(장쩌민의 비서실과 동일조직)가 운영되었다. 이는 실질적으로 외사분야에 대한 장쩌민의 장악을 의미하며, 외사영도소조에서의 정책 '건의'가 중앙정치국/상무위원회에 상정되더라도 장쩌민이 당 총서기이자 해당 영도소조의 조장이기 때문에 상당 부분 '추인'(*pro forma*)의 형태를 띠었음을 의미한다. 현재까지의 연구조사에 의하면 후진타오 체제하에서는 주요 영도소조의 구성원이 바뀌었을 뿐만 아니라, 장쩌민 집권시 비공식적으로 운영된 중앙정책연구실 내 외사부서(예, 王滬寧)가 폐지되고, 정책과정도 보다 "간소화, 체계화"되었다.

같은 이유로 17대에서의 새로운 지도부 구성 및 업무분장 변화는 조

---

36) 중앙영도소조/위원회에 대한 선구적인 연구로는 Carol Lee Hamrin, "The Party Leadership System", Kenneth G. Lieberthan and David M. Lampton(eds.), *Bureaucracy, Politics, and Decision-Making in Post-Mao China*(Berkeley and Los Angeles: University of California Press, 1992), pp. 95~124; Lu Ning, *The Dynamics of Foreign-Policy Decisionmaking in China*(Boulder: Westview, 1997); "The Central Leadership, Supra-ministry Coordinating Bodies, State Council Ministries, and Party Departments", David M. Lampton(ed.), *The Making of Chinese Foreign and Security Policy in the Era of Reform, 1978~2000*(Stanford: Stanford University Press, 2001), pp. 39~60; Michael D. Swaine, *The Role of the Chinese Military in National Security Policymaking*, rev. ('개정판') (Santa Monica: RAND Corporation, 1998).

만간 주요 영도소조〔예, 당무, 정법, 외교(外事), 대만, 선전과 교육(宣教), 재정과 경제(財經)〕의 개편을 야기할 전망이다. 예를 들어, 당 중앙외사영도소조의 당연직은 조장 1명(총서기 후진타오), 부조장(국무원 총리 원자바오, 외교담당 국무위원 따이빙궈), 그리고 조원/구성원은 외교부장(양제츠), 당 중앙외사영도소조 판공실 주임(따이빙궈의 후임; 미정), 당 중앙대외연락부장〔왕자루이(王家瑞)〕, 국가안전부장〔경후이창(耿惠昌)〕, 그리고 국방부장 혹은 당 중앙군위 부주석〔량광례 혹은 궈보숑(郭伯雄)〕이다. 다만, 중국의 대외업무 확대 및 이른바 '비전통 위협'(非傳統 威脅)의 증가로 인해 구성원이 증가할 가능성이 있으며, 기타 영도소조에서도 유사한 인력조정이 발생할 것으로 예상된다. 군의 경우 중앙서기처에서 배제된 점으로 미루어 볼 때, 군의 전문화('專業化') 차원에서 당 중앙외사영도소조에서 누락될 가능성이 있으나, 군사력의 사용이 전제되고 있는 경우, 특히 당 중앙대만공작영도소조에는 참여할 것으로 보아야 한다.

전체적으로 중국의 새로운 영도소조는 '위원회식 결정'(*decision making by committees*), 후진타오의 주요 정책(외사, 인사, 군사, 대만) 장악 유지, 그리고 정책결정의 제도화·관료화·'집단사고'(群居化, *groupthink*) 등의 특징을 보일 것으로 전망된다. 차기 후계자의 경우 주요 영도소조에의 진입을 통한 경험축적이 필요하며, 이는 중국체제 전반 및 지도부의 관료화·제도화 추세에도 불구하고 '비공식'(非正式)적이고 배타적·폐쇄적인 당의 조직 및 운영에 대한 차기 지도부의 의존을 심화시킬 것이고, 국정의 안정적 운영과 당의 지배를 지속시키는 요인으로 작용할 전망이다. 현재의 판단으로는 새로운 인물의 등장으로 인한 변화보다는 지도부의 단결, 관료적 타성, 그리고 광범위한 정책적 합의 필요성으로 인해 기존 정책노선의 유지가 예상된다.

6. '17대'의 회고와 국내 중국연구

17대는 과거 어느 당대회와 비교하더라도 높은 대외 공개도 및 '투명성'을 보인 정치행사였다. 중국의 관영매체들은 17대의 일정, 대회 문건, 일반 통계 및 지도부의 인선과 인사조정 내용을 신속하고 체계적으로 보도함으로써, 대외적으로 중국의 '민주화' 및 개방화 이미지를 투영하였고, 대내적으로는 '당내민주화'의 진전을 홍보할 수 있었다. 이와 같은 노력으로, 중국의 당대회에 대한 미스터리는 많이 벗겨졌고, 특히 지도부의 인사와 같이 아직도 '민감한 사안'에 대한 외국 관찰자의 가측력이 크게 제고되었다.

예를 들면, 국내 주요 신문(연합 · 중앙 · 조선 · 동아)과 중화권 신문(〈中國時報〉, 〈聯合報〉, *South China Morning Post*, 〈多維新聞〉, 〈文匯報〉, 〈明報〉)은 시진핑과 리커창의 중앙정치국 상무위원회 진입, 공청단(共靑團) 출신의 대거 등용, 그리고 쩡칭훙을 포함한 장쩌민계 인사의 퇴진 등 지도부 인사 개편의 주요 내용에 대해 상당히 높은 가측성을 보였다. 특히, 중국의 최고지도부 인선이 공식적으로 발표(2007년 10월 22일)되기 이전, 미국에서 출간되는 중문지인 〈多維新聞〉는 10월 5일("多維判斷: 十七大政治局常委三下四上"), 대만의 〈中國時報〉는 10월 6일("政治局常委 新面孔四人"), 홍콩의 *South China Morning Post*는 10월 13일("Decisions Made on Politburo's Elite Group")에 이미 중앙정치국 상무위원 9명의 명단과 서열을 정확히 예측할 수 있었다.

이를 중국 정치의 투명성 제고와 맞물려 지도부 인사에 대한 외국 언론의 가측력과 신뢰도가 높아진 결과로 자축하기에는 미심쩍은 부분이 적지 않다. 우선, 국내 주요 신문의 경우, '국제'란의 '중국' 혹은 '아시아 · 호주'를 검색하면 17대 관련 기사의 제목과 내용이 거의 대동소이함을 알 수 있다. 이는 기본적으로 중화권 언론의 주요 보도내용을 "퍼오기, 베끼기, 짜깁기"한 결과로서, 심지어 일부 언론의 경우 취재원의 17대 '현장보도' 내용도 자작물이 아니다. 보다 최근의 예로는 2008년 2월에 개최된 17기 2중전회에서 시진핑 중앙정치국 상무위원이 국가 중앙군위 부주석으로 선임되었다는 보도〔사실은 '오보(誤導)'〕가 홍콩 신문에 실리자 상기한 국내 주요 언론이 이를 여과 없이 게재한 사실을 지적할 수 있다. 또한, 국무원 기구개혁안에 대한 중화권 언론의 기사를 국내신문이 검증 없이 그대로 인용한 경우도 같은 유형에 속한다.

이와 같은 국내언론의 오랜 관행은 중국의 지도부 인사분석과 관련 중요한 문제를 낳고 있는데, 특히 홍콩 및 대만과 한국은 관심사와 국가이익이 다르다는 점을 들 수 있다. 예를 들어, 홍콩의 언론이 홍콩 및 마카오 업무의 책임자로 거론되는 시진핑과 자칭린, 그리고 향후 중국의 대홍콩 정책변화 가능성에 대해 집중보도하고, 대만 언론의 경우, 후진타오의 당대회 〈정치보고〉 중 대만에 대한 제안, 그리고 대만업무 담당자와 군인사 변동에 대해 상세한 분석을 내놓은 것이 이를 반증한다. 우리의 경우는 낭연히 새로운 중국 지도부 등장으로 인한 한반도 정책에의 시사점, 특히 북핵 및 대한반도 정책결정 행위자 등에 초점을 맞출 필요가 있다.

중국 17대에 대한 국내 공공정책 연구기관의 분석결과도 국내 언론의 사례와 크게 디르지 않다. 17대 송료 이후 2007년 10월 31일까지 국내 주요 국책연구소 중 17대를 분석하여 단문이나마 대외적으로 공개한 사례는 단 한 편뿐이며〔통일연구원, 2007년 10월 25일(www.kinu.or.kr)〕, 대부분의 경우 '부서 내 회람 혹은 보고' 형식을 띠고 있다. 보다 '다행한' 소식은 17대 및 지도부 인사관련 국내 연구자의 관심과 연구결과가 과거에 비해 크게 증가하고 있다는 사실이다.[37] 전

37) 17대 관련 국내연구자의 언론 기고문, 정부부처 발표문, 그리고 온라인(*on-line*) 게재는 총 20편이 넘는데, 이 중 대외적으로 발표된 연구를 날짜별로 소개하면 다음과 같다. 전성흥, "중국 '17대' 관전 포인트", 〈중앙일

체적으로 2007년말까지 발간된 내용은 단문으로서, '사전예측' 보다는 '사후분석'에 초점을 맞추고 있으며, 자료측면에서는 '중화권' 언론에 상당 부분 의존하는 성향을 띠고 있다.

종합적으로 평가할 때, 17대 지도부 인사를 포함한 국내의 중국연구는 다양한 분야(정부 · 학계 · 언론)에서의 타성화된 관행과 비효율적 방식에 대한 개선이 요구된다. 특히, 중국정치의 인치(人治)적 성향을 감안, 새로운 중국 지도부와의 다층적이고 비공식적인 채널의 구축, '중앙영도소조'를 포함한 정책업무의 향후 개편내용 추적, 한반도 및 군사업무 계통에 대한 집중적 연구 등 지난 16년 간 양국관계의 진전과 교류확대에 걸맞는 수준의 차별화되고 의미 있는 분석이 필요하다.

보〉, 2007. 10. 16, p. 39; 오승렬, "中에 드리운 성장통 먹구름", 〈동아일보〉, 2007. 10. 16, p. A35; 정재호, "베이징에서 본 중국의 정치", 〈조선일보〉, 2007. 10. 23; 김홍규, "후진타오 '잠 못 이루는 밤'", 〈동아일보〉, 2007. 10. 24, p. A35; 강준영, "제17차 중국공산당 전국대표대회의 이해", NEAR 브리핑(www.nearfnd.com), 2007. 10. 24; 전병곤, "중국공산당 제17차 전국대표대회의 의미와 전망", 통일연구원(www.kinu.or.kr), 2007. 10. 25; 이남주, "중공 17차 전대회 분석: 중국 후계구도의 특징과 불안요인", 미래전략연구원(www.kifs.org), 2007. 10. 26; 주장환, "제17기 중국공산당 최고지도부 인선의 함의", 코리아연구원(www.knsi.org), 2007. 11. 6; 김태호, "중국의 새로운 최고지도부 인사 분석: 내용, 성향, 함의 및 관찰자의 문제", 미래전략연구원(www.kifs.org), 2007. 11. 8; 최지영, "중국 공산당 제17차 전국대표대회 평가 및 의의: 파벌정치적 관점에서", 코리아연구원(www.knsi.org), 2007. 11. 14; 이태환, "17차 당대회의 의미와 후진타오 집권 2기 정책전망", 〈정세와 정책〉, 통권 139호(2007년 11월호), pp. 9~12; 하도형, "17차 중국 공산당대회와 권력구도 변화방향", 〈u-안보리뷰〉, Vol. 22(2007년 11월 15일), pp. 1~4.

제3장

중국공산당 제17차 당대회의 정치개혁과 엘리트정치

조 영 남 (서울대학교)

1. 서 론

이 글의 목적은 정치개혁 및 엘리트정치의 변화에 초점을 맞추어 중국공산당 제17차 전국대표대회(당대회)의 내용과 의미를 분석하는 것이다. 공산당 당대회는 매 5년마다 개최되는 중국의 최대 정치행사로서, 향후 5년 동안 공산당이 추진할 당 노선과 정책을 결정하고, 공산당 최고권력기구(총서기·중앙위원회·정치국·정치국 상무위원회·서기처·중앙군사위원회)의 구성원을 교체한다. 지역 강대국에서 세계 강대국으로 급부상하는 중국의 위상과 국제적 영향력을 고려할 때 공산당의 노선 및 정책변화, 그리고 지도부 교체는 중국은 물론 아시아, 더 나아가서는 전 세계에 커다란 영향을 미칠 수 있다. 이번 당대회에 대한 체계적이고 깊이 있는 분석이 필요한 이유가 여기에 있다.

제17차 당대회는 크게 세 가지 측면에서 의의가 있다. 먼저, 이번 당대회를 통해 집권 2기를 맞는 후진타오(胡錦濤) 체제의 권력기반이 어느 정도 공고화되는가가 결정된다. 후진타오의 권력기반 공고화 정도는 향후 5년 동안 후진타오가 이전 시기와 구별되는 자신의 국정이념을 얼마나 힘 있게 추진할 수 있는가를 결정하는 핵심요소이다. 기존 연구가 지적했듯이, 공산당 지도부의 인적 구성 면에서 제1기 후진타오 체제는 매우 취약한 권력기반에서 출발했다.[1] 중앙군사위원회는 물론 공산당 정치국과 정치국 상무위원회 등에서 "후진타오 세력"은 "장쩌민(江澤民)/쩡칭홍(曾慶紅) 세력"에 비해 수적인 열세에 있었다.[2] 따라서 제 17차 당대회의 인사교체를 통해 후진타오가 이전의 열

---

1) 조영남, 《후진타오 시대의 중국정치》(서울: 나남, 2006), pp. 165~169; 김태호, "중국의 제 16차 당대회: 신지도부 인사내용과 함의", 〈신아세아〉 10-1(2003년 봄), pp. 25~41; Cheng Li and Lynn White, "The Sixteenth Central Committee of the Chinese Communist Party", Lowell Dittmer and Guoli Liu(eds.), *China's Deep Reform: Domestic Politics in Transition*(Lanham, Maryland: Rowman & Littlefield, 2006), pp. 81~118.

2) 여기서 "후진타오 세력"(共靑團派/團派)은 주로 공청단 출신의 지도자를 말한다. 구체적으로 이들은 1982~1985년 사이에 중앙 혹은 성급 행정단위의 공청단 조직에서 서기·부서기·중앙위원을 역임하면서 같은 시기에 공청단 간수성(甘肅省) 서기와 공청단 중앙 제 1서기를 역임한 후진타오와 직간접으로 관계를 형성한 인물들이다. 한 언론보도에 의하면, 후진타오가 공청단 중앙 제 1서기를 역임할 당시 공청단 중앙위원이었던 22인 중에서 21인이 현재 부성장급(副省長級) 이상의 고위직에 있다. 聞劍, "團派下的中國", 〈多維新聞〉(www.chinesenewsnet.com) 2006. 12. 21.(검색일: 2006. 12. 21). 이에 비해, "장쩌민 세력"은 주로 "상하이방(上海幫)"을 가리키며, "쩡칭홍(曾慶紅) 세력"은 고위간부 자제(太子黨), 정부 석유(石油) 계층 부서 출신, 공산당 조직부서 출신 등 세 가지 집단으로 구성된다. 참고로 쩡칭홍은 1981년부터 1983년까지 정부 에너지위원회 판공실(能委辦)과 석유부(石油部) 등 정부 석유계통 부서에서, 1984년부터 1989년까지는 장쩌민과 함께 상하이시에서, 그리고 1999년부터 2002년까지는 장쩌민을 보좌하면서 공산당 중앙 조직부에서 근무했다. "쩡칭홍 세력"과 "장쩌민 세력"은 상당히 중복되기 때문에 하나로 볼 수도 있다. 한편 공산당 내의 파벌은 편의상 공청단파, 상하이방, 태자당으로 나누는 것이 보통인데, Willy Lam은 여기에 원자바오(溫家寶)를 중심으로 한 기술관료를 더해 네 개의 파벌로 구분한다. Willy Lam, "Striving for Balance: Assessing Recent Municipal and

세를 어느 정도 극복할 수 있는가가 중요한 관심사였다. 또한 이번 당대회를 통해 후(後)후진타오(*post*-Hu Jintao) 시대를 이끌어갈 이른바 "제 5세대" 지도자의 윤곽이 드러난다. 이런 후계구도 결정은 2012년 예정된 제 18차 당대회 이후 중국정치의 변화를 예측할 수 있는 중요한 단서이지만 이와 함께 후진타오의 당내 지위와 영향력 정도를 가늠할 수 있는 중요한 지표이기도 하다. 역대 권력승계 정치를 보면 최고지도자가 후계자 인선과정에서 중요한 영향력을 행사했기 때문이다.

또한, 제 17차 당대회에서는 향후 5년간 중국을 이끌어갈 2기 후진타오 체제의 당 노선과 정책이 결정된다. 1기 후진타오 체제는 인적 구성뿐만 아니라 당 노선과 정책 면에서도 장쩌민(江澤民) 시대에서 후진타오 시대로 넘어오는 과도기였고, 후진타오 체제가 자신의 독자적인 국정방침과 정책을 개발하는 탐색기였다. 지난 5년 동안 후진타오 체제는 장쩌민의 "삼개대표(三個代表)론"의 그늘 아래서 "균형발전론(五個統籌)"과 "과학적 발전(科學發展)관", "조화사회(和諧社會)론", "사회주의 신농촌 건설론", "조화세계(和諧世界)론", "평화발전(和平發展)론" 등 새로운 통치이념을 개발하기 위해 적극 노력했다. 이번 당대회는 이 같은 후진타오 집권 1기의 통치이념이 공산당의 공식 지도 이데올로기 또는 정책으로 어떻게 승격되고 조정되는가를 보여주는 중요한 장(場)이다.

마지막으로, 제 17차 당대회는 중국 엘리트정치의 변화를 엿볼 수 있는 매우 중요한 사건이다. 중국과 같이 공산당과 국가가 조직적·인적으로 융합되어 있는 당-국가(*party-state*) 체제에서는 일반 국민이 정치에 참여하여 국가 최고지도자를 선출하고 국가정책에 영향을 미칠 수 있는 제도적 장치가 미비하다. 대신 정치권력은 소수의 통치엘리트(공산당 중앙)에 집중되고 이들을 중심으로 국가정책이 결정된다. 이

Provincial Leadership Changes", *China Brief* 7-8(April 2007), pp. 2~3.

때문에 중국 정치에서는 엘리트정치가 매우 중요한 의미를 갖는다. 그런데 엘리트정치에서 가장 민감하고 중요한 사안이 바로 권력승계와 당 노선/정책 변경이다.[3] 따라서 제 17차 당대회의 인사교체와 당 노선/정책의 조정과정은 엘리트정치의 변화 여부를 보여주는 중요한 사례이다.

이 글에서는 구체적으로 다음 세 가지 사항을 검토할 것이다. 먼저, 이번 당대회의 인사변동에서 나타난 주요 특징을 엘리트정치에 초점을 맞추어 간략하게 검토할 것이다. 다음으로, 제 17차 당대회의 정치개혁 내용을 분석하며, 마지막으로, 제 17차 당대회에서 나타난 엘리트정치의 특징을 살펴보고 이것이 갖는 함의를 검토할 것이다. 또한 이 글은 "중국 특색의 사회주의의 위대한 기치를 높이 들고, 전면적인 소강사회 건설의 새로운 승리를 쟁취하기 위해 분투하자"(高擧中國特色社會主義偉大旗幟, 爲奪取全面建設小康社會新利而奮鬪) (이하 〈정치보고〉) 나 〈"당헌"(수정안) 결의〉〔〈中國共産黨章程(修正案)的決議〉〕와 같은 제 17차 당대회 관련 주요 공식문건과, 국내외 각종 보도자료를 일차 자료로 사용할 것이다. 이밖에도 필요할 경우 제 16차 당대회와 1기 후진타오 체제를 분석한 기존 연구를 참고할 것이다.[4]

---

3) 조영남(2006), p. 154.

4) 제 16차 당대회와 1기 후진타오 체제에 대한 기존 연구로는 다음을 참고할 수 있다. "중국의 제16차 당대회와 지도부의 세대교체", 〈신아세아〉 10권 제 1호(2003년 봄); 조영남(2006), pp. 109~210; Weixing Chen and Yang Zhong(eds.), *Leadership in a Changing China*(New York: Palgrave Macmillan, 2005); Yun-han Chu, Chih-cheng Lo, and Ramon H. Myers(eds.), *The New Chinese Leadership: Challenges and Opportunities after the 16th Party Congress*(Cambridge, London: Cambridge University Press, 2004); David M. Finkelstein and Maryanne Kivlehan(eds.), *China's Leadership in the 21st Century: The Rise of the Fourth Generation*(Armonk, New York: M.E. Sharpe, 2003); John Wong and Zheng Yongnian(eds.), *China's Post-Jiang Leadership Succession: Problems and*

2. 제 17차 당대회의 인사변동 특징 : 엘리트정치의 측면

제 17차 당대회는 2기 후진타오 체제의 시작을 의미하는 행사로서 공산당 최고 권력기구의 경우 부분적인 인사교체가 예상되었다. 반면 "제 4세대" 지도자로부터 "제 5세대" 지도자로의 전면적인 세대교체는 2012년에 예정된 제 18차 당대회에서 이루어질 것이다. 한편 제 17차 당대회의 인사문제에 대해서는 김태호 교수가 이 책에 실린 논문에서 체계적이고 종합적으로 분석했기 때문에 이 글에서는 인사변동에 대한 상세한 분석은 생략하려고 한다. 대신 이번 인선에서 나타난 특징(제도화), 그리고 앞에서 말한 이번 인선이 갖는 두 가지 의의, 즉 2기 후진타오 체제의 권력기반 공고화 정도(파벌간 세력균형의 변화)와 "제 5세대" 통치엘리트의 등장이라는 측면에 맞추어 의미를 간단하게 정리할 것이다.

제 17차 당대회의 인선과 관련하여 가장 먼저 지적할 것은 지도부 인선과정의 제도화가 진전되었다는 점이다.[5] 이것은 2002년 제 16차 당대회에서 나타났던 현상이 더욱 발전한 것으로 볼 수 있다.[6] 단적

Perspectives(Singapore: World Scientific, 2002); Joseph Fewsmith, "The Sixteenth National Party Congress: The Succession that Didn't Happen", *The China Quarterly* 173(March 2003), pp. 1~16.

5) 王海軍, "中央黨校副校長: 中央新領導班子具有三個特點", 〈中新網〉 2007. 10. 23, http://news.xinhuanet.com/newscenter/2007-10/23/content_6927782.htm(검색일: 2007. 10. 24); Jiangtao Shi, "Four Allies of Hu Elevated to New Politburo", *South China Morning Post*, 2007. 10. 23 (Internet Edition), http://www.scmp.com/portal/site/SCMP... (검색일: 2007. 10. 23). 인사교체와 관련하여 중국공산당 내에 있는 공식 및 비공식 규칙에 대해서는 Zhiyue Bo, *China's Elite Politics: Political Transition and Power Balancing*(Singapore: World Scientific, 2007), pp. 55~64 참조.

6) 조영남(2006), pp. 158~159; Yongnian Zheng, "The 16th National

인 예로, 이번 공산당 정치국 상무위원회 인사에서는 "68세 연령 기준"을 근거로 68세 이상의 인물이 예외 없이 모두 퇴진했다. 이 기준, 즉 "68세 이상자는 국가주석, 전국인민대표대회(전국인대) 위원장, 국무원 총리, 정치국원 및 정치국 상무위원, 중국인민정치협상회의 전국위원회(전국정협) 주석 등의 고위직을 맡을 수 없다"는 원칙은 2002년 제16차 당대회에서 장쩌민이 리루이환(李瑞環) 전국정협 주석의 퇴진을 강요할 때 세운 것이다〔1997년 제15차 당대회에서는 "70세 연령 기준"이 적용되어 차오스(喬石) 전국인대 위원장이 퇴진했다〕. 이번 인사의 핵심이슈는 당내 실질적인 2인자인 쩡칭훙 국가부주석의 퇴진 여부였는데, 그도 68세 연령기준에 따라 퇴진했다〔나머지는 사망한 황쥐(黃菊) 국무원 부총리, 우관정(吳官正/69세) 중앙기율검사위원회 서기, 뤄간(羅幹/72세) 중앙정법위원회 서기이다〕.[7] 2012년 제18차 당대회를 지켜보아야 하겠지만, 이런 나이제한 규정(정년제)의 예외 없는 적용은 엘리트정치가 더욱 제도화·규범화되었다는 사실을 의미한다.

한편 연령기준 이외에도 이번 공산당 정치국 인선에서는 "민주추천제도"(民主推薦會)가 도입되었다는 특징이 있다. 이 제도는 지금까지 지방 공산당 및 국가기관 지도부 인선에 적용되었다. 이는 일정직급 이상의 공산당 간부들이 상급 조직(인사)부서가 사전에 제시한 공산당·정부·의회의 고위직 예비후보를 대상으로 투표를 실시하고, 상

Congress of the Chinese Communist Party: Institutionalization of Succession Politics", Chen and Zhong(2005), pp. 15~36; Gang Lin, "Leadership Transition, Intra-Party Democracy, and Institution Building in China", Chen and Zhong(2005), pp. 37~55; Lowell Dittmer, "Leadership Change and Chinese Political Development", Chu, Lo and Myers(eds.)(2004), pp. 10~32.

7) 참고로 2002년 제16차 당대회에서 장쩌민은 "군업무의 특수성"을 이유로 68세 연령 규정을 스스로 위반하여 중앙군사위원회 주석직을 유지하다가 여러 압력에 직면하여 2004년에 직책을 사임했다.

급 조직(인사) 부서는 최종 후보명단을 결정할 때 이 투표결과를 중요한 인선근거로 삼는 제도이다.[8] 구체적으로 2007년 6월 25일 베이징 중앙당교에서는 공산당 제 16기 중앙위원(후보위원 포함)과 일부 고위직 간부 등 400여 명이 참석하는 "당원지도간부회의"(黨員領導幹部會議)가 개최되었고, 이들은 정치국 상무위원회가 제출한 200명의 정치국원 예비후보—이 중에서 신임 정치국원 예비후보는 63세 미만의 장관급(省部級)—를 대상으로 "추천투표"(推薦票)를 실시했다. 이때 후진타오는 인선기준으로 세 가지, 즉 당성(黨性: 당 이념 집행의 충실도와 중앙과의 일치성), 능력·경험·업적·군중관계, 그리고 업무태도(工作作風)와 청렴도를 제시했다. 이후 정치국 상무위원회는 투표결과를 기초로 정치국원 후보명단을 작성하여 여러 의견을 청취한 후 2007년 9월 27일 정치국 상무위원회 회의에서 "건의명단"을 작성했다. 정치국은 2007년 10월 8일에 회의를 개최하여 이를 심의 및 확정하여 중앙위원회에 제출했다. 이때 정치국원 명단이 사실상 확정되었다.[9]

이밖에도 이번 중앙위원회 위원 인선에서는 전보다 50% 정도가 늘어난 지방 및 중앙의 고위간부(16차 당대회의 약 3만 명에서 4만 3천 명으로 증가)가 후보 추천·평가·고찰 등에 참여했고, 중앙위원 예비인선 과정에서는 다양한 방식의 투표가 이루어짐으로써 중앙위원 인선의 객관성·공정성·민주성을 높였다고 한다.[10] 특히 중앙위원회 위원들이 비밀투표를 통해 정치국원을 선출한 것은 이번이 처음이었다고 한

---

8) "黨政領導幹部選拔任用工作條例"(2002. 7), 《中國共產黨黨內法規新編》(北京: 法律出版社, 2005), pp. 38~53.

9) 劉思揚, 孫乘斌, 劉剛, "肩負起黨和人民的重托", 〈人民網〉 2007. 10. 22, http://politics.people.com.cn/GB/1026/6411397.html(검색일: 2007. 10. 22).

10) 劉思揚, 孫乘斌, 劉剛, "爲了黨和國家興旺發達長治久安: 黨的新一屆中央領導機構產生紀實", 〈新華網〉 2007. 10. 24. http://news.xinhuanet.com/newscenter/2007-10/24/content_6931498.htm(검색일: 2007. 10. 24).

다.[11] 이처럼 다양한 인선제도의 도입은 공산당이 최고지도부 인선과정의 제도화를 위해 많은 노력을 기울이고 있음을 보여준다.

다음으로, 제17차 당대회에서 이루어진 공산당 최고지도부 인사만을 놓고 본다면 집권 2기를 맞는 후진타오의 권력기반은 그렇게 공고화되지 않았다고 평가할 수 있다. 이는 두 가지 측면에서 그렇다. 첫째는 9인의 정치국 상무위원회 제도가 유지된 점이다. 잘 알려졌듯이 2002년 제16차 당대회에서 9인제 정치국 상무위원제도(이전에는 7인제)가 도입된 이유는 장쩌민이 당권을 후진타오에게 넘겨주면서 정치국 상무위원회에 상하이방을 다수 포진시키기 위한 것이었다. 그래서 후진타오는 제17차 당대회를 준비하면서 정책결정의 효율성과 업무분담의 타당성 — 7인제는 총서기 1인 외에 나머지 6인이 각 중요 업무영역, 즉 공산당(黨務), 정부(政務), 의회(人大), 정협(政協), 당규율(紀委), 정법(政法)을 맡는 구도 — 을 근거로 7인제로의 복귀를 주장했던 것으로 알려졌다. 그러나 반대세력이 당내민주주의 확대 — 실제로는 후진타오 총서기로의 권력집중 우려 — 를 근거로 이에 반대했고, 그 결과 최종적으로 9인제가 유지되면서 총서기의 권한이 여전히 제한받는 체제가 수립되었다.[12]

둘째는 정치국 상무위원회에서 "후진타오 세력"이 소수파라는 점이다. 즉, 후진타오 본인을 제외한 8인의 상무위원 중에서 최소 5인이 "장쩌민/쩡칭홍 세력"이고, 이에 비해 분명한 "후진타오 세력"은 1인(리커창/李克强)뿐이며, 후진타오에 우호적인 원자바오 총리를 합해도

---

11) 王海軍(2007).

12) Wang Xiangwei, "The Limits of Hu's Influence Are Laid Bare", *South China Morning Post*, 2007. 10. 23(Internet Edition), http://www.scmp.com/portal/site/SCMP... (검색일: 2007. 10. 23); Joseph Kahn, "Politburo in China Gets Four New Members", *New York Times*, 2007. 10. 22 (Internet Edition), http://www.nytimes.com/2007/10/22/world/asia/22china.html(검색일: 2007. 10. 23).

후진타오 세력은 열세이다. 이는 최소한 정치국 상무위원회를 놓고 볼 때 집권 2기 후진타오의 권력기반이 1기 때보다 크게 강화되지 않았음을 의미한다. 향후 5년 동안 정치국 상무위원회에서 중대사안을 결정할 때 후진타오는 소수파로 "장쩌민/쩡칭홍 세력"이 반대하는 사안을 추진하기 쉽지 않을 것이고, 따라서 집권 2기에도 후진타오의 권력행사는 제한될 것이다.

물론 후진타오 체제의 권력기반이 1기 때보다 더욱 공고화된 측면도 있다. 예를 들어, 지난 5년간의 경험과 개인 권위의 증가로 인해 총서기로서 후진타오가 행사할 수 있는 권한이 1기 때보다 확대된 점은 2기 후진타오 체제의 최대 장점이라 할 수 있다. 여기에 더해 25인으로 구성된 정치국에서 "후진타오 세력"은 일정한 규모(8명)를 확보하여 "장쩌민/쩡칭홍 세력"(12명)과 견줄 수 있는 기반을 마련했다. 그밖에도 "후진타오 세력"은 공산당 중앙의 주요부서, 즉 판공청 주임(令計劃), 조직부(李源潮), 선전부(劉雲山)에 자파인물을 임명함으로써 당에 대한 장악력을 높일 수 있었다〔단 당무를 총괄하는 업무는 시진핑(習近平)이 담당한다〕.

마지막으로, "제 5세대"로의 권력승계와 관련하여 복수 후계구도가 형성된 점은 매우 중요한 의미를 갖는다. 역대 권력승계에서는 차세대 최고지도자가 단수로 선정되는 것이 관례였다. 예를 들어, 덩샤오핑(鄧小平) 시기에는 후야오방(胡耀邦)·자오쯔양(趙紫陽)·장쩌민이, 그리고 장쩌민 시기에는 후진타오가 단수의 후보자로 선정되었다. 후진타오도 이런 관례와 권력승계의 안정화를 명분으로 리커창 1인의 후계구도를 선호했던 것으로 언론에 보도되었는데, 결과는 리커창과 시진핑이 후계자로 지명되는 2인 경쟁구도가 형성되었다. 당내 서열에서는 시진핑이 6위, 리커창이 7위를 차지함으로써 현재 상황에서 보면 리커창보다 시진핑이 공산당 총서기직을 승계할 가능성이 높다. 이 경우 리커창은 국무원 총리직을 승계하게 된다. 이런 점에서 보면 후진타오의 권력승계 구도는 좌절되었고, 이는 총서기로서 후진타오가 행사할 수 있는 인사권이 매우 제한적임을 보여준다.

한편 이번 당대회에서 복수 후계구도가 왜, 어떤 과정을 통해 형성되었는지는 앞으로 연구해야 할 중요한 과제이다. 단적으로 만약 공산당 중앙이 처음부터 시진핑·리커창의 복수 후계구도로 갈 예정이었다면 2007년 3월(17차 당대회 개최 7개월 전)에 시진핑을 상하이시 당서기로 임명하지 않았을 것이다. 이와 관련하여 일부 저명한 중국학자와 퇴임 고위관료의 이야기는 매우 설득력이 있다. 이에 따르면, 시진핑이 차세대 지도자로 결정된 시점은 2007년 6월 25일 중앙당교에서 있었던 "당원지도간부회의"에서였다고 한다. 즉 이때 있었던 정치국 예비후보에 대한 투표에서 시진핑이 1등을 했고, 이를 기반으로 공산당 원로(장쩌민 포함)와 군 인사들이 시진핑을 차세대 지도자로 적극 추천했다는 것이다. 또한 복수 후계구도를 정당화하는 논리로 변화된 중국의 정치현실이 제기되었다고 한다. 즉 이전과는 달리 중국 정치가 매우 복잡하게 변하고 전문화되면서 한 사람의 후계자가 모든 문제를 책임지는 체제는 더 이상 타당하지 않고, 대신 복수의 후계자가 업무를 분담하는 방식이 타당하다는 것이다. 이에 따라 후진타오도 자신이 선호했던 리커창 일인 후계구도를 철회했다고 한다.[13] 이런 설명이 얼마나 정확한 것인가는 좀 더 조사해보아야 하고, 또한 이런 복수 후계구도가 향후에도 지속될 것인가는 앞으로 두고 보아야 할 것이다.

이 같은 복수경쟁 후계구도가 엘리트정치에 어떤 영향을 미칠지는 앞으로 두고 봐야 한다. 이와 관련하여 두 가지 시나리오를 예상할 수 있다. 첫째는 긍정적인 것으로, 2인으로 권력이 분산됨으로써 주요 문제를 협의와 타협을 통해 해결하는 엘리트 민주주의가 확대되고, 2인이 선의의 정책경쟁을 벌임으로써 정치개혁 등에서 새로운 돌파구가

13) 2008년 1월 톈진에서의 필자 인터뷰.

마련되는 경우이다. 둘째는 부정적인 것으로, 2인의 경쟁이 격화되고 파벌투쟁이 심화되어 당의 단합이 깨지고, 두 사람 모두 보신주의 태도를 취함으로써 좀 더 급진적인 개혁정책 추진에 소극적으로 나서는 경우이다. 현재로서는 어느 시나리오가 우세할지 단언할 수 없지만, 두 가지 모두 나타날 가능성이 있다.

이상에서 공산당 최고지도부 인선을 중심으로 2기 후진타오 체제의 권력기반 공고화 정도와 "5세대" 지도자의 등장을 분석했다. 그런데 여기서 주의할 점은, 2기 후진타오체제의 권력기반이 현저하게 강화되지 않았다는 것, 또한 복수의 후계구도가 형성되었다는 것이 "후진타오 세력"이 인선을 둘러싸고 "장쩌민/쩡칭홍 세력"과 벌인 권력투쟁에서 패해했다는 사실을 의미하지는 않는다는 점이다. 뒤에서 다시 검토하겠지만, 제 17차 당대회의 인선은 두 세력이 협의와 타협을 통해 일정한 합의(*consensus*)에 도달하고 그것에 기초하여 주요 직책을 배분한 결과라고 할 수 있다. 다시 말해 두 세력간의 대립과 투쟁을 강조하는 파벌투쟁의 시각에서 이번 인선을 분석하는 것은 문제가 있다는 것이다. 이런 면에서 제 17차 당대회의 인선은 "과학적 발전관"(科學發展觀)의 〈당헌〉 삽입과 함께 후진타오 시대에 변화된 엘리트정치의 특징을 잘 보여주는 사례라고 할 수 있다.

3. 제17차 당대회의 정치개혁 내용

여기서는 먼저 1기 후진타오 체제의 정치개혁과 제17차 당대회를 앞두고 중국 내에서 전개되었던 정치개혁 논의를 간략히 살펴볼 것이다. 이후 제17차 당대회에서 결정된 정치개혁 관련 주요 방침과 정책을 검토할 것이다.

1) 1기 후진타오 체제의 정치개혁

2002년 제16차 당대회에서 1기 후진타오 체제가 등장할 무렵 일부에서는 좀 더 민주적인 정치개혁이 가능할지도 모른다는 기대가 있었다. 예를 들어, 한 연구자는 1998년 일부 지역에서 실시되었던 향장(鄕長)·진장(鎭長) 직선제 개혁이 후진타오 시대에 들어 확대될 가능성을 조심스럽게 예측했다.[14] 그러나 대부분의 연구자는 후진타오 체제가 민주적 정치개혁을 추진하지 않을 것으로 예측했다. 이는 후진타오의 권력기반이 취약하기 때문에 본인의 의지와는 상관없이 민주개혁을 추진할 수 없었던 이유도 있겠지만, 그보다는 기술관료(*technocrats*) 출신의 통치 엘리트가 갖는 특성에 기인한다고 판단했다. 즉 "제4세대" 지도자 개개인은 몰라도 전체를 놓고 볼 때 후진타오 시대의 통치엘리트나 장쩌민 시대의 통치엘리트는 모두 기술관료라는 면에서 동일한 특성을 갖고 있고, 장쩌민 시대의 통치엘리트가 민주적 정치개혁에 소극적이었던 것처럼 후진타오 시대에도 그럴 것이라는 점이 지적되었다.[15]

---

14) Lianjiang Li, "The Politics of Introducing Direct Township Elections in China", *The China Quarterly* 171 (September 2002), pp. 704~723.

15) 조영남(2006), pp. 149~153; Yu-Shan Wu, "Jiang and After: Technocratic Rule, Generational Replacement and Mentor Politics", Chu, Lo

실제로 지난 5년 동안 후진타오 체제가 보여준 모습은 이런 예상에서 크게 벗어나지 않았다. 예를 들어, 집권 후 후진타오 체제는 국민의 지지를 획득하고 이를 통해 자신의 부족한 권력기반을 강화하기 위해 "이미지 정치"를 우선적으로 실시했다. 즉, 후진타오와 원자바오는 "국민에게 다가감(親民)"과 "국민을 근본으로 함(以人爲本)"과 같은 슬로건을 내걸고 국민 중심·서민 중심의 이미지를 만들기 위해 전국의 오지를 방문했고, 당정 간부들의 헌신적인 태도를 고취하기 위해 마오쩌둥(毛澤東) 시대의 혁명정신을 강조했다.[16] 실제 정책면에서도 이전과 크게 다른 점이 없었다. 그 결과 1기 후진타오 체제의 정치개혁은 행정개혁 위주의 실무적 개혁, 공산당 주도의 점진적 개혁, 지방 하급단위 중심의 시험적 개혁이라는 특징이 나타났다.

구체적으로 1기 후진타오 체제에서는 두 가지, 즉 의법치국(依法治國/法治: 법에 의한 통치)과 공산당 통치능력(執政能力) 강화를 핵심 내용으로 하는 정치개혁이 추진되었다. 의법치국은 1997년 제 15차 당대회에서 당의 공식방침으로 결정되고 1999년 헌법개정을 통해 서문에 명시되었다. 구체적인 내용으로는 입법기관의 역할강화, 의법행정(依法行政: 법에 의한 행정)을 기치로 한 행정개혁, 공정성과 효율성 제고를 목표로 한 사법개혁 등이 추진되었다. 의법치국은 장쩌민 시기부터 추진된 것으로서 행정 효율성 제고, 국가 통치체제 정비, 국가 통치능력 및 사회관리 능력 향상 등 중국이 당면한 과제를 해결하기 위해 필요한 것이었다. 또한 1기 후진타오 체제에서는 의법치국이 취약한 후진타오의 권력기반을 강화하는 데도 도움을 줄 수 있었다. 법과 제도를 강조할 경우 국가주석과 당 총서기(후진타오), 국무원 총리(원자바오)라는 공식직위를 가진 두 사람에게 유리하기 때문이다.[17]

---

and Myers(eds.) (2004), pp. 74~79.

16) 조영남(2006), pp. 170~173.

17) 조영남(2006), p. 161.

공산당 통치능력 강화는 2004년 9월에 개최된 공산당 제16기 중앙위원회 제4차 전체회의(16기 4중전회)의 핵심의제였다.[18] 지난 5년을 돌아볼 때, 공산당 통치능력 강화는 크게 두 가지 내용을 중심으로 추진되었다. 하나는 당내민주 확대이다. 여기에는 당대회의 연례개최(현재 5년에 1회 개최), 당대표 활동의 일상화(현재는 5년에 1회 개최되는 당대회 참석이 전부), 당위원회의 권한 강화와 민주적 운영(현재는 당서기 1인의 독점적 권력행사), 당 지도부(당서기와 당위원회 위원) 선거 확대(현재는 상급 당조직에서 사실상 임명), 표결(票決)을 통한 중요사안 결정, 간부인사제도 개혁 등이 속한다.[19]

다른 하나는 반부패정책이다. 이를 위해 2003년 12월에는 "중국공산당 당내감독조례"(시행)가, 2005년 1월에는 "교육·제도·감독 동시중시의 처벌 및 부패방치체제 건립 실시강요"(關於建立健全教育制度監督幷重的懲治和豫防腐敗體系實施綱要)가 제정되었다. 또한 2003년 8월부터 중앙 및 성급 행정단위에서 하급 행정단위로 특별 감독조를 파견하여 상시 감독하는 순시(巡視)제도가 상설화되었다(참고로 2007년 중앙에서는 11개의 순시조가, 성급 단위에서는 12개의 순시조가 전국에 파견되어 감독을 진행한다).[20] 이밖에도 2003년에 공산당/정부의 전문 감독기관인 기율검사위원회(紀律檢查委員會)와 감찰부(監察部)의 기

---

18) "中共中央關於加强黨的執政能力建設的決定", 本書編寫組 編, 《"中共中央關於加强黨的執政能力建設的決定" 輔導讀本》(北京: 人民出版社, 2004), pp. 1~39.

19) 조영남(2006), pp. 176~177, 190~193; Gang Lin, "Ideology and Political Institutions for a New Era", Gang Lin and Xiaobo Hu(eds.), *China after Jiang*(Washington, D.C.: Woodrow Wilson Center Press, 2003), pp. 39~68; Lin (2005), pp. 37~55.

20) 李亞傑, "永遠立於不敗之地: 16大以來權力監督工作成效顯著", 〈新華網〉 2007. 9. 28. http://news.xinhuanet.com/politics/2007-09/28/content_6809016.htm(검색일: 2007. 9. 29).

능을 강화하기 위해 이전의 이중지도체제(雙重領導), 즉 상급의 감독기관과 동급 행정단위의 공산당 위원회가 동시에 지도하는 체제에서 단일지도체제(垂直領導), 즉 상급의 감독기관만이 지도하는 체제로 바뀌었다. 가장 최근의 조치로는 2007년 9월에 부패문제를 전담하는 "국가부패예방국"(國家豫防腐敗局)이 신설되어 중앙기율검사위원회 부서기 겸 감찰부 부장이 국장에 취임했다.[21]

한편 중국 내에서는 2006년 상반기부터 좌우파간에 개혁정책 전반에 대한 평가와 향후 정책방향을 놓고 치열한 논쟁이 전개되었다.[22] 이 논쟁에서는 자유주의적이고 민주적인 정치개혁을 요구하는 목소리와 이에 반대하는 목소리가 팽팽하게 대립했다. 예를 들어, 일부 퇴직관료와 학자들은 언론자유 확대, 국민기본권 보장, 국민 정치참여 확대, 사회민주주의적 정치제도와 복지제도 도입 등을 주장했다. 보수파는 이를 공산당 지배체제 해체와 자유민주주의 체제의 도입으로 간주하고 비판했다.[23]

---

21) 姜洁, "國家豫防腐敗局揭牌", 〈人民網〉 2007. 9. 14. http://politics.people.com.cn/GB/1026/6262017.html(검색일: 2007. 9. 14).

22) 2006년 상반기에 전개된 이른바 "제 3차 사상논쟁"에 대해서는 조영남, "중국의 개혁은 어디로?: '제 3차 사상논쟁' 분석", 미래전략연구원 개인칼럼(2006. 5. 29); Melissa Murphy, "Decoding Chinese Politics: Intellectual Debates and Why They Matter", *A Report of the CSIS Freeman Chair in Chinese Studies*, Center for Strategic & International Studies, January 2008 참조 바람.

23) 이런 논쟁에 대한 구체적인 소개는 다음을 참조. Joseph Kahn, "In China, Talk of Democracy Is Simply That", *New York Times*, 2007. 4. 20, www.nytimes.com/2007/04/20/world/asia/20china.html(검색일: 2007. 4. 23); "Veteran Communist's Call for Democracy Stirs Quiet Party Countermove", *South China Morning Post*, 2007. 5. 7, http://china.scmp.com/cgi-bin/gx.cgi(검색일: 2007. 5. 7일); 郭立青, "中共智囊建立合法性新論述背後", 〈多維新聞〉(www.chinesenewsnet.com), 2007. 1. 5(검색일: 2007. 1. 5); 朱建陵, "呼民主未受懲處〈炎黃春秋〉越來越大膽", 〈多維

이런 와중에서 아주 이례적으로 2007년 2월 원자바오 총리는 자신의 명의로 대외정책과 국내정책을 포괄하는 정책문건을 발표했다.[24] 이 문건에는 정치개혁에 대한 내용도 들어있는데, 그것이 이전보다 전향적인 모습—예를 들어, “사회주의 제도와 민주정치는 서로 배리되지 않는데, 고도의 민주와 완비된 법제는 바로 사회주의 제도의 내재적 요구이며 성숙된 사회주의 제도의 중요한 표지이다”—을 담고 있어 제17차 당대회에서는 정치개혁과 관련하여 새로운 정책이 제시될지도 모른다는 기대를 낳았다. 그러나 1기 후진타오 체제가 보여준 모습과, 2005년 10월에 발표된 중국 정부의 정치백서, 즉 “중국적 민주정치 건설”(中國的民主政治建設)의 내용을 놓고 볼 때, 제17차 당대회에서 직접선거 확대실시나 언론자유 확대 같은 민주적 정치개혁이 이루어질 것이라고 기대하는 사람은 많지 않았다.[25]

新聞〉 2007. 5. 7(검색일: 2007. 5. 7)을 참조할 수 있다. 각기 다른 주요 주장에 대해서는 다음을 참조할 수 있다. 민주개혁 주장: 兪可平, “民主是個好東西”, 〈多維新聞〉 2007. 1. 5(검색일: 2007. 1. 5); 皇甫平, “黨權過于集中就制度弊端”, 〈多維新聞〉 2007. 2. 9(검색일: 2007. 2. 9); 謝韜, “民主社會主義模式與中國前途”, 〈炎黃春秋〉 2007년 제2기(2007. 2), pp. 1~8.

24) 溫家寶, “關於社會主義初級階段的歷史任務和我國對外政策的幾個問題”, 〈人民網〉 2007. 2. 26, http://politics.people.com.cn/GB/1024/5418093.html(검색일: 2007. 2. 26).

25) 國務院新聞辦公室, 《中國的民主政治建設》(2005. 10); Willy Lam, “Limited Reforms: Status Quo at the 17th Party Congress”, *China Brief* 7-17 (September 19, 2007), pp. 6~7; Edward Cody, “Hu Set for Second Term at China's Helm”, *Washington Post*, 2007. 10. 14, http://www.washingtonpost.com/wp-dyn/content/article/2007/10/13/... (검색일: 2007. 10. 16).

2) 제17차 당대회의 정치개혁 방침과 내용

전체적으로 볼 때 이번 당대회는 앞에서 말한 예측을 벗어나지 않았다. 즉 제17차 당대회의 정치개혁 방침과 내용은 장쩌민 시기와 1기 후진타오 시기의 것을 그대로 답습했다는 것이다. 이런 면에서 제17차 당대회도 제16차 당대회와 마찬가지로 정치개혁 면에서는 큰 진전이 없는 대회였다고 평가할 수 있다.

우선 〈정치보고〉와 수정된 〈당헌〉에 따르면, "사회주의 민주정치"는 "사회주의 시장경제", "사회주의 선진문화", "사회주의 조화사회(和諧社會)"와 함께 "중국 특색의 사회주의 길"을 가는 공산당이 추구하는 중요 목표이다. 이를 위해 〈정치보고〉는 "공산당 영도·인민의 정치적 주인화(當家作主)·의법치국의 유기적 통일" 유지라는 방침과, 중국의 기본정치제도, 즉 인민대표대회제도, 다당합작(多黨合作) 및 정치협상제도(政治協商制度/政協), 민족구역자치제도, 기층군중자치제도의 견지와 발전이라는 방침을 계속 유지한다고 전명했다.

이런 방침 하에 구체적인 정치개혁 내용이 제시되었는데, 그것은 16차 당대회에서 제기된 것과 큰 차이가 없었다. 예를 들어, 인민민주의 확대와 인민의 정치적 주인화 항목에서는 의회제도·정협·소수민족자치제도 강화와 정책결정의 민주화 및 과학화가 제기되었다. 기층민주 발전과 인민의 민주권력 보장에서는 촌민위원회 등이 언급되었고, 의법치국의 전면적 실시와 사회주의 법치국가 건설에서는 입법강화, 의법행정 강화, 사법체제 개혁심화, 인권존중과 보장이 주요 과제로 제시되었다. 그밖에 애국통일전선 강화, 정부 관리체제 개혁 가속화와 서비스형(服務型) 정부 건설, 그리고 정부 감독체제 개선이 제기되었다.

한편 공산당과 관련된 정책에서는 1기 후진타오 시기의 주요 과제였던 공산당 통치능력(執政能力) 강화에 더해 "선진성(先進性) 강화"가 새로 추가되었다. 선진성 강화는 2005년 1월부터 2006년 6월까지 1년 반 동안 "삼개대표론"을 주요 내용으로 전 공산당원을 대상으로 실시했던 "공산당원 선진성 교육활동"의 성과를 계승한다는 취지로 추가된 것이다. 그런데 공산당 통치능력 및 선진성 강화의 구체적인 정책내용은 1기 후진타오 시기에 추진되었던 두 가지, 즉 당내민주 확대와 반부패정책 실시를 그대로 반복하고 있다. 예를 들어, 〈정치보고〉에서는 구체적인 정책으로 중국특색의 사회주의이념 학습강화, 공산당 간부소질 제고, 당내민주 적극추진, 간부인사제도 개혁, 공산당 기층조직 건설 강화, 반부패투쟁 강화 등을 들고 있다. 다만 〈당헌〉 수정을 통해 지방에서 진행된 공산당 개혁실험 중에서 검증된 세 가지 제도—당대표 활동의 일상화(代表常任制), 순시제도(巡視制度), 공산당 위원회의 상무위원회에 대한 감독—가 당의 공식제도로 확정되었다. 이에 비해 당대회의 연례화, 당위원회의 권한 강화와 민주적 운영, 당 지도부 선거확대, 중요사항 표결제도 등은 시기상조를 이유로 〈당헌〉에는 포함되지 않았다.[26]

참고로 과학적 발전관과 위에서 살펴본 몇 가지 당내민주 관련 내용 이외에 이번 〈당헌〉 개정을 통해 새롭게 추가된 것은 다음과 같다. 먼저, 개혁·개방 이후 중국이 이룩한 성과의 근본원인은 "중국특색의 사회주의 길을 개척하고, 중국특색의 사회주의 이론체계를 형성했기 때문이다"라는 표현이 삽입되었다. 또한 중국이 추구하는 목표로 "부강하고 민주적이며 조화로운 사회주의 현대화 국가" 건설이 추가되고,

---

26) 李源潮, "推進黨內民主建設 增强黨的團結統一", 〈人民網〉 2007. 11. 1, http://politics.people.com.cn/GB/1027/6464041.html(검색일: 2007. 11. 1); 兪錚, "中共開啓政治體制改革新局", 〈新華網〉 2007. 10. 17, http://news.xinhuanet.com/politics/2007-10/17/content_6896712.htm(검색일: 2007. 10. 18); 傅旭, "堅定不移發展社會主義民主政治", 〈人民網〉 2007. 10. 19, http://politics.people.com.cn/GB/1026/6399393.html(검색일: 2007.10.19).

중국특색 사회주의 사업의 네 가지 내용, 즉 "경제건설, 정치건설, 문화건설, 사회건설"이 명기되었다. 그밖에도 1기 후진타오 시기에 제기되었던 외교방침인 조화세계 건설과 평화발전론이 새롭게 〈당헌〉에 삽입되었다.

4. 제 17차 당대회와 엘리트정치의 변화

1) 제 17차 당대회와 엘리트정치

중국의 엘리트정치는 장쩌민 시대를 과도기로 후진타오 시대에 들어 매우 안정화되는 추세를 보였다.[27] 특히 2002년 제 16차 당대회에서 "제 3세대"에서 "제 4세대" 지도자로 권력이 평화적이고 안정적으로 이양된 사실은 엘리트정치의 안정성을 보여주는 대표적인 사례로 지적되었다. 그래서 제 17차 당대회의 지도부 교체와 노선/정책 변경에서도 이런 특징이 지속될 것인지 여부가 학자들의 중요한 관심사였다. 결론적으로 말하면 제 17차 당대회에서도 엘리트정치의 안정화라는 이전의 특징이 지속되고 있음을 보여주었다.

기존 연구에 의하면 후진타오 집권 1기의 엘리트정치는 두 가지 특징을 보여주었다. 첫째는 집단지도체제(*collective leadership*)의 형성이다. 즉 공산당 내에서 통치엘리트 간의 권력분점이 이루어짐으로써 어느 특정 개인이나 세력(파벌)이 정치권력을 독점하는 일이 불가능해졌다는 것이다.[28] 단적으로 1기 후진타오 시기에는 "후진타오 세력"과

---

27) 이에 대한 전반적인 논의는 조영남, "중국공산당 통치의 지속성과 정치적 기초," 현대중국학회 2007년도 한중학술회의 발표 논문(2007. 10. 5)을 참조할 수 있다.

28) 조영남(2006), pp. 154~161; Cheng Li, "The New Bipartisanship within

"장쩌민/쩡칭홍 세력"이 중앙 및 지방의 요직을 분점하면서 함께 국정을 담당하는 일종의 "2개 분파 집단지도체제"가 형성되었다. 이는 카리스마적 지도자(덩샤오핑)의 퇴진과 함께 1인 지배체제가 종결되고, 주요 권력기관(공산당·정부·의회·군) 간의 권위와 역할이 분화되어 권력이 분산되면서 가능해졌다. 둘째는 당내 민주주의 또는 엘리트 민주주의의 확대이다. 이것은 첫째 요인으로 인해 가능해진 것으로, 1기 후진타오 체제에서는 주요 세력(파벌)이 협의와 타협을 통해 합의를 도출하고 이에 기초하여 인사문제나 중요정책을 결정하는 관행이 형성되었다. 2004년 9월 장쩌민의 중앙군사위원회 주석 사임과 후진타오의 주석직 승계, 2006년 천량위(陳良宇) 상하이시 당서기의 퇴진과 2007년 3월 시진핑의 임명 등은 이를 보여주는 좋은 사례이다.

이번 제17차 당대회의 인선과 노선/정책 조정과정에서도 이런 엘리트정치의 두 가지 특징이 더욱 뚜렷하게 나타났다. 먼저, 공산당 지도부 내에 "후진타오 세력"과 "장쩌민/쩡칭홍 세력"이 권력을 분점하는 집단지도체제가 형성되었다. 앞에서 언급했듯이, 공산당 지도부 교체에서는 능력과 경력, 정치적 신뢰(당성) 등의 요소가 기본적 인선기준이었지만 자리분배는 철저하게 계파별 균형에 맞추어 이루어졌다. 이는 공산당 중앙정치국과 정치국 상무위원회, 지방 성급 지도자(당서기와 성장) 인선 모두에 해당된다.

한편 이번 주요 지도부 인선과정과 공산당 노선/정책의 결정과정은 엘리트정치가 협의와 타협을 통해 합의를 도출하는 방식으로 운영되고

---

the Chinese Communist Party", *Orbis* 49-3(Summer 2005), pp. 387~400; Cheng Li, China's Leaders: The New Generation(Lanham, Maryland: Rowman & Littlefield, 2001), p. 17; Suisheng Zhao, "The New Generation of Leadership and the Direction of Political Reform after the 16th Party Congress", Chu, Lo and Myers(eds.) (2004), pp. 33~68.

있음을, 즉 엘리트 민주주의가 확대되고 있음을 보여주었다. 이런 모습은 후진타오가 제 17차 당대회의 인선 및 정책작성 과정에서 제한적으로만 권력을 행사할 수 있었다는 사실을 통해 명확하게 나타났다. 이는 장쩌민과 비교하여 후진타오 개인의 권력기반이 취약하다는 사실을 보여주는 것이지만, 동시에 집단지도체제가 형성되면서 당 총서기·중앙군사위원회 주석·국가주석인 최고지도자가 행사할 수 있는 권한이 전보다 많이 축소되었다는 사실, 다시 말해 최고지도자는 집단지도체제 속에서 "동급자 중의 일인자"(*first among equals*)에 불과하다는 사실을 보여주는 것이다.

우선, 앞에서 말했듯이 후진타오는 공산당 정치국 상무위원회의 규모 변경(9인제에서 7인제), 자파(공청단) 세력확대, 그리고 차세대 후계자 선정과 관련하여 자신의 의도를 관철시키지 못했다. 여기에 더해 그 동안 부패연루 혐의와 무능함, 그리고 자신과의 정책대립 등으로 인해 후진타오가 지속적으로 퇴진을 요구했다는 두 인물, 즉 자칭린(賈慶林) 전국정협 주석과 리창춘(李長春)이 상무위원직을 유지할 수 있었다. 이 모든 사실은 후진타오의 권력행사가 매우 제한적임을 보여준다. 다른 각도에서 말하면, 이는 "후진타오 세력"이 인사권 행사와 관련하여 "장쩌민/쩡칭훙 세력"과 일정 선에서 타협할 수밖에 없었음을 의미한다.

이것과 관련하여, 홍콩의 한 언론보도에 의하면, 제 17차 당대회를 준비하면서 쩡칭훙 부주석의 제안으로 현직 최고지도자뿐만 아니라 전직 최고지도자(예를 들어 장쩌민, 리펑, 주룽지 등 전직 정치국 상무위원)도 지도자 인선 및 〈당헌〉 수정 등 중요 정책결정에 참여하는 새로운 형태의 집단결정방식이 도입되었다고 한다. 이는 구체적으로 앞에서 살펴본 2007년 6월 25일 중앙당교 회의에서 이루어졌는데, 이를 통해 시진핑·리커창의 복수 후계자 지명과 "과학적 발전관"의 〈당헌〉 삽입 등의 문제가 결정되었다고 한다.[29] 이는 후진타오 시대에 들어 공산당의 인선 및 중요 정책결정에 더 많은 인원이 참여하고 이에 따라 당내 민주주의가 더욱 확대됨을, 반대로 최고지도자 1인의 권한행사가 더욱 제한적임을 보여준다.

여기에 더해, 과학적 발전관과 조화사회론이 〈당헌〉에 삽입되는 과정은 주요 세력이 타협과 절충을 통해 합의를 도출하고 이를 통해 문제를 해결하는 엘리트정치의 모습을 보여준다. 먼저, "조화사회 건설"은 2002년 제 16차 당대회에서 2020년까지 공산당이 달성해야 하는 목표로 결정된 "전면적 소강사회 건설"과는 분명히 다른 새로운 개념이고, 이런 면에서 우리는 이를 "후진타오의 통치이념"이라고 부를 수 있다. 그래서 후진타오의 입장에서 보면, 조화사회론이 공산당 지도 이데올로기로 공식화되고, 과학적 발전관은 그것의 한 구성요소로 편입되는 것이 바람직스러울 수 있다. 왜냐하면 조화사회론은 중국이 추구하는 목표(조화사회)와 그것을 달성하는 방법(과학적 발전관에 입각한 경제발전, 의법치국에 의한 정치발전, 선진문화 건설에 의한 문화발전, 인간과 자연의 조화를 통한 환경보존 등)을 모두 포괄하기 때문이다. 이렇게 되면 국내적으로는 조화사회론과 과학적 발전관이, 대외적으로는 조화세계론과 평화발전론이 서로 조화를 이루는 "후진타오 이론"이 탄생할 수 있다.

1기 후진타오 시기에 과학적 발전관과 조화사회론이 제기되는 과정을 보면 후진타오는 조화사회론을 중심으로 한 자신의 이론을 만들 의도가 있었다고 추측할 수 있다. "조화(和諧)"라는 말이 공산당의 공식문건에 처음 등장한 것은 2002년 제 16차 당대회에서 장쩌민이 발표한 〈정치보고〉에서였다. 그러나 그것이 "사회주의 조화사회 건설"이라는 명칭 하에 내용을 갖춘 개념으로 등장한 것은 2004년 9월 공산당 16기

---

29) "Retired State Leaders Keep Their Grip on Key Decisions", *South China Morning Post*, 2008. 2. 5, http://www.scmp.com/portal/site/SCMP.. (검색일: 2008. 2. 5).

4중전회의 문건, 즉 "당 통치능력 건설 강화에 대한 중공중앙의 결정"을 통해서였다. 이 문건에는 이와 함께 과학적 발전관이라는 명칭이 공식 등장했다.[30] 그런데 주의할 것은 조화사회론이 독립된 하나의 항목(제 7장)으로 제시된 것에 비해 과학적 발전관은 사회주의 시장경제론(제 4장)의 세부항목으로 제시되었다는 점이다. 이는 비록 시기상으로는 과학적 발전관의 내용이 조화사회론보다 먼저 제기되었지만 그 중요도 면에서는 조화사회론이 과학적 발전관보다 더 중시되었음을 의미한다.[31]

이후 조화사회론이 더욱 체계화된 모습으로 등장한 것은 2005년 2월 중앙당교에서 개최된 '장관급(省部級) 주요 지도간부의 사회주의 조화사회 건설능력 제고를 위한 연수반'에서 행한 후진타오의 연설을 통해서이다. 여기서 후진타오는 사회주의 조화사회 건설이 "중대임무"(重大任務)로서 중앙 및 지방의 각급 공산당이 이를 당면임무로 간주하고 추진할 것을 지시했다. 또한 이때에 처음으로 조화사회 건설의 여섯 가지 지도사상, 즉 "민주와 법치, 공평과 정의, 성심과 우애, 충만과 활력, 안정과 질서, 인간과 자연의 조화"가 제시되었다.[32] 한편

30) 후진타오가 "과학적 발전관"이란 용어를 처음 사용한 것은 2003년 8월 말에서 9월 초까지 장시(江西)성을 시찰할 때였다. 또한 2003년 10월 공산당 16기 3중전회에서 통과된 문건("사회주의 시장경제체제의 완전화를 위한 약간 문제에 대한 중공중앙의 결정")에는 경제체제 개혁의 지도사상 및 원칙으로 "사람을 근본으로 하고 전면적이고 협조적이며 지속가능한 발전관"이 "균형발전론"(五個統籌)과 함께 제시되었다. 그러나 이 문건은 아직 공식적으로 과학적 발전관이라는 용어를 사용하지 않았다. 보(Bo)에 따르면, "과학적"이란 말이 빠진 것은 공산당 지도부 내에 이를 반대하는 세력의 저항 때문이라고 한다. 이런 이유로 16기 3중전회를 평가하는 〈인민일보〉 사설도 과학적 발전관을 아예 언급하지 않았다고 한다. Bo(2007), p. 268.

31) 中共中央, "中共中央關於加强黨的執政能力建設的決定", 本書編寫組 編, 《〈中共中央關於加强黨的執政能力建設的決定〉 輔導讀本》(北京: 人民出版社, 2004), pp. 1~39.

2005년 3월 베이징에서는 '조화사회 학술회의'가 개최되어 조화사회의 위상과 성격, 조화사회 건설과 전면적 소강사회 건설의 관계 등에 대한 토론이 진행되었다. 이 회의에서는 주요 쟁점에 대해 다양한 의견이 제시됨으로써 조화사회론이 아직도 이론적으로 명확하게 정리되지 않았음을 보여주었다.[33] 이를 이어, 2005년 10월 공산당 16기 5중전회에서 채택된 문건, 즉 "국민경제 및 사회발전 제11차 5개년계획 제정에 대한 중공중앙의 건의"에서는 과학적 발전관(제2장)과 조화사회론(제9장)이 각각 독립된 항목으로 언급되었다. 여기서 과학적 발전관은 주로 경제발전 문제를 다루었고, 조화사회론은 사회모순 및 사회문제 해결에 집중되었다. 또한 양자관계에서 조화사회 건설이 과학적 발전의 "원칙" 중의 하나로 제시되었다.[34] 이는 조화사회론이 여전히 과학적 발전관보다 상위에 있는 개념임을 보여준다.

이후 2006년 10월에 개최된 공산당 16기 6중전회에서 사회주의 조화사회 건설이 단독의제로 상정되어 토의되었다. 이때 채택된 문건, 즉 "사회주의 조화사회 건설의 몇 가지 중대문제에 대한 중공중앙의 결정"에서는 조화사회의 성격("중국특색 사회주의의 속성"), 여섯 가지 지도사상, 2020년까지 달성해야 하는 아홉 가지 주요임무, 그리고 조화사회 건설의 여섯 가지 원칙이 제시되었다. 그런데 주목할 점은 조화사회의 위상이 변했다는 사실이다. 즉 2005년 2월의 후진타오 연설에서는 조화사회가 당장 추진해야 하는 "중대문제"로 제기되었는데,

---

32) 胡錦濤, "胡錦濤强調扎實做好工作大力促進社會和諧團結", 〈新華網〉 2005. 2. 19, http://news.xinhuanet.com/newscenter/2005-2/19/content_2595497.htm(검색일: 2006. 10. 8).

33) 靑連斌, "和諧社會 中國新主題", 〈人民網〉 2005. 3. 7, http://politics.people.com.cn/GB/8198/70195/70201/4757608..html(검색일: 2007. 7. 15)

34) 中共中央, "中共中央關於制定國民經濟和社會發展第15個5年規劃的建議", 本書編寫組 編, 《〈中共中央關於制定國民經濟和社會發展第15個5年規劃的建議〉 輔導讀本》(北京: 人民出版社, 2005), pp. 1~36.

이때에는 공산당이 장기간에 걸쳐 이룩해야 하는 "중대전략임무"(重大戰略任務)로 변화한 것이다. 여기에 더해 조화사회론과 과학적 발전관의 관계에서 과학적 발전관이 "이인위본"(以人爲本), "개혁 · 개방", "민주 · 법치" 등과 함께 조화사회 건설을 추진하는 데 준수해야 하는 여섯 가지 원칙 중에 하나로 제시되었다.[35] 이는 양자관계에 변화가 발생했음을 보여준다. 즉 과학적 발전관이 조화사회론보다 상위의 개념으로 변화한 것이다. 마지막으로, 2007년 6월 중앙당교에서 후진타오가 행한 연설〔이른바 "6 · 25 강화(講話)"〕에서는 과학적 발전관이 주로 논의되고 조화사회론은 약간 언급되는 정도, 즉 과학적 발전관이 조화사회론보다 훨씬 중시되는 모습을 보여주었다.[36] 공산당의 내부 토론 및 조정과정이 아직 밝혀지지 않아 확신 있게 말할 수 없지만, 이상의 검토를 통해 우리는 과학적 발전관이 지난 3년간의 당내 토론과 조정을 거치면서 조화사회론보다 상위의 개념으로 변화되었음을, 다시 말해 조화사회론이 "후진타오 이론"으로서 공산당의 공식 지도 이데올로기가 되는 것이 사실상 좌절되었음을 알 수 있다.

그 결과 제 17차 당대회의 〈당헌〉 수정에서는 조화사회론이 아니라 과학적 발전관이 공산당의 지도 이데올로기로 공식 인정되었다. 즉, 수정된 〈당헌〉에서는 과학적 발전관이 "맑스 · 레닌주의, 마오쩌둥 사상, 덩샤오핑 이론 및 '삼개대표' 중요사상과 일맥상통하고 시대와 함께 발전한 과학이론(科學理論)이며, 우리나라 경제사회발전의 중요한 지도방침(指導方針)이고, 중국특색의 사회주의 발전에서 반드시 견지하고 관철해야 하는 중대전략사상(重大戰略思想)"으로 규정되었다. 반

35) 中共中央, "關於構建社會主義和諧社會若干重大問題的決議", 〈人民網〉 2006. 10. 18, http://politics.people.com.cn/GB/1026/4932440.html(검색일: 2006. 10. 19)

36) 胡錦濤, "胡錦濤在中央黨校發表重要講話", 〈人民網〉 2007. 6. 25, http://politics.people.com.cn/GB/1024/5910958.html(검색일: 2007. 6. 25).

면 조화사회 건설은 사회주의 시장경제, 사회주의 민주정치, 사회주의 선진문화 건설과 함께 공산당이 추구하는 네 가지 과제 중의 하나로만 언급되었다. 더 나아가 조화사회론의 내용도 이전에 제기되었던 많은 주장이 삭제되어 매우 빈약하게 서술되고, 그 성격도 사회문제(예를 들어, 인민내부모순) 처리를 위한 방침 정도로 간주되었다. 이렇게 되면서 조화사회 건설이 아니라 전면적 소강사회 건설이 2020년까지 공산당이 추구해야 하는 목표로 유지될 수 있었다.[37)]

이처럼 조화사회론이 아니라 과학적 발전관이 공산당 지도 이데올로기로 확정된 배경으로는 두 가지를 들 수 있다. 하나는 조화사회론 자체가 안고 있는 문제이고, 다른 하나는 "장쩌민/쩡칭홍 세력"의 반대이다. 조화사회론이 공산당의 지도 이데올로기가 되기에는 애매모호한 점이 있다. 예를 들어 조화사회 건설의 여섯 가지 지도사상 중에서 "민주와 법치"를 제외하고는 모두 추상적인 윤리규범에 가깝기 때문에 그것을 현실정치에서 구체적인 정책으로 만들어 집행하기가 쉽지 않다. 또한 조화사회가 사회주의의 목표인 계급 없는 평등사회 구현 등과 어떤 연관이 있는지도 분명하지 않다. 그밖에도 조화사회 건설이 전면적 소강사회 건설, 그리고 과학적 발전관과 어떻게 논리적으로 연관되는지 불분명하다.

한편 "장쩌민/쩡칭홍 세력"의 입장에서 보면 과학적 발전관이나 조화사회론이 〈당헌〉에 삽입되는 것이 결코 바람직스런 일이 아니다.

---

37) Cary Huang, "Congress Secures Hu Legacy", *South China Morning Post*, 2007. 10. 22, http://www.scmp.com/portal/site/SCMP... (검색일: 2007. 10. 22); Ting Shi, "Hu up with Party Greats after It Adopts His Scientific Theory", *South China Morning Post*, 2007. 10. 22, http://www.scmp.com/portal/site/SCMP... (검색일: 2007. 10. 22); Laurence Braham, "Scientific Harmony", *South China Morning Post*, 2007. 11. 6, http://www.scmp.com/portal/site/SCMP... (검색일: 2007. 11. 6).

중국이 개혁·개방정책을 통해 "중국 특색의 자본주의" 사회로 변화했다고는 하지만 사회주의 정치체제를 유지하는 한 이데올로기는 여전히 중요한 의미를 갖기 때문이다. 그런데 "장쩌민/쩡칭홍 세력"의 입장에서 보면, 과학적 발전관이 아니라 조화사회론이 덩샤오핑 이론이나 삼개대표론과 같은 반열에 드는 것은 더욱 찬성할 수 없다. 왜냐하면 후진타오의 통치이념인 조화사회론을 공산당 지도 이데올로기로 인정한다는 것은 후진타오를 새로운 이론 창시자로 승격시키는 것이고, 이렇게 되면 그의 권위는 확고부동하게 되기 때문이다.

좀 더 구체적으로 살펴보자. 조화사회론과 비교했을 때, 균형발전과 지속가능한 발전(*sustainable development*)을 핵심내용으로 하는 과학적 발전관은 "장쩌민/쩡칭홍 세력"도 어느 정도 수용할 수 있는 개념이다. 우선, 과학적 발전관은 장쩌민 시대의 사회경제 방침과 깊은 연관성이 있다. 지역균형발전 전략인 서부대개발(西部大開發) 정책이 1999년에 시작된 것이나, 2003년 제10기 전국인대 제1차 회의에서 행한 주룽지(朱鎔基) 총리의 "정부업무보고(工作報告)"에서 "삼농문제" 해결을 매우 강조한 것은 이를 잘 보여준다. 2006년 농업세 전면폐지를 포함해 제1기 후진타오 체제가 적극 추진한 농업진흥정책("사회주의 신농촌 건설")도 사실은 2000년 안후이성(安徽省)에서 시험실시한 것을 전국적으로 확대한 것에 불과하다. 따라서 과학적 발전관은 순수하게 후진타오 이론이라고 말할 수 없으며, 이에 대해서는 "장쩌민/쩡칭홍 세력"도 일정한 지분을 요구할 수 있다.

또한, 과학적 발전관은 수식어로 "과학적"이 붙었지만 분명히 "발전"을 제1의 임무로 한다고 명시하고 있다. 따라서 공산당 내에서 균형이나 분배보다 성장을 중시하는 경향이 있다고 알려진 "장쩌민/쩡칭홍 세력"도 이를 충분히 수용할 수 있다. 그래서 과학적 발전관은 실제 적용과정에서 "과학적"은 무시되고 "발전"만 강조될 가능성이 충분히 있다. 1기 후진타오 체제에서 추진된 녹색 국민총생산(*Green GDP*) 산정 및 공표계획이 기술상의 문제를 제기하는 통계국(統計局) 등 일부 중앙부서의 반대와 지방간부의 저항으로 좌절된 것이나, 사회주의 신농촌 건설이 원래 계획과는 달리 제대로 집행되지 않는 현실은 과학적 발전관의 앞날에 시사하는 바가 크다. 이처럼 "후진타오 세력"과 "장쩌민/쩡칭홍 세력"이 타협과 협의를 통해 조화사회론이 아니라 과학적 발전관을 공산당의 공식 지도 이데올로기로 승격시켰다고 추론할 수 있다(앞에서 말했듯이 이 과정에서는 조화사회론이 갖고 있는 한계도 크게 작용했다고 할 수 있다).

2) 중국 엘리트정치에서 파벌주의 : 유용성과 한계

개혁기 중국의 엘리트정치를 어떻게 볼 것인가에 대해서는 그 동안 여러 논의가 있었다.[38] 그런데 앞에서 살펴보았듯이 이번 인사교체는 파벌주의(*factionalism*)가 중국의 엘리트정치를 분석하는 데 여전히 유효함을 보여주었다. 황(Huang)의 주장처럼, 파벌주의는 중국 정치체제의 특성, 즉 권력이 개별 지도자에게 집중되고, 공산당은 다양한 사회이익을 표현하는 채널을 독점하고, 정책작성의 정식과정이 수립된 적이 없고, 군이 정치에 자주 개입하는 특성으로 인해 중국 정치의 내재적 요소가 되었고, 그래서 중국이 공산당 일당체제를 벗어나지 않는 한 파벌정치는 항상 존재하고 또한 중요한 의미를 갖는 것일지도 모른다.[39]

이런 주장은 별도로 하더라도, 현재 중국에는 최고 통치엘리트의 선발과 관련하여 객관적인 선발기준과 투명하고 공정한 제도가 갖추어져 있지 않기 때문에 파벌주의는 지속될 것이다. 지금까지 인선기준으로

38) 이에 대한 자세한 논의는 조영남(2006), pp. 154~156 참조 바람.

39) Jing Huang, *Factionalism in Chinese Communist Politics*(Cambridge, London: Cambridge University Press, 2000), p. 6.

는 연령 · 능력 · 경험/업적 · 당성(충성도) · 청렴도 등이 제시되었다. 그런데 이 중에서 연령을 제외한 나머지는 객관적 기준이 되기에는 한계가 있다. 또한 이런 기준을 그대로 적용할 경우에도 이를 충족시키는 최고 엘리트 후보군은 매우 많다. 결국 최고 통치엘리트 선발과정에서는 비공식적 요소, 즉 파벌이 작용할 수밖에 없다. 이런 면에서 제 17차 당대회의 공산당 최고권력기구 인사가 계파별 안배에 따라 이루어졌다는 것은 충분히 이해할 수 있다.

그런데 우리는 파벌주의의 유용성을 인정하면서도 동시에 그것의 변화에도 주목해야 한다. 단적인 예로, 장쩌민 시대에 들어 파벌과 파벌투쟁의 성격이 변화한 점을 들 수 있다.[40] 마오쩌둥 시대의 파벌은 주로 노선/이념대립으로 형성되었고, 파벌투쟁은 승자독식(*winer-takes-all*)의 원리에 따라 격렬하게 전개되었다. 이에 비해 덩샤오핑 시대에는 파벌이 주로 정책차이로 형성되었고, 파벌투쟁은 전보다 덜 격렬했지만 여전히 치열하게 전개되었다. 그런데 장쩌민 시대와 후진타오 시대에 들어와서 파벌은 이념대립이나 정책차이가 아니라 주로 학연(예를 들어, 清華帮), 지연(上海帮), 업무(共靑團), 혈연(太子黨) 등을 통해 형성되었다. 이에 따라 파벌의 응집력은 전처럼 그렇게 강하지 못하다. 여기에 더해 파벌 형성기제의 중복—예를 들어, 리위안차오(李源潮)나 류옌둥(劉延東)처럼 공청단 출신이면서 동시에 태자당인 경우—으로 파벌의 경계선이 불분명하고, 각 파벌간의 관계가 단순히 대립적이지만은 않은 경우도 있다.[41] 마지막으로 파벌투쟁은 노선투쟁보다는 자리안배를 둘러싼 각 세력 간 경쟁이라는 성격이 강하기 때문에 협상과 타협을 통해 문제를 해결할 수 있는 여지가 많다. 그래서 파벌투쟁의 강도는 전보다 훨씬 약화되었다.

더 나아가서 우리는 "후진타오 세력" 또는 "공청단파"의 등장이 갖는

---

40) 이에 대한 자세한 검토는 조영남(2007) 참조.

41) Bo(2007), pp. 194~197.

의미를 과대평가해서는 안 된다. 공청단파가 중앙과 지방의 당정 고위직에 대거 포진함으로써 후진타오의 통치이념이 전보다 더 잘 집행될 가능성이 있다. 이런 면에서 이들의 등장은 2기 후진타오 체제의 정책 집행과 관련하여 일정한 의미를 가질 수 있다. 그런데 아직까지는 이들이 "장쩌민/쩡칭홍 세력"과 이념이나 정책 면에서 어떤 분명한 차이를 보인다고 단정적으로 말할 수 있는 근거가 부족하다.[42] 예를 들어, 장관급(省部級) 지도자의 경우 5년 단위의 순환보직원칙에 의해 중앙부서와 지방정부를, 지방정부의 경우에는 연해지역과 내륙지역을 돌아가면서 담당하는 경우가 많다. 따라서 특정 부서나 지역에서 근무한 경험을 근거로 이들 간의 정책적 차이를 강조하는 것은 타당하지 않다.

그래서 최소한 현재의 관점에서 본다면, "후진타오 세력" 또는 공청단파가 부서이기주의(*departmentalism*)나 지역주의(*localism*)의 굴레에서 벗어나 급진적이고 새로운 정책을 추진하기보다는 여러 파벌들이 협의와 타협을 통해 절충한 정책을 집행하는 데 만족할 가능성이 더 높다. 다시 말해 "후진타오 세력"의 등장은 통치엘리트간의 권력분점과 엘리트 민주주의의 확대와 관련하여 의미를 가질지는 모르지만, 공산당의 노선 및 정책변화와 관련해서는 어떤 의미를 가질지 좀 더 시

---

42) 청리(Cheng Li)는 최근 들어 "후진타오 세력"과 "장쩌민/쩡칭홍 세력"이 일정한 정책 차이를 보인다는 사실에 주목하여, 이들을 각각 "민중연합"(*popular coalition*)과 "엘리트연합"(*elitist coalition*)으로 부른다. 전자는 조화사회, 균형발전, 국민 중심적 접근, 녹색 GDP 등을 강조하며 사회소외계층(노동자 · 농민 · 유동인구)에 주목하는 반면, 후자는 경제적 효율성, 급속한 성장, 환경과 사회문제 해결 대신 발전 친화적 전략 중시, 사영기업가 및 중산층에 주목한다고 한다. The Brookings Institution, *China's 17th Party Congress: Looking Ahead to Hu Jintao's 2nd Term*(Washington, DC: The Brookings Institution, October 2007), p. 22. 그러나 이런 구분이 실제로 어느 정도 타당할 지는 좀 더 면밀한 검토가 필요하다.

간을 두고 지켜보아야 한다.

따라서 특정 개인이나 파벌의 등장보다는 통치엘리트 전체의 성격 변화에 주목하는 것이 중국 엘리트정치의 변화나 공산당 노선/정책의 변화를 이해하는 데 더 큰 도움이 될 수 있다. 단적으로, 현재 중앙 및 지방의 고위직 간부는 기술관료에서 인문사회계열 출신의 엘리트로 그 성격이 급속히 변하고 있다. 기존 연구가 보여주었듯이, 장쩌민 시대와 후진타오 시대는 기술관료의 시대였다.[43] 그런데 2007년 상반기에 완료된 전체 31개 성급 행정단위 수장(당서기와 성장) 총 62명의 인선에서는 인문사회분야의 교육배경을 가진 간부가 전체의 75% 이상을 차지했다.[44] 이런 추세는 2008년 2월 완료된 31개 성급 행정단위(성·직할시·자치구)의 270명의 정부 수장(성장 31명과 부성장 239명) 인선에서 더욱 강화되었다. 즉 중국 언론보도에 따르면 총 270명 중에서 기술관료 출신은 50명으로 전체의 18.5%(인문사회분야 출신이 81.5%)에 불과하다.[45] 이는 10년 전 같은 직위의 지도자 중에서 기술관료가 75% 정도를 차지했던 것과 비교하면 매우 큰 변화이다.[46] 그래서 한 중국신문은 이를 두고 중국 통치엘리트가 "혁명가"→"노동자·농민간부"→"기술관료"→"사회관리인"으로 그 성격이 변화해왔다고 주장한다.[47] 이번 공산당 최고지도부 인선에서도 이런 성향이 나

43) Li(2001).

44) "北大'崛起'中國官場: 在任副省部級以上57人", 〈多維新聞〉 2007. 6. 14, http://www3.chinesenewsnet.com/gb/MainNews/Forums/BackStage/...(검색일: 2007. 6. 14); "31省·區·市黨委換屆凸顯六大亮點", 〈人民網〉 2007.7.17, http://politics.people.com.cn/GB/1026/5995393.html(검색일: 2007. 7. 18).

45) "近8成省級行政領導擁有高學歷", 〈新華網〉 2008. 2. 1, http://news.xinhuanet.com/local/2008-02/01/content_7537649.htm(검색일: 2008. 2. 1).

46) Li(2001), p. 41.

47) "31省·區·市黨委換屆凸顯六大亮點."

타났다. 예를 들어, 총 10인의 신임 정치국원〔정치국 후보위원에서 정치국원으로 승진한 왕강(王綱) 포함〕중에서 인문사회계열 출신이 7명이며, 2인의 신임 정치국 상무위원(시진핑과 리커창)은 모두 인문사회계열 출신이다.

이와 함께 이전에 최고 엘리트 중에는 칭화대학 출신이 많았는데, 최근에는 베이징대학(北京大學) 출신이 급증하는 현상이 나타났다. 예를 들어, 장관급(省部級) 고위관료 중에서 2007년 5월말에 베이징대학 출신으로 확인된 인물이 총 57인이나 되어 중국에서 화제가 되었다.48) 이는 최고 통치엘리트가 기술관료에서 인문사회계열 출신자로 바뀌면서 나타나는 자연스런 현상이다. 이와 같은 통치엘리트 전체의 변화가 중국 정치에 어떤 영향을 미칠지 앞으로 주의 깊게 분석해야 한다.

---

48) "北大'崛起'中國官場."

5. 결론

지금까지 우리는 제 17차 당대회의 인선과정에 나타난 특징, 정치개혁의 주요 방침과 내용, 그리고 이를 통해 나타난 엘리트정치의 변화를 살펴보았다. 제 17차 당대회의 인선과정은 전에 비해 더욱 제도화되었다. 공산당 정치국과 정치국 상무위원회, 중앙군사위원회 인선에서 "68세 연령 기준"이 예외 없이 적용된 점, 정치국원 인선에서 "민주추천제도"와 비밀투표가 새롭게 도입된 점은 이를 잘 보여준다. 이에 비해 2기 후진타오 체제의 권력기반은 전보다 그렇게 강화되지 않았다. 정치국 상무위원회 9인제가 유지되었고, "후진타오 세력"은 정치국 상무위원회에서 여전히 소수파에 머물게 되었다. 이에 더해 복수후계구도가 형성되면서 후진타오가 구상한 1인 권력승계 구도도 관철되지 못했다.

정치개혁과 관련해서 제 17차 당대회는 제 16차 당대회와 마찬가지로 큰 진전이 없었다. 이전처럼 공산당 영도·인민의 정치적 주인화·의법치국의 유기적 통일 견지라는 방침과 중국의 기본정치제도 발전이라는 방침이 유지되었다. 공산당과 관련된 내용으로는 공산당 통치능력과 선진성 강화방침 하에 당내민주 확대와 반부패정책 추진이 주요 정책으로 제시되었다. 다만 〈당헌〉 개정을 통해 지방에서 시험 실시되었던 개혁정책 중 일부, 즉 당대표 활동의 일상화, 순시제도, 공산당 위원회의 상무위원회에 대한 감독이 공식제도로 승인되었다.

엘리트정치 면에서 이번 제 17차 당대회는 장쩌민 시기와 1기 후진타오 시기가 보여주었던 엘리트정치의 특징이 확대발전하는 모습을 보여주었다. 중앙과 지방의 당정 요직에 "후진타오 세력"과 "장쩌민/쩡칭홍 세력"이 고르게 분포함으로서 집단지도체제가 형성될 수 있었다. 또한 공산당 지도부 인선과 〈당헌〉 수정 등 공산당 노선/정책의 결정과정에서 두 세력이 협의와 타협을 통해 일정한 합의를 도출하는 모습을 보여주었다. 이런 면에서 당내 민주주의 또는 엘리트 민주주의가 확대되었다고 평가할 수 있다. 한편 제17차 당대회의 인선과정과 결과는 파벌주의의 유용성을 다시 한 번 보여주었다. 그러나 이와 함께 중국의 파벌정치가 전과는 다르게 크게 변화하고 있음에도 주의해야 한다. 이런 면에서 특정 개인이나 파벌의 등장보다는 통치엘리트 전체의 성격변화(기술관료에서 인문사회계열 출신자)에 좀 더 주목할 필요가 있다.

전체적으로 볼 때 제17차 당대회는 안정적이고 실무적으로 정치문제를 처리한다는 후진타오 체제의 특징이 잘 드러난 정치행사였다. 향후 5년 동안 공산당은 급진적인 정치개혁의 추진 없이 현재의 정치체제와 정책방침을 유지하면서 경제발전과 사회안정 유지라는 사회경제적 당면과제 해결에 주력할 것이다. 지난 30년 동안의 개혁·개방정책을 통해 급변한 사회경제체제와 이에 비해 여전히 낙후되고 모순투성이인 정치체제를 어떻게 조화시킬 것인가 하는 과제는 "제5세대" 지도자에게 넘겨졌다.

제4장

후진타오 2기 체제의 경제정책과 중국경제의 미래

정 상 은(한남대학교)

1. 머리말

중국 경제는 2001년 WTO 가입 이후 6년간 연평균 10.3%의 고성장을 지속하면서 물가상승률은 2%에도 미치지 않는 '고성장-저물가' 시대를 구가했다. 대규모 무역수지 흑자, 외국자본 유입 등에 힘입어 2006년 개별국가로는 처음으로 '외환보유고 1조 달러'를 돌파했으며, 2007년에는 세계 3위의 경제대국으로 부상했다. 중국의 글로벌 경제로의 도약은 지난 5년간 후진타오 1기 지도부가 일관되게 추진한 시장개방 및 성장우선주의 경제정책이 세계경제의 호조세와 맞물렸기 때문이다. 반면, 자산가격 급등, 환경오염 및 도농간 소득격차 등 각종 부작용이 가시화되었고, 저임금 가격경쟁력도 중국산 제품에 대한 품질문제가 불거지면서 더 이상 위력을 발휘하기 힘든 상황이 발생했다.

이러한 상황에서 금번 17차 중국공산당 전국대표대회(이하 '17대'로 줄여 표현)는 향후 중국 경제의 발전노선을 가늠할 수 있다는 측면에서 중대한 의미를 가지고 있다. 후진타오(胡錦濤) 2기 지도부의 인선은 정치적인 의미뿐만 아니라 경제적으로도 성장과 분배 사이에서의 노선을 가늠하는 역할을 하며, 경제대국으로 부상한 중국의 향후 글로벌 전략, 산업정책, 외국인투자정책 등에 어떤 변화가 나타날 것인지에 대해 전 세계적인 관심이 집중되고 있다.

이러한 시대적 상황의 변화로 인해 중국 경제에 대한 담론이나 논리는 과거에 비해서 확연히 달라졌다. 역대 공산당 전국대표대회에서의 주요 경제관련 이슈였던 '계획경제-시장경제'간의 노선 갈등, 국유기업 개혁, 개방확대 여부 등은 금번 17대에서는 거의 거론조차 되지 않았다. 이는 중국이 WTO에 가입한 이후 급속한 성장과 경제의 글로벌화를 달성하면서 과거에 중요했던 이슈들이 이제는 논의조차 불필요한 유산이 되었기 때문이다. 현재 중국은 어떻게 하면 '고성장 지속'과 '경제의 질적 발전'이라는 두 가지 당면과제를 해결하여 글로벌 경제대국이자 강국으로서의 지위를 구축하느냐에 모든 정책역량을 집중하고 있다. 후진타오의 1기 지도부가 주로 '고성장 지속'에 집중했다면 향후 2기 지도부는 '경제의 질적 발전'에 주력할 것으로 보인다. 이는 금번 17대에서 환경파괴, 자원낭비, 소득격차, 산업의 저부가가치화 등의 부작용을 초래한 과거의 성장위주 정책을 지속가능한 성장구조로 전환하자는 의미를 가지는 '과학발전관(科學發展觀)'을 공산당의 〈당헌(黨憲)〉으로 채택한 데에서도 잘 알 수 있다.[1] 중국 경제가 나아가야 할 방향을 비교적 정확히 파악하고 있는 정책이념이라 할 수 있다.

향후 후진타오 2기 집권기(2008~2012년)에 중국 경제는 세계 3위의 경제대국이자 최대의 무역대국으로써 세계경제 성장의 견인차 역할을 담당할 것이다. 미국이 서브프라임 모기지 사태 등의 여파로 성장의 활력을 잃어가는 상황에서 세계경제의 중국에 대한 의존도는 더욱 커질 것이다. 특히, 최근 중국 은행들이 세계 금융시장에서 큰 손으로

1) '과학발전관'은 '사스(SARS)'가 창궐했던 2003년 4월 15일 광둥성(廣東省)을 시찰한 후진타오가 직접 제기한 정책이념이다. "科學發展觀:中央新一代領導集體的執政理念", 〈中國經濟網〉 2005. 3. 10.

부상한 것에서 보듯이 후진타오 2기 집권기의 중국은 더 이상 '싸구려 공산품을 만드는 후진대국'이 아닐 가능성이 크다.

이에 본 글은, 2절에서 후진타오 1기 집권기인 16대 시기의 중국 경제성과를 회고하여 중국 경제의 변화된 위상을 살펴보고 이를 바탕으로 3절에서는 17대의 경제발전 전략과 과제에 대해서 분석하며 4절에서는 후진타오 2기 지도부 시기 중국 경제의 미래 모습과 우리나라의 대응전략을 제시하고자 한다.

2. 후진타오 1기 집권기의 경제성과

일반적으로 중국 경제가 1978년 개혁개방 이후 연평균 9.8%의 고성장을 지속한 결과 세계적인 경제대국으로 부상한 것으로 알려졌으나 실상은 2001년 WTO 가입 이후 6년여가 분기점이었다. 중국은 WTO 가입 당시의 '자국시장을 외국기업에게 내줄 것'이라는 내부의 우려를 불식시키면서 지난 6년간 세계를 상대로 막대한 외화를 획득했다.[2] 특히, 〈표 4-1〉에서 보듯이 후진타오 1기 지도부 재임기간인 2003년부터 2007년까지의 5년 연속 10%대 고도성장은 중국이 세계경제의 중심으로 부상하는 데 결정적인 역할을 했다. 고성장 속에서도 물가상승률은 연평균 2.1%에 불과한 '고성장-저물가' 기조를 지속했다는 측면에서 내용적으로도 대단히 양호한 모습을 보였다.

중국의 2007년 GDP(국내총생산)는 3조 2,428억 달러로 WTO 가입

〈표 4-1〉 중국의 경제성장률 추이

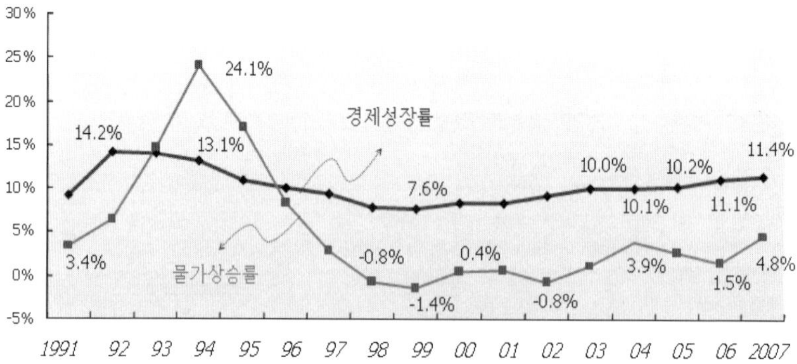

자료: 국가통계국(國家統計局) 통계공보(統計公報) (1991~2007)

---

2) 중국의 언론들은 '늑대가 온다(狼來了)'라는 표현을 쓰면서 WTO 가입에 따른 개방의 부작용을 우려한 바 있다. "厲以寧: 現在狼眞的來了", 〈人民日報〉, 2000. 11. 20.

〈표 4-2〉 국가별 수출규모 추이

(단위: 억 달러, %)

순위	2002년	2003년	2004년	2006년	2007년
1	미국(6,932)	독일(7,421)	독일(9,118)	독일(11,110)	독일(12,390)
2	독일(6,130)	미국(7,237)	미국(8,165)	미국(10,371)	중국(12,182)
3	일본(4,168)	일본·(4,719)	중국(5,933)	중국(9,693)	미국(11,627)
4	프랑스(3,311)	중국(4,384)	일본(5,658)	일본(6,468)	일본(7,129)
5	중국(3,257)	프랑스(3,921)	프랑스(4,517)	프랑스(4,897)	프랑스(5,088)

자료: 한국무역협회 KOTIS DB

6년 만에 미국, 일본에 이어 세계 3위의 경제대국으로 부상했다. 2001년에 비해 순위가 3단계 상승한 것인데 독일, 영국, 프랑스를 추월하면서 명실상부한 세계경제 3강의 위치에 올라선 것이다. 세계경제 내에서 중국 경제의 비중도 2001년 3.7%에서 2007년 6.4%로 확대되었으며 세계경제 성장의 공헌도에 있어서는 2007년에 미국을 추월하면서 세계경제 성장의 견인차 역할을 담당하고 있다.

특히, 무역부문에서 중국의 도약은 더욱 눈이 부시다. 2002~2007년간 연평균 수출증가율 29.5%를 기록한 결과 2007년 중국의 수출은 2001년 대비 4.5배 증가한 1조 2,180억 달러로 확대되었다. 〈표 4-2〉의 국가별 수출규모 추이에서 중국은 2002년 5위에서 2007년에 미국을 제치고 세계 2위의 수출대국으로 부상했음을 알 수 있다. 독일과의 격차가 200억 달러 수준에 불과하기 때문에 2008년에는 중국이 세계 1위의 수출국으로 부상할 것이 확실해 보인다.

거대 무역수지 흑자, 외국자본 유입 등에 힘입어 중국은 2006년에 개별국가로는 사상 최초로 '외환보유고 1조 달러'를 돌파했다. 〈표 4-3〉에서 중국의 외환보유고는 후진타오가 집권한 2003년부터 기하급수적으로 증가했음을 알 수 있다. 대규모 외환보유고는 통상마찰, 위안화 평가절상 압력 가중, 유동성 과잉에 따른 물가상승 압력 등의 부작

〈표 4-3〉 중국의 외환보유고 추이

(단위: 억 달러)

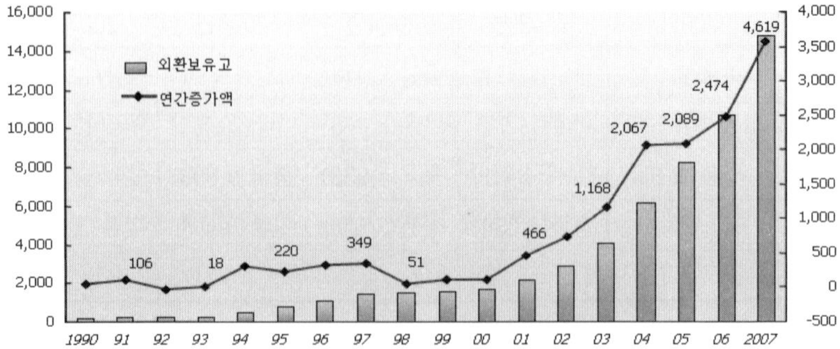

자료: 국가통계국 통계공보(統計公報) (1990~2007)

용이 있긴 하지만 중국 경제의 대외신인도를 획기적으로 제고했다는 측면에서 큰 의미가 있다. 1조 달러의 외환보유고는 1990년대 후반 아시아 외환위기 사태를 목도한 이후 중국정부가 가장 두려워했던 외환위기나 금융위기 발생의 가능성을 크게 떨어뜨렸다. 2008년 2조 달러로 예상되는 세계 최대의 외환보유국에서 외환위기나 금융위기가 일어날 가능성은 거의 없다고 봐도 무방할 것이다.[3)]

중국은 미국과 함께 세계경제 성장의 견인차 역할을 담당하고 있으며 특히 태국, 말레이시아 등 동남아시아 국가들의 경제성장에 있어 對중국 무역수지 흑자가 크게 기여하고 있다. 〈표 4-4〉를 보면 대만, 태국, 말레이시아 등 싱가포르를 제외한 동남아시아 국가들이 중국과의 교역에서 대규모 흑자를 기록하고 있음을 알 수 있다. 이들 국가가 일본과의 교역에서 막대한 적자를 기록하고 있음을 고려하면 중국이 아세안과 FTA를 체결하는 등 동남아시아에서 영향력을 확대할 수 있

3) 중국의 외환보유고는 2007년 말 1조5,282억 달러를 기록했으며 경상수지 흑자만 4,000억 달러 이상이 될 것으로 전망되는 2008년에는 2조 달러를 상회할 가능성이 크다. 中國社會科學院, 《2008 經濟藍皮書》(北京: 社會科學文獻, 2007).

〈표 4-4〉 동남아국가들의 대중국 무역흑자 추이

(단위: 억 달러)

	2002년	2003년	2004년	2005년	2006년
대만	314.8	403.6	512.2	581.3	664.0
태국	26.4	50.0	57.4	61.7	82.0
말레이시아	43.2	78.5	100.9	94.9	100.4
싱가포르	0.6	16.2	13.1	−1.2	−55.2

자료: 중국통계연감(中國統計年鑑) 대외경제무역(對外經濟貿易) (2002~2007)

었던 이유를 짐작할 수 있다.[4] 한국도 마찬가지로 중국과의 교역에서 나오는 막대한 무역흑자가 최근 수년간 경제성장의 주요 동력이었다.[5] 중국이 선진국과의 교역에서는 막대한 흑자를 기록하고 아시아 국가들에 대해서는 적자를2 지속함에 따라 아세안 등 동남아시아 국가들이 기존에 가졌던 중국 경제에 대한 두려움 등 부정적인 시각이 상당부분 긍정적으로 전환되었다.[6]

중국 경제는 양적인 측면뿐만 아니라 질적인 측면에서도 강국으로 부상하고 있다. 중국의 해외투자가 급증하는 가운데 세계적 규모의 글로벌 기업도 증가하고 있다. 2006년 중국의 해외직접투자(금융 제외)

4) 대만은 2006년에 일본과의 교역에서 238억 달러의 대규모 적자를 기록했으며 태국도 62억 달러의 적자를 기록했다. 무역협회 KOTIS DB.

5) 내수부진으로 경제성장을 수출에 의존하던 2003~05년에 對중국 무역은 한국의 경제성장에 크게 기여했다. 2003~05년간 對중국 순수출의 경제성장 기여도는 연평균 1.16%였으며 이는 동 기간 한국경제 성장률의 25%에 해당한다. 정상은, "수교 15주년을 맞이한 한중 경제관계의 회고와 전망", 삼성경제연구소, 2007. 8. 22.

6) 중국 상무부(商務部)의 통계에 따르면 2007년 중국의 對미국 무역흑자는 1,633억 달러였으며 對EU 흑자는 1,342억 달러를 기록했다. 두 지역으로부터의 무역흑자 2,975억 달러는 중국의 전체 흑자규모 2,622억 달러를 크게 상회한다.

〈표 4-5〉 중국 은행의 외국 금융기관 투자 유치 현황

투자기업	투자대상 기업	규모	일시
建設銀行	BOA(홍콩, 마카오)의 retail bank 사업 인수	12억 달러	2006년 8월
工商銀行	인도네시아 Halim 은행 지분 90% 인수	0.1억 달러	2006년 12월
中國銀行	싱가포르항공리스(SALE) 인수	9.7억 달러	2006년 12월
中國投資公司	미국 블랙스톤 지분 9.7% 인수	30억 달러	2007년 5월
國家開發銀行	영국 바클레이은행 주식 3.1% 인수	22억 유로	2007년 7월
工商銀行	마카오 성홍은행 지분80% 인수	5.8억 달러	2007년 8월
工商銀行	남아공 스탠더드은행 지분 20% 인수	56억 달러	2007년 10월
民生銀行	UCBH 은행 지분 9.9% 인수	2억 달러	2007년 10월

자료: 각 기관 홈페이지 및 언론보도 참조

는 178억 달러로 2001년 대비 약 36배로 확대되었으며, 포천 글로벌 500대 기업에 포함된 중국기업은 2000년 10개사에서 2007년 24개사로 확대되었다. 중국이동(中國移動, China Mobile), 중국석유천연기(中國石油天然氣, PetroChina), 공상은행(工商銀行) 등 9개의 중국기업은 전 세계 시가총액 상위 20위 기업에 포함되었다. 그 동안 중국 경제의 아킬레스건이었던 금융분야에서도 중국 자본이 세계 금융시장의 큰손으로 부상하는 등 과거와는 전혀 다른 양상을 보이고 있다. 대규모 무역흑자에 따른 외환보유고 확대, 주식시장을 통한 자금조달 등으로 여유자금이 풍부해지면서 이른바 '차이나 머니'의 해외진출이 본격화되고 있다. 공상은행, 건설은행(建設銀行), 국가개발은행(國家開發銀行) 등 금융기관들은 BOA아시아, 바클레이스, 스탠더드뱅크 등 글로벌 금융기관에 대한 투자를 확대하고 있으며 2007년 9월에는 자본금 2천억 달러의 중국판 국부펀드(*Sovereign Wealth Fund*)인 중국투자공사(中國投資公司, CIC)가 설립되었다.

후진타오 1기 지도부의 5년간 중국 경제가 호황을 기록한 것은 일관

되게 추진된 시장개방 및 성장우선주의 경제정책이 세계경제의 호조세와 맞물렸기 때문이었다. 먼저, 중국정부는 WTO 가입시 내걸었던 개방약정의 대부분을 조기에 이행했는데 특히, 당초 개방의지가 약할 것이라던 금융분야에서도 모든 약정을 이행했다. 개방약정의 이행은 중국 경제의 대외신인도를 크게 제고했으며 중국정부 입장에서는 미국의 약정이행 압력에서 해방되어 독자적인 목소리를 낼 수 있는 여건을 마련했다는 측면에서 의미가 있다. 또한, 개혁개방 이후 덩샤오핑(鄧小平)이 시작한 성장우선주의 경제정책을 30여년이 지난 현재까지도 중단 없이 지속했다는 것은 정책의 일관성을 유지했다는 측면에서 경제주체들의 정부에 대한 신뢰도를 제고하여 경제성장에 큰 효과를 발휘했다. 2003년 후진타오 지도부가 들어서면서 중국정부가 성장보다는 분배를 우선시하지 않을까하는 우려가 지난 5년간의 경제성장 성과를 통해 사실상 기우에 불과했음이 판명되면서 중국 경제가 향후에도 높은 성장세를 지속할 가능성은 더욱 커지고 있다.

그러나, 한편으로 지난 5년간의 고성장은 동전의 양면과 같이 다양한 후유증을 동반하였다. 특히, 2007년 하반기 이후 물가가 가파르게 상승하면서 '고성장-고물가'의 경기과열과 경착륙 우려가 증폭되고 있음은 우려할 만한 일이다. 1980년대 후반 발생한 톈안먼사태 등 극심한 정치사회 혼란의 도화선이 물가폭등이었음은 주지의 사실이다.[7] 〈표 4-6〉과 같이 2006년에 1.6%에 불과했던 소비자물가는 2007년 하반기부터 급등하여 8월에는 소비자물가 상승률이 11년 만에 최고치인 6.5%를 기록하는 등 당초 정부의 목표치인 3%를 크게 상회했다.

---

7) 중국 경제는 1988년(성장률: 11.3%, 물가상승률: 18.8%), 1995년(12.7%, 24.1%)에 경기과열을 겪은 후 곧 이어 경기침체에 직면했다. 1989년에는 경기침체뿐만 아니라 톈안먼사태 등 정치·사회 혼란이 극심했으며 1990년대 중반의 경기과열은 1990년대 후반의 경기침체, 기업도산 등의 원인이 되었다.

〈표 4-6〉 중국의 물가상승 추이

(단위: %)

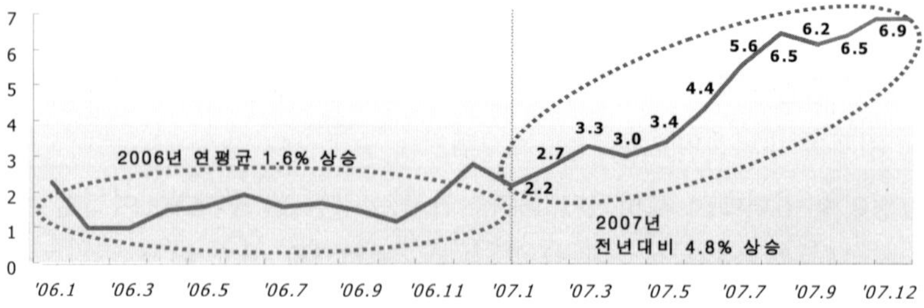

자료: 국가통계국 통계공보(2006~2007)

급격한 개발로 인한 환경오염, 에너지원 고갈 등도 빼놓을 수 없는 문제이다. 특히, 공업화, 도시화 등으로 인한 심각한 환경오염은 중국의 지속성장을 저해할 뿐만 아니라 2005년 12월에 발생한 송화강(松花江) 벤젠오염 사건 등과 같은 대형사고로 이어져 체제안정을 위협할 우려가 크다. 또한, 에너지효율이 낮은 전통 제조업 위주의 경제성장으로 인해 에너지 과소비, 해외의존도 심화 등의 부작용도 심각한 수준이다.[8] 1993년까지 석유 순수출국이었던 중국의 2006년 수입의존도는 47%로 미국, 일본에 이은 3위 수입국으로 전락했다. 중국정부는 원유의 안정적인 확보를 위해 아프리카, 중앙아시아 등과의 관계개선에 주력하여 중동에 대한 의존도를 낮추긴 했으나 국내에서 대규모 유전이 발견되지 않는 이상 자원안보는 향후에도 쉽지 않은 과제가 될 것이다. 환경·에너지 문제가 미래 중국 경제성장의 큰 제약요인이 될 것이 명확한 상황에서도 고성장세 지속, 낙후지역 개방 등으로 인해 획기적인 대책을 마련하기 어렵다는 것이 문제이다.

양극화 확산도 중국 경제의 성장잠재력을 저해하는 요인 중 하나이

8) 중국의 GDP당 에너지 소모율은 일본의 7배, 미국의 6배이며 인도에 비해서도 2.8배 수준이다. 佚名, "21世紀中國能源工業面臨的挑", 國家发展计划委員會能源研究所, 2005. 12. 7.

다. 소득불평등 정도를 나타내는 지니계수가 1988년 0.38에서 2006년 0.47로 악화되었으며 후진타오 지도부가 낙후지역 발전을 적극 추진했음에도 불구하고 도시와 농촌 간 소득비율은 2001년 2.9 : 1에서 2006년 3.3 : 1로 오히려 격차가 확대되었다. 현재의 추세가 향후에도 지속될 경우 도농 간 소득비율은 2022년에는 5배 이상으로 확대될 것으로 추산된다. 전반적으로 경제가 고성장을 하는 가운데에서도 양극화가 더욱 심화되고 있는 상황인데 이는 체제 불안요인으로 작용할 우려가 크다. 특히, 2006년 이후 주가, 부동산 등 자산가격이 급등한데다가 2007년에는 식료품 가격이 급등하면서 서민들이 느끼는 소외감은 더욱 커지고 있다.[9)]

---

9) 중국국가통계국에 따르면 2007년 식료품 가격은 전년대비 12.3% 상승했으며 특히, 전염병 확산, 사료가격 상승 등으로 돼지고기 등 육류가격은 30.1% 급등했다.

3. 17대의 경제발전 전략과 특징

1) 17대의 경제발전 전략

세계경제에서 중국 경제의 위상은 2008년 이후 새롭게 부각될 것이다. 2008년부터 미국, 일본과 함께 세계 3대 경제대국으로서의 위치를 공고히 하는 가운데 세계 1위의 수출대국이자 자본 수출국으로써 중국 경제의 행보는 세계경제에 지대한 영향을 미칠 것이다. 금리인상과 같은 정책변화는 물론 중국 관료의 말 한마디가 전세계 주가를 좌지우지하는 시대가 본격화되는 것이다. 특히, 2008년 베이징올림픽, 2010년 상하이엑스포를 통해 중국의 국격(國格)이 제고될 경우 중국 경제의 위상과 영향력은 더욱 커질 수 있다. 이는 1840년 아편전쟁 이후 세계에서의 주도적 위치를 상실한 중국의 입장에서는 고무적인 일이나 아직 중국에 대한 신뢰감이 높지 않은 대다수 국가에게는 위험천만한 상황으로 인식될 수 있다. 경기과열, 인플레이션, 환경오염, 빈부격차 등 내부적인 취약점을 가지고 있는 중국이 막중한 역할을 수행할 수 있을지에 대한 의문이 드는 것은 무리가 아니다. 후진타오 2기 지도부는 내부적으로는 경제의 고도성장을 지속하면서 질적 발전을 통해 경제의 제반 문제점을 개선하고 대외적으로는 중국 경제에 대한 부정적 인식을 개선하면서 효과적으로 영향력을 제고해야 하는 과제에 직면해 있다. 따라서 후진타오 2기 지도부의 임기인 2008~2012년은 중국이 '글로벌 경제강국(經濟强國)'으로 진입할 수 있을지를 시험받는 기간이 될 것이다.

17대에서 새롭게 출범한 후진타오 2기 지도부는 고도성장의 부작용을 치유하면서 질적 발전과 글로벌화의 진전을 위한 경제운용 방침으로 '과학발전관'을 채택하였다. 지난 16대의 '삼개대표론(三個代表論)'에 이어 금번 17대에서 〈당헌〉에 삽입된 '과학발전관'은 낙후지역의 발전, 친환경발전 등을 통해 경제의 질적 발전을 가속화하자는 의미를 담고 있다. 후진타오 2기 지도부는 경제관련 용어사용에서 '성장(成長)'을 거의 사용하지 않고 대신 '발전(發展)'이라는 표현을 주로 사용하는데 그 이유는 국가발전개혁위원회(國家發展改革委員會) 부주임(副主任) 주즈신(朱之鑫)이 "사회의 성숙과 문제점 해결을 추구한다는 의미에서 '성장'이라는 용어 대신 '발전'을 사용한다"고 발언한 데에서 짐작할 수 있다.

새로운 지도부가 향후 경제발전의 슬로건으로 제시한 '우호우쾌(又好又快)'는 양질의 빠른 발전을 의미한다. '호(好)'를 '쾌(快)'의 앞에 둔 것은 양적 성장보다는 '과학발전관'에 입각한 질적 발전을 우선하겠다는 의지의 표현으로 볼 수 있다. 물론 '우호우쾌'가 구체적 전략이라기보다는 상징적 슬로건에 지나지 않지만 이전 지도부의 성장전략을 '우쾌우호(又快又好)'라 비판하면서 차별성을 부각시키려는 측면에서 의미가 있다.[10] 후진타오는 중국 경제의 장기목표로 '인당 GDP를 2020년까지 2000년의 4배로 확충'을 제시하였는데 과거와 달리 '인당 GDP'를 목표치로 설정한 것은 성장과 균형을 모두 이루겠다는 의지의 표현이라 할 수 있다.

〈표 4-7〉과 같이 후진타오는 '과학발전관' 실천을 위한 구체적인 전략으로 8가지 과제를 제기했는데 여기에는 향후 경제정책의 구체적인 방향이 제시되어 있다.

산업경쟁력 제고를 위해서 강조한 것은 '자주창신(自主創新)을 통한 혁신국가 건설', '산업구조 최적화 및 고도화', '에너지, 자원 절약 및 환경보호'이다. 후진타오는 중국 경제가 질적 발전을 이루기 위해서는 기술력 확보가 절실함을 강조해왔으며 특히, 과거 외국에 의존해온 기술습득의 방법이 별다른 성과를 거두지 못했음을 지적하고 독자

---

10) "從'又快又好'到'又好又快': 中國經濟發展思路轉變", 〈人民日報〉 2006. 12. 11.

〈표 4-7〉 과학발전관 실천을 위한 8대 과제

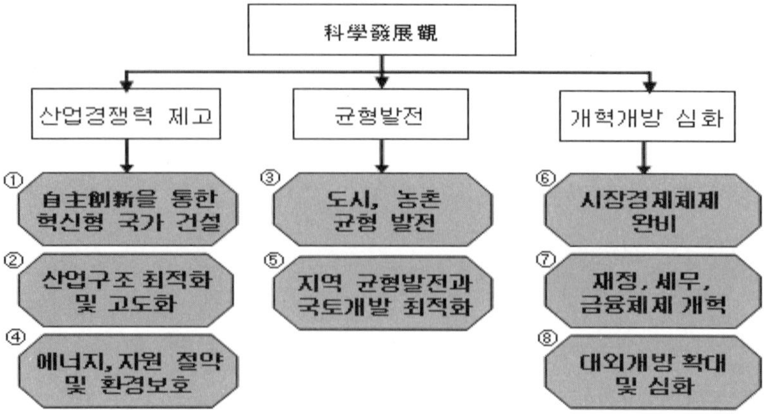

자료: 필자 작성
주: 번호는 8대 과제의 발표 순서

적인 기술역량 제고를 의미하는 '자주창신'을 제기하였다.[11] 실제 그동안 중국정부가 선진기술 도입을 통한 기술역량 제고를 위해 의욕적으로 추진했던 1980년대의 '중외합작(中外合作)', 1990년대의 '시장환기술(市場換技術)' 전략은 별다른 성과를 거두지 못하였다.[12] 〈표 4-8〉은 개혁개방 이후 중국의 기술개발 전략이 '중외합작'에서 '자주창신'으로 전환되고 있음을 나타내고 있다.

'중외합작'의 경우에는 중국기업의 역량 부족, 인프라 미비, 외국기업의 기술이전 기피 등으로 큰 성과를 거두지 못하고 합작대상 외국기

11) 자체 기술역량 축적을 의미하는 자주창신(自主創新)은 후진타오(胡錦濤) 주석이 2006년 1월 9일 '전국과학기술대회(全國科學技術大會)'에서 "자주적인 기술개발 능력이 국가경쟁력의 핵심"이라고 천명한 이후 '자주창신 보고회'가 2월 16일 베이징(北京)을 시작으로 상하이(上海), 광둥성(廣東省), 쓰촨성(四川省) 등 전국을 순회하며 개최된 바 있다.

12) '시장환기술(市場換技術)'은 외국기업에게 국내시장 개방을 확대하는 조건으로 기술이전을 받겠다는 전략이다.

〈표 4-8〉 중국의 기술개발 전략 변화 추이

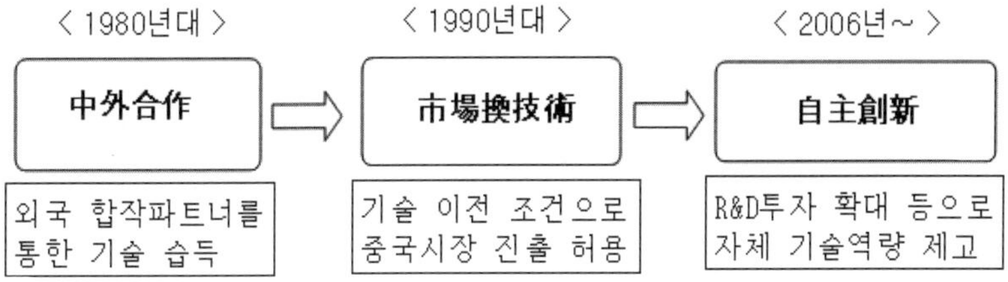

자료: 필자 작성

업에게 중국시장만 내주는 결과를 초래하였다.[13] '시장환기술' 전략으로 외국기업이 중국에 대량 진출하였으나 기술도입 효과는 여전히 크지 않은 반면 시장 및 기술의 대외의존도만 심화시켰다. 특히, WTO 가입 이후 개방확대로 외국인 투자기업의 투자행태가 '합자'에서 '단독투자'로 전환되면서 기존의 외국기술 도입 전략은 사실상 유명무실해졌다. 이에 따라 중국정부는 2006년 이래 기술역량 제고를 위해서 R&D투자를 GDP 대비 1.2%에서 2020년까지 2.5% 이상으로 확대하고, 동시에 중국 독자 기술표준을 확대하는 '자주창신' 전략을 본격 추진하고 있다. 특히, 독자 기술표준 전략은 국제 표준시장에서 큰 파장을 일으키면서도 3세대 이동통신 국제표준으로 중국이 자체 개발한 TD-SCDMA가 선정되는 등 단기간 내에 구체적인 성과를 달성하였다.[14]

---

13) 1980년대 이후 20여 년간 외국기업과의 합작 및 기술도입에 의존한 자동차 산업은 시장의 대부분을 다국적 자동차기업에 내주는 결과만 초래했다. 예컨대 2006년 중국 승용차시장 점유율 10대 브랜드 중 8개가 폭스바겐, GM, 현대 등 다국적 브랜드이다. 《중국기차공업신식망(中國汽車工業信息網)》.

14) 일례로 2006년 6월 7일 프라하에서 개최된 국제표준화기구(ISO) 회의에서 무선 LAN 기술 국제표준을 논의하다 중국 대표단은 자신들의 요구가 수용되지 않자 회의도중 퇴장했다. 중국이 밀고 있는 독자표준 WAPI가 2006년 3월 실시된 ISO 가맹국 투표에서 미국이 개발한 802.11i에 밀려 국제표준화가 좌절된 데 대한 항의표시였던 것이다. 중국은 이후에도 미국의 국제표준을 무시하고 여전히 WAPI를 고집하고 있다. 정상은, "기술표준시장 황사

산업구조 최적화 및 고도화는 에너지 소모형 중공업 위주의 산업구조를 서비스산업, 바이오, 신소재, IT 등으로 고도화하겠다는 의지의 표현이다. 특히, 중국에 진출한 다국적기업의 반도체, IT 등 첨단업종조차도 중국 내 공정은 단순조립 등 저부가가치공정일 뿐이라는 점을 고려하면 산업고도화는 중국 경제의 질적 발전을 위해 시급한 과제가 아닐 수 없다. 또한, 중국의 경제안보 및 지속가능 성장에 중요한 영역 중 하나인 에너지·자원 절약 및 환경보호에 대해서는 책임할당제 실시 등을 통한 에너지 절약 및 오염물 배출감소를 강조하였다.

'화해사회(和諧社會: 조화로운 사회)' 건설을 위한 핵심과제인 균형발전을 위해서는 '도시와 농촌의 균형발전'과 '지역 균형발전과 국토개발 최적화'가 제기되었다. 그 중에서 '지역 균형발전과 국토개발 최적화'는 새로운 시각을 제기하고 있어서 주목을 받고 있다. 2000년부터 의욕적으로 추진한 내륙지역 개발 프로젝트인 서부대개발(西部大開發)은 막대한 자금을 투입하였음에도 외국인투자 유입 등에서 사실상 성과를 거두지 못했다.[15] 이에 따라 금번 17대에서 후진타오는 '중대 프로젝트를 배치할 때 내륙지역의 발전을 우선 고려해야 한다'고 언급하는 등 내륙지역의 발전을 재차 강조했다. 또한, 연해지역의 경우도 기존의 선전(深圳), 상하이 등 화남(華南), 화동(華東)지역에 집중되었던 지역개발을 톈진(天津) 등 환발해(環渤海) 지역으로 확대할 것을 제기하였다.[16]

개혁개방 심화분야에서는 8대 과제 중 마지막으로 언급한 대외개방

바람", 〈주간동아〉 574호, 2007. 2. 27.

15) 2000~2004년간 서부지역의 외국인직접투자 규모는 258억 달러로 동기간 중국 전체 투자액의 4.6%에 불과했다. 정상은, "中國 西部大開發의 虛와 實", 삼성경제연구소 중국리포트, 2006. 5. 11.

16) 후진타오는 최근 개발이 본격화되고 있는 톈진(天津)·빈하이(濱海) 신구를 상하이 푸둥(浦東) 신구와 대등하게 언급했다.

확대 및 심화가 주목할 만하다. 이전 지도부가 개방확대와 외국인투자 유치를 주로 언급했던 것과 달리 17대에서는 국내 기업 및 자본의 해외진출이 강조된 것이다. 이는 양적인 팽창에 비해 중국기업의 글로벌화 성과가 여전히 미흡한 점을 고려했기 때문으로 보인다. 〈포천〉 글로벌 500대 기업에 포함된 중국기업은 2000년 10개사에서 2007년 24개사로 증가했으나 그 내용을 보면 여전히 기간산업에서 독점적 지위를 누리는 중국석유화공(中國石油化工, 17위), 중국이동(中國移動, 180위) 등 국영기업이 대부분이다.

반면, 하이얼(海爾), TCL 등 가전, IT 등 최종 소비재를 만드는 기업들은 성장이 정체되면서 〈포천〉 글로벌 500대 기업 진입에 실패하였다. 최근 수년간 브랜드력 제고, 핵심기술 습득을 목적으로 추진했던 선진기업의 인수도 성과가 미흡하다는 평가가 지배적이다.[17] 이는 주로 중국기업의 브랜드 파워가 약한데다가 중국제품의 품질에 대한 부정적 인식이 크기 때문인데 후진타오는 중국기업들의 국제화 경영을 적극 지원하고 이를 통해 글로벌 중국기업, 글로벌 중국브랜드를 육성하겠다고 강조하였다. 중국 금융자본의 해외진출도 자본의 수익성 제고, 중국 경제의 영향력 확대 등의 목적뿐만 아니라 중국기업의 글로벌화 지원이라는 측면도 무시할 수 없을 것이다.

---

17) TCL의 경우 2003년 브랜드파워 제고를 위해 RCA를, 핵심기술 확보를 위해 톰슨을 각각 인수했으나 북미시장에서 RCA의 브랜드 파워는 기대에 미치지 못했고, 톰슨의 핵심기술은 신기술로 대체되면서 TCL의 기술역량 제고에 별다른 기여를 하지 못했다. "TCL그룹, 중저가전략으로 세계화에 재도전", 〈日經비즈니스〉 2006. 12. 4.

2) 17대의 고도성장에 대한 인식

후진타오 2기 지도부는 고도성장을 지속하기 보다는 성장을 다소 희생하더라도 균형발전과 분배를 우선시한다고 인식되어 왔다. 이는 그동안 중국정부가 경기과열을 막기 위한 각종 긴축조치를 가동하고 민생안정을 우선시하는 정책을 추진했기 때문이다. 2007년 12월 3~5일간 개최된 '중앙경제공작회의(中央經濟工作會議)'에서 결정된 2008년 경제운영의 기본방침도 '경기과열 방지(防過熱)', '인플레이션 억제(防通脹)', '민생 중시(重民生)' 등으로 분명 고도성장과는 거리가 있어 보인다. 또한, 후진타오의 측근 세력이자 2기 지도부의 핵심계파인 공산주의청년단(共産主義靑年團) 출신〔이하 '단파(團派)'로 줄여서 표현〕 인사들은 분배성향이 비교적 강한 것으로 인식되어 왔다.

그러나 후진타오 2기 지도부, 그 중에서도 단파(團派)가 성장보다 분배를 중시한다는 근거를 찾기는 어렵다. 실제로 단파의 거두인 리커창(李克强)은 공식 석상에서 '분배'라는 용어를 사용한 적이 없다. 단파는 주로 균형발전을 강조하는데 이는 단파의 정치적 기반이 주로 내륙지역이기 때문이며 이를 두고 성장보다 분배를 우선시한다고 하는 것은 논리의 비약이다. 장쩌민(江澤民) 등 상하이방(上海幇) 인사들이 1990년대에 상하이 일대의 발전에 주력한 것과 같은 이치라고도 할 수 있다. 당시에도 선전(深圳) 등 광둥성(廣東省)에 치우친 지역개발을 당시의 상대적으로 낙후된 지역이었던 상하이 등으로 확대해야 한다는 현재의 균형개발과 유사한 논리가 있었다.

후진타오 2기 지도부는 중국경제의 가장 중요한 과제는 여전히 고성장세 지속이라는 점을 명확히 인식하고 있는 듯하다. 후진타오 2기 지도부가 '중앙경제공작회의'에서 제시한 '2008년 8대 경제과제' 중 첫 번째는 "안정적인 경제발전의 유지"이며 국가발전개혁위원회 산하의 연구기관인 '국가신식중심(國家信息中心)'의 2008년 경제성장률 전망치는 외국의 경제예측전문기관보다도 높은 10.8%였다.[18] 이는 중국이 처한 현실과 무관하지 않다. 후진타오 2기 지도부가 각종 개혁조치를 본격화하기 위해서는 높은 성장률을 지속하는 것이 반드시 필요하며 성장률이 크게 둔화될 경우 개혁의 원활한 추진은 거의 불가능하다. 또한, 고용창출, 사회안정, 낙후지역 개발 등을 위해서 중국 경제의 고도성장이 절실하게 요구되며 성장세의 둔화는 고용시장 붕괴 및 사회혼란을 초래할 수 있다. 근본적으로는 2006년 중국의 일인당 GDP가 2,012달러로 미국의 4.6%에 불과한 상황에서 '성장보다 분배 우선'은 전혀 현실적이지 못한 정책이다.

설령 후진타오 2기 지도부가 분배위주 경제정책을 추진할 의지가 있더라도 금번 17대 인선결과를 보면 쉽지 않음을 알 수 있다. 장쩌민이 후원하는 시진핑(習近平)이 예상을 뒤엎고 후진타오의 최측근인 리커창을 앞서며 차세대 지도자로 부상한 데 이어 단파(團派)의 견제세력들이 17대 이후의 지방정부 인사에서 상하이, 장쑤성(江蘇省) 등 경제 중심지를 장악했기 때문이다.[19] 그러나, 전반적으로 후진타오 2기 지도부의 균형과 분배 성향은 분명 이전 지도부에 비하여 강한 편이며 특히, 균형발전의 경우는 그 중요성에 대해 넓은 공감대가 형성되어 정책집행이 큰 차질이 발생하지는 않을 것으로 보인다. 장쩌민이 '삼개대표론'에서 인민의 이익을 3번째로 언급한 것에 비해 후진타오는 인민 중시를 상대적으로 훨씬 강조하여 민심을 얻었으며 시진핑 등 비(非)후진타오 계열 인사의 대다수도 낙후지역 경험을 가지고 있어서

---

18) IMF(10.0%), JP Morgan(10.5%), Merril Lynch(10.5%), 삼성경제연구소(10.7%) 등의 전망치는 국가정보센터(10.8%), 중국인민은행(10.8%), 중국사회과학원(10.9%)보다 낮다.

19) 상하이시 당서기에는 태자당(太子黨)이자 장쩌민 계열인 위정성(俞正聲) 후베이성(湖北省) 黨書記가 임명되었으며 장쑤성 당서기에는 上海幇인 량바오화(梁保華) 장쑤성 省長이 임명되었다.

균형발전의 필요성에 대해서 공감하고 있기 때문이다.[20]

4. 맺음말

전체적으로 후진타오 2기 지도부의 경제정책은 이전 1기 지도부의 정책과 크게 다르지 않다. '과학발전관'은 후진타오가 2003년에 제기한 이래 사실상 정부 경제정책의 근간이 되었으며 2기 지도부는 이를 더욱 강화하고 구체화하는 데 역점을 두고 있다. 역대 지도부와 비교하기 어려울 정도로 세계경제에서 차지하는 중국의 역할과 비중이 확대되었고 이는 사실상 후진타오의 공이기 때문에 향후 후진타오 식 경제정책의 추진은 더욱 탄력을 받을 것이다. 후진타오는 그 동안의 경제발전 성과로 자신감이라는 큰 자산을 가지게 되었으며 사스(SARS), 금융개혁, 경기과열 등 많은 위기 국면을 돌파하면서 경제운용의 경험과 노하우를 축적했다. 이를 바탕으로 후진타오 2기 지도부는 중국을 글로벌 경제강국으로 부상시키기 위한 경제체질 개선에 주력할 것이다.

또한, 경제강국에 부합하는 경제외교에도 적극적인 태도를 견지할 것으로 전망된다. 무역흑자폭 축소와 위안화 평가절상에 능동적인 태도를 견지하여 글로벌 경제대국으로서의 입지를 공고히 하고 아프리카 등 제3세계 국가는 물론 선진국과의 경제외교도 강화하여 대외영향력을 제고할 것이다.[21] 내부적으로는 '화해사회', '공동부유론(共同富裕

---

20) 2003년 12월 26일 마오쩌둥 탄생 110주년 기념연설에서 후진타오는 "반드시 인민의 정서를 이해하고, 인민의 의사를 충분히 반영하며, 인민의 이익을 실현해야 한다"고 강조했다. 정상은, "2007년 중국경제 10대 이슈", 삼성경제연구소, 2006. 12. 13.

21) 위안화 절상폭은 2005년 2.5%, 2006년 3.3%, 2007년 6.4%로 확대되었으

論)' 등 균형발전을 중시하는 정책을 통해 사회통합을 적극 추진할 것이다. 2008년부터 실시되는 노동계약법은 노동자 처우개선의 내용을 담고 있으며 농민공 등 소외계층 및 낙후지역 지원을 위한 정책도 확대될 것으로 전망된다.[22] 환경관련 법규 강화, 자원절약형 경제구조 구축 등을 통해 경제발전 지속을 위한 기반을 강화하는 것은 물론이다.[23]

중장기적으로 중국 경제는 미국에 버금가는 경제대국으로 성장할 것으로 전망된다. 물론 중국 경제가 향후에 다소간의 성장세 둔화를 피할 수는 없을 것이나 여전히 7% 이상의 성장세를 지속할 가능성이 크기 때문에 세계경제에서 차지하는 비중은 더욱 확대될 것이다. 〈표 4-9〉

〈표 4-9〉 중장기 중국과 미국경제 전망

(단위: 십억 달러, %)

		2006년	2012년	2017년
세계	GDP 규모	47,581	57,870	67,283
	비중	100.0	100.0	100.0
미국	GDP 규모	13,246	15,602	17,982
	비중	27.8	27.0	26.7
중국	GDP 규모	2,599	4,243	5,918
	비중	5.5	7.3	8.8

자료 : 2007~2008년 전망치는 IMF *World Economic Outlook*, 2007. 4.
2009~2017년 전망치는 Global Insight, *World Overview*, 2006 참조.

며 2008년에도 10% 이상의 비교적 큰 폭의 절상을 단행할 것으로 전망된다.

22) 2008년 1월 1일부터 실시되는 노동계약법은 근로계약을 3회 연속 맺으면 종신고용을 보장해야 하고, 계약만료 전 퇴사 시 퇴직금 지급을 의무화하는 등 근로자 권익을 보호하는 내용을 담고 있다. "중국의 투자환경 변화와 우리기업의 대응방안", 한국수출입은행, 2007. 12.

23) 중국정부는 2008년에 자원 절감과 함께 폐기물, 폐수 등의 재활용을 의무화하는 '순환경제법'을 입법할 계획이다. 정상은, "2008년 중국경제에 대한 8가지 질문", 삼성경제연구소, 2007. 12. 12.

〈표 4-10〉 중국, 미국, 일본의 경제규모 전망

(단위: 10억 달러, 달러)

	GDP(1990년 PPP기준)			인당 GDP(1990년 PPP기준)		
	중국	미국	일본	중국	미국	일본
2006년	10,147	12,955	4,156	7,722	32,530	43,223
2015년	12,271	11,467	3,116	8,807	35,547	24,775
2030년	22,983	16,662	3,488	15,763	45,774	30,072

자료 : 2006년 수치는 IMF(*World Economic Outlook DB*), 2015년과 2030년 전망은 OECD 자료(Madison A., *Chinese Economic Performance in the Long Run*, 2007.9)에 근거.

와 같이 2017년경에 중국의 GDP는 5조 9,180억 달러로 일본을 추월하여 미국에 이은 세계 2위의 경제대국으로 부상할 것으로 전망된다.

구매력평가(PPP) 기준으로는 중국 경제가 2010년대 중반에 미국을 추월할 것으로 예상된다. OECD(2007)는 2015년 중국의 GDP규모가 12조 2,710억 달러로 미국(11조 4,670억 달러)을 능가하고, 2030년에는 그 격차가 1.38배로 더욱 크게 확대될 것으로 전망했다. 중국의 구매력평가 기준 인당 GDP는 2015년에 8,807달러, 2030년에 15,763달러로 증가할 것이다.

한편, 중국 경제가 많은 취약점을 가지고 있으나 이로 인해 심각한 위기국면에 빠질 가능성은 낮은 것으로 평가된다. 일단, 중국정부가 사태의 심각성을 인식하고 개혁과 조정을 적극 추진하고 있기 때문에 단기적으로 위기에 봉착할 가능성이 낮다. 또한, 1조 4천억 달러에 이르는 외환보유고는 위기 발생에 대한 대처능력을 크게 제고하고 있다. 즉, 위기발생 시 미국 등이 국제 금융시장 안정, 중국 내 자국투자 보호 등을 위해서 중국정부에 협조할 수밖에 없는 상황인 것이다. 최근 10여 년간 아시아 외환위기, 사스 창궐, 국유기업 및 은행 개혁, 글로벌 통상마찰 등 경제의 위기국면을 겪으면서 경험과 노하우를 축적한 중국정부의 위기대처 능력도 과거와는 비교가 되지 않을 정도로 향상되었다.

중국 경제의 고도성장으로 인한 최대 수혜국 중 하나는 한국이었다. 한국의 중국과의 교역규모는 1992년 64억 달러에서 2006년 1,181억 달러로 15년간 18배로 확대되었으며, 수교 이후 한국의 대(對)중국 무역수지흑자 누계는 1,137억 달러에 달하였다. 특히, 한국경제가 내수 및 투자 부진으로 침체상태에 빠진 2003~2005년간 중국으로의 수출은 연평균 30% 이상 증가하면서 성장의 견인차 역할을 담당했다.[24] 후진타오 1기 지도부 집권기의 중국 경제호황은 한국 경제의 중국 의존도를 심화시킨 부정적 측면이 있긴 하지만 한국 경제에 있어서는 성장의 절대적인 동력이었던 것이다.

그러나 2006년부터 한국의 대(對)중국 수출 증가세가 둔화되고 무역수지흑자가 감소하는 등 한중 경제관계 구도에 변화조짐이 나타나고 있다. 대중국 수출증가율은 2005년 24.4%에 이어 2006년에는 12.2%로 둔화되었으며 무역수지흑자는 2001년 이후 6년 만에 감소세로 전환되었다. 이는 후진타오 지도부의 산업구조 고도화정책의 결과 한국의 중간재 등에 대한 수요가 줄어드는 등 한·중 경제구도에 변화기 일고 있음을 시사한다. 이에 따라 미국이나 일본 등 선진국과의 기술격차가 여전하고, 중국에 의해 한국 제조업의 입지가 약화되고 있다는 '샌드위치 위기론'이 대두되는 등 한국 경제의 위기감이 고조되고 있다. 후진타오 2기 지도부가 중국 경제의 질적 변화를 본격화할 것을 강조하고 있기 때문에 향후 위기감은 더욱 고조될 가능성이 크다.

후진타오 2기 지도부 시기 중국 경제의 변화에 어떻게 대처하느냐에 따라 향후 한국경제의 성장속도와 질이 결정될 것이다. 중국의 초과수

---

24) 2002~2006년간 한국의 對중국 수출은 315% 증가하여 일본(216%), 대만(228%)을 압도했으며 2005년에는 대만을 제치고 일본에 이은 2위의 對중국 수출국으로 부상하였다.

요에 편승한 물량 위주의 對중국 수출은 고부가가치 품목위주로 전환되어야 하며 질적 성장전략에 따라 시장확대가 예상되는 중국의 서비스업, 환경·에너지 관련 산업, 유통업 등에 대한 한중협력의 강화도 시급하다. 한편, 중국 경제의 올림픽 이후 조정국면 등에 대비하여 중국발(發) 리스크에 대한 관리시스템을 구축해야 한다. 중국 경제가 큰 위기에 봉착할 가능성은 크지 않으나 증시, 부동산 등을 중심으로 중폭의 조정이 예상되므로 이에 대한 상시적 리스크 관리시스템을 구축하여 국내 경제에 미치는 부정적인 영향을 최소화해야 할 것이다.

제5장

후진타오 2기 체제의 사회정책

'민생개선' 방안을 중심으로

장 영 석 (성공회대학교)

1. 서 론

후진타오(胡錦濤) 정부가 집권 1기에 이어 집권 2기에도 경제의 고속성장에 수반되는 사회적 모순을 완화하는 사회정책을 강화하고 있다. 가령, 2003년에는 신형 농촌합작의료제도 확립 방침과 2004년부터 5년에 걸쳐 농업세의 전면폐지 실험전개 방침을 밝혔고, 2006년에는 사회주의 신농촌(新農村) 건설추진 방침을 밝혔으며, 2007년에는 도시 주민 기본의료보험제도 도입방침을 발표했고, 근로계약법(勞動合同法)을 제정했다. 또한 2007년 12월 초순에는 '주택보장 조례' 초안 제정에 착수했고, 12월 29일에는 '노동쟁의 조정중재법'(勞動爭議調海仲裁法)을 제정했으며, 2008년 1월 새해에는 사회보장법 초안 심의를 마쳤다.

농촌 주민의 소득을 개선하고, 도시와 농촌의 주민에 대한 교육 및 의료 등 공공서비스를 강화하며, 노동자의 합법적 권리를 보장하며 근로조건을 개선하는 이 같은 사회정책은 중국의 2, 3세대 지도부가 집권했던 시기에는 경제성장의 논리에 밀려 정책의 우선순위에서 제외되었던 것이다. 후진타오 정부는 '인본주의'(以人爲本)에 기초한 과학적 발전관과 '조화사회론'(和諧社會論)과 같은 통치이념을 제시하면서 사회정책의 집행여부 및 집행정도를 지방정부의 '정치적 업적'(政績)을 평가하는 중요 지표 가운데 하나로 삼는 등 사회정책을 경제발전 정책과 대등한 차원으로 올려놓음으로써 경제와 사회의 동시 발전을 추구하고 있고, 그 덕분에 대중들로부터 제2, 3세대 지도부는 받지 못했던 '친민'(親民)적 정권이라는 평가를 받고 있다.

후진타오 정부가 사회정책을 강화하는 것은 현재 중국사회가 직면한 다양한 사회적 문제들을 잘 관리하고 해결하지 못할 경우 그간 중국사회에 누적된 사회적 모순이 표출되어 개혁개방 이후 애써 이룩한 경제적 성과들이 무위로 돌아갈 수 있다는 위기의식에서 비롯되었다. 이른바 '내부 리스크' 요인에 대한 후진타오 정부의 자각은 2005년 2월 19일에 개최되었던 '사회주의 조화사회건설 능력제고를 위한 성, 부 급 주요 지도자 연구토론회'에서 행한 후진타오 총서기의 연설에서 아주 잘 나타난다. 후진타오 총서기는 이 토론회에서 다음과 같이 밝혔다.

> 우리나라의 개혁과 발전은 결정적 시기에 처해 있다. 일부 국가와 지역의 발전 경험은 1인당 평균 국민소득이 1천 달러를 넘어선 후 그 국가와 지역의 경제사회가 결정적인 발전단계에 진입한다는 것을 보여주고 있다. 그 결정적인 단계에서 적절한 정책으로 경제가 빠른 속도로 발전했고 또 사회가 안정을 유지하면서 발전한 성공의 경험도 있지만, 잘못된 대응으로 경제의 발전이 정체되었고 또 사회가 장기적으로 혼란에 빠져버린 실패의 경험도 있다. 종합해서 보았을 때 현재 그리고 향후 상당히 긴 기간 동안 우리나라의 경제사회 발전이 직면한 모순과 문제는 더욱 복잡하고 더욱 두드러질 수 있다

이처럼 후진타오 정부는 경제발전에만 치중하고 사회정책을 등한시

할 경우 향후 몇 년 동안 그동안 중국사회에 누적되어 왔던 다양한 사회적 모순들이 더욱 표면화될 수 있다고 판단하고 있다. 후진타오 정부의 이 같은 일종의 위기의식은 위기를 잘 관리함으로써 중국의 경제 및 사회를 재도약시킨다는 발전의식과 결합되어 있다. 후진타오 정부가 사회정책을 통해 정치적·사회적 안정을 유지하면서 지속적으로 고도성장의 발판을 마련해 나갈 수 있을 것인가? 후진타오 정부가 제시하고 있는 사회정책의 내용은 무엇인가?

이 글은 후진타오 정부의 집권 1기 동안 추진되었던 사회정책과 집권 2기 동안 추진될 사회정책의 내용과 그 유효성을 분석해보고자 한다. 후진타오 집권 2기에 추진될 사회정책은 2006년 3월 전국인민대표대회에서 통과·제정된 〈중화인민공화국 국민경제 및 사회발전 제11차 5개년계획(2006~2010) 요강〉(이하 〈제11차 5개년계획〉이라고 함)과 2007년 10월에 개최된 중국공산당 제17차 전국대표대회에서 행한 후진타오의 보고문(이하 〈정치보고〉라 함)에 잘 제시되어 있는데, 제11차 5개년계획과 후진타오의 〈정치보고〉에 제시된 사회정책은 아주 방대한 내용을 담고 있기 때문에 이 글은 분석의 대상을 사회정책 가운데 '민생개선' 정책에 한정하고자 한다. 여기서 '민생개선' 정책이란 총 12부분으로 구성된 후진타오 〈정치보고〉 가운데 제 8부분에 해당하는 '민생(民生) 개선을 중점으로 하는 사회건설 추진 가속화'에 제시된 개념을 말하는데, 구체적으로는 교육, 일자리 확대, 소득 증대, 사회보장, 의료보건, 사회관리 정책을 지칭한다. 그런데 앞의 다섯 가지 범주의 사회정책은 국민의 생활개선과 직접적인 연관이 있는 정책인 반면, 사회관리 정책은 국가의 사회통제를 목적으로 하기 때문에 동일한 차원에 놓고 분석하기 힘들다. 따라서 이 글은 분석의 편의를 위해 앞의 다섯 가지 범주의 사회정책을 분석하기로 하고, 사회관리 정책은 분석의 대상에서 제외하기로 한다.

2. 민생개선 정책의 구체적 내용

제11차 5개년계획은 총 14편, 총 48장으로 구성되어 있는데, 그중 사회정책과 관련된 내용은 제1편 '지도원칙과 발전목표', 제2편 '사회주의 신농촌사회 건설', 제10편 '사회주의 조화사회의 건설'에 제시되어 있다. 한편, 후진타오의 〈정치보고〉는 총 12부분으로 구성되어 있는데, 그중 사회정책은 제4부분 '소강사회(小康社會)[1]의 전면적인 건설목표 실현을 위한 새로운 요구'와 제8부분 '민생(民生) 개선을 중점으로 하는 사회건설 추진 가속화'에 제시되어 있다.

제11차 5개년계획에 제시된 다양한 사회정책은 후진타오 정부가 집권 2기 동안에 추진할 단기적인 정책인 데 반해, 후진타오의 〈정치보고〉에 제시된 사회정책은 2020년까지 중국 당국이 추진할 장·단기적인 정책의 방향이라고 할 수 있다. 즉, 후진타오 〈정치보고〉의 제4부분은 2020년까지 경제, 정치, 문화, 민생, 생태환경 면에서 중국사회가 달성해야 하는 총체적인 사회상으로서의 소강사회를 실현할 정책의 방향을 담고 있는 반면, 제8부분은 소강사회라는 총체적인 사회상으로 다가갈 수 있도록 후진타오 집권 2기 동안 추진할 구체적인 사회정책을 담고 있다. 따라서 후진타오 〈정치보고〉의 제8부분에 제시된 민생개선 정책은 제11차 5개년계획에 제시된 사회정책의 내용과 유사하

---

1) '소강사회'는 '배불리 먹을 수 있다'는 뜻의 '온포'(溫飽) 사회와 '아무런 걱정거리가 없는 이상적 사회'를 뜻하는 '대동'(大同) 사회의 중간단계에 있는 사회로서 '어느 정도 여유가 있는 사회'를 뜻한다. 소강사회 건설 목표는 2002년 11월에 개최된 중국공산당 제16차 당대회에서 장쩌민(江澤民) 당시 총서기가 '소강사회를 전면적으로 건설하고, 중국 특색의 사회주의 사업의 신국면을 열자'(全面建設小康社會, 開創中國特色社會主義事業新局面)라는 보고서를 통해 제시했다. 당시 장쩌민 총서기는 1인당 평균 국민생산총액이 약 3천 달러에 도달하게 되는 2020년의 중국사회가 갖추어야 할 포괄적인 사회상을 '소강사회'로 지칭했다.

〈그림 5-1〉 전면적인 소강사회 및 민생개선 사회정책의 관계 및 내용

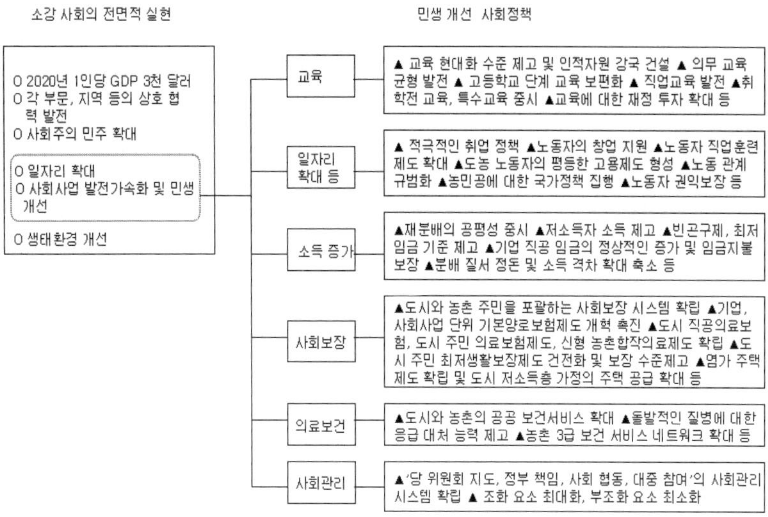

다고 볼 수 있다.

2020년 중국사회가 실현해야 할 총체적 사회상으로서의 소강사회와 그 소강사회를 실현하기 위해 후진타오 집권 2기에 추진할 사회정책으로서 민생개선 정책의 관계를 그림으로 나타내면 〈그림 5-1〉과 같다. 〈그림 5-1〉에서 나타나듯이, 민생개선 영역은 크게 교육, 일자리 확대, 소득 증가, 사회보장, 의료보건, 사회관리 여섯 부문으로 나누어져 있고, 각 부문마다 세부적인 사회정책이 제시되어 있다. 경제와 사회의 발전속도가 매우 빠른 중국에서 소강사회 실현과 관련된 사회정책은 상황에 따라 그 구성요소와 내용이 변화될 수 있는 가능성이 매우 크다고 볼 수 있다.[2] 후진타오 〈정치보고〉의 제 4부분에 제시된 민

2) 2002년 당시 장쩌민 총서기가 소강사회 건설 목표를 제시했을 때 그가 염두에 둔 것은 국민 1인당 평균 국민생산총액(GDP)이 3,000달러에 달하는 2020년의 중국 사회상이었다. 그런데 2006년에 통과된 제 11차 5개년계획은 2010년에 중국의 1인당 평균 국민생산총액은 19,270위안(元), 약 2,500달

생개선 정책을 중심으로 제11차 5개년계획에 제시된 민생개선 관련 사회정책의 내용을 살펴보도록 하자.[3)]

첫째, 교육을 우선하여 발전시키고, 인력자원 강국을 건설한다. 세부적 사회정책은 다음과 같다. 교육 현대화 수준을 제고한다. 의무교육의 균형발전을 촉진한다. 고등학교 단계의 교육을 보편화시킨다. 직업교육을 크게 발전시킨다. 취학전 교육을 중시한다. 특수교육에 관심을 갖는다. 교육의 공익적 성격을 견지하고, 교육에 대한 재정투입을 확대하며, 교육비 징수를 규범화하고, 빈곤지구, 민족지구 교육을 지원하며, 빈곤 가정, 도시진입 노동자 자녀에 대해 평등한 의무교육을 받을 수 있도록 보장한다 등이다.

둘째, 고용확대의 발전전략을 채택하고, 창업을 장려한다. 세부적 사회정책은 다음과 같다. 적극적인 고용정책을 견지한다. 노동자의 창업을 지원한다. 전체 노동자의 직업교육 훈련제도를 건전하게 한다. 규범화된 인적자원 시장을 확립하고, 도시와 농촌 출신 노동자에 대한 평등한 고용제도를 확립한다. 대학 졸업생 취업업무를 잘 처리해야 한다. 노동관계를 규범화하고 농민공에 대한 국가의 정책이 완전하고 철저하게 집행되도록 하며, 법에 따라 노동자의 권익을 보호한다 등이다.

셋째, 소득 분배제도 개혁을 심화하고, 도시와 농촌의 주민소득을 증가시킨다. 세부적 사회정책은 다음과 같다. 1차 분배(初次分配)와 재분배를 할 때 효율과 공평의 관계를 더욱 잘 처리해야 하고, 재분배 시에는 공평을 더욱 중시해야 한다. 주민소득이 국민소득 분배에서 차지하

러(달러 = 8위안으로 계산)에 도달한다는 목표를 제시하고 있다. 경제의 고도성장과 위안화 평가 절상으로 3000달러 도달 목표는 2020년 훨씬 이전에 실현될 것으로 보인다.

3) 소강사회 실현 전망과 관련해서는 다음의 글을 참고하시오. 이희옥, "중국의 국가전략: '전면적 소강사회론'을 중심으로", 〈한국과 국제정치〉 제21권 제1호(2005), pp. 1~34.

는 비중을 점차 제고하고, 노동보수가 1차 분배에서 차지하는 비중을 제고한다. 저소득자의 소득을 힘써 제고하고, 빈곤구제 기준 및 최저임금 기준을 점차 높이며, 기업 직공 임금의 정상적인 증가 메커니즘과 지불보장 제도를 확립한다. 더 많은 대중들이 재산성격의 소득을 가질 수 있는 조건을 창출한다. 합법적 소득을 보장하고, 세수조절을 강화하며, 경영독점을 타파하고, 기회의 균등을 창조하며, 분배질서를 정돈함으로써 소득격차 확대추세를 점차 완화한다 등이다.

넷째, 도시와 농촌 주민을 포괄하는 사회보장 시스템을 확립하고, 인민의 기본생활을 보장한다. 세부적 사회정책은 다음과 같다. 사회보험, 사회구제, 사회복지를 기초로 하고, 기본양로, 기본의료, 최저생활보장 제도를 중점으로, 자선사업, 상업보험을 보충으로 하는 사회보장 시스템을 더욱 완전하게 한다. 기업, 기관, 사업 단위의 기본양로보험제도 개혁을 촉진한다. 농촌양로보험제도 확립을 검토한다. 도시직공 기본의료보험, 도시주민 기본의료보험, 신형 농촌합작의료제도 건설을 전면적으로 추진한다. 도시 주민 최저생활보장제도를 더욱 완전하게 하고, 보장 수준을 점차 제고한다. 실업, 산재(工傷), 육아(生育)보험 제도를 더욱 완전하게 한다. 사회구제 시스템을 건전하게 하고, 군인 가족, 유족, 상이군인의 직장배치(安置) 업무를 잘 처리한다. 장애인 사업을 발전시킨다. 노인 업무를 강화한다. 저렴한 주택을 공급할 수 있는 제도를 확립하고, 도시 저소득층 가정의 주택 곤란문제를 해결하도록 힘쓴다 등이다.

다섯째, 기본의료보건제도를 확립하고, 전 국민의 건강수준을 제고한다. 세부적 사회정책은 다음과 같다. 농촌을 중점으로 하고 도시와 농촌을 포괄하는 공공보건 서비스 시스템을 확립한다. 돌발적인 공공보건 사건의 응급처리 능력을 제고한다. 농촌의 3급 보건 서비스 네트워크 및 도시의 '사구'(社區) 보건 서비스 시스템 확립을 강화하고, 공립병원 개혁을 심화한다 등이다.

여섯째, 사회관리 시스템을 완전하게 하고, 사회의 안정 및 단결을 도모한다. 세부적 사회정책은 다음과 같다. 당위원회가 지도하고, 정부가 책임지며, 사회가 협동하고, 대중이 참여하는 사회관리 시스템을 확립하며, 기층 사회관리 체제를 건전하게 한다. 최대한도로 조화요소를 증가하고, 부조화요소를 감소한다. 인민내부의 모순을 합리적으로 잘 처리하고, '신방제도'(信訪制度)[4]를 더욱 완전하게 한다. 사회조직의 건설 및 관리를 중시한다. 유동인구에 대한 서비스 및 관리를 강화한다. 중대 및 특대 안전사고를 유효하게 억제한다. 돌발 사건에 대한 응급관리 메커니즘을 더욱 완전하게 한다. 사회치안 시스템을 더욱 완전하게 한다. 국가안전 전략을 더욱 완전하게 하고, 국가안전 시스템을 더욱 건전하게 하며, 각종 분열, 침투, 전복 활동을 고도로 경계하고 확고히 방지하여, 국가의 안전을 확실히 보장한다 등이다.

한편, 제 11차 5개년계획에는 후진타오 〈정치보고〉에 제시된 민생개선 정책 이외에도 다양한 민생개선 정책이 제시되어 있는데, 중복되지 않는 범위 내에서 농촌부문과 도시부문으로 나누어 다시 정리해 보면 다음과 같다. 우선, 농촌부문에 대한 내용인데, ① '3농'(三農) 문제 해결을 위한 재정투입은 전년도보다 많이 상정하고, ② 새롭게 증가되는 교육, 의료, 문화에 대한 재정지출은 주로 농촌에 사용하며, ③ 조건이 되는 지방의 경우 농촌 최저생활보장제도를 확립하며, ④ 조건이 되는 지역은 성(省)급이 직접 현(縣)의 재정을 관리하는 체제를 확립하여 점차적으로 공공서비스를 균등하게 한다 등이다. 그 다음, 도시부문에 대한 내용인데, 이는 다시 세 가지로 나누어진다. 첫째, 일자리 확대와 관련된 내용으로 ① 정부가 보조하고 사회가 참여하는 직업

---

4) 대중이 편지, 방문 등의 형식으로 정부 부문에 자신의 고충을 호소하면, 정부의 유관 부문이 법에 의거하여 제기된 문제를 처리해 주는 제도를 말한다. 신방제도는 계획경제체제하에서도 존재했는데, 중국 당국은 1995년 '신방조례'를 발표함으로써 '신방' 행위를 대중의 민주적 권리로 개념화했다.

훈련원 설립을 강화하고, ② 노동력 흡수가 많은 노동집약적 산업, 서비스업, 각종 소유제의 중소기업을 적극적으로 발전시킨다는 정책이다. 둘째, 분배의 정의와 관련된 내용으로, ① 업종, 지역, 사회성원 간의 분배격차의 확대추세를 완화하고, ② 개인소득 신고제를 확립하여, 개인소득세 징수 및 관리 업무를 강화한다는 정책이다. 셋째, 사회보장제도와 관련된 내용으로 ① 사회보장제도 가입률을 확대하고, ② 사회보장 재정을 확대하며, ③ 도시에 유입되어 있는 노동자의 사회보장 문제를 적극적으로 해결한다는 정책이다.

제 11차 5개년계획은 위에서 언급된 주요 사회정책들 가운데 지표로 표시할 수 있는 주요 사회정책들만 따로 뽑아 〈표 5-1〉과 같이 제시하고 있다. 〈표 5-1〉에 제시된 사회정책의 목표치, 그 목표치를 달성하기 위한 방법, 그 목표치의 실현 가능성 여부에 대해서는 다음에

〈표 5-1〉 제11차 5개년계획 시기 사회발전 주요 지표

항 목	2005년	2010년	연평균 성장률(%)	비고*
GDP(조 위안)	18.2	26.1	7.5	예측성
1인당 GDP(위안)	13,985	19,270	6.6	예측성
국민 평균 교육연한(연)	8.5	9.0	〔0.5〕	예측성
도시기본양로보험 가입사 수(명)	1.74	2.23	5.1	구속성
신형 농촌합작의료 가입률(%)	23.5	>80	〔56.5〕	구속성
5년간 도시 취업자 증가(만 명)			〔4500〕	예측성
5년간 농촌 노동력 이전(만 명)			〔4500〕	예측성
도시 실업률(%)	4.2	5.0		예측성
도시주민 가처분소득(위안)	10,493	13,390	5.0	예측성
농촌주민 순소득(위안)	3255	4150	5.0	예측성

참고: 〔 〕 안의 수치는 5년간 누적치다.

* 비고: '예측성'은 여러 변수를 고려하여 예측한 목표치를 의미하고, '구속성'은 정책 수단을 통해 반드시 도달해야 하는 목표치를 의미한다.

자료: 필자가 제11차 5개년계획 요강에서 본문 구성을 위해 필요한 부분을 떼어 내 작성한 것임.

서 구체적으로 검토될 것이다. 아래의 각 절에서는 후진타오 〈정치보고〉와 제11차 5개년계획에서 제시된 방대한 내용의 사회정책 가운데 주요 민생개선 정책을 농촌과 도시 부문으로 나누어서 다시 정리해 보고, 그 주요 민생개선 정책이 제시된 사회적 맥락을 살펴본 뒤 각각의 민생개선 정책의 유효성 여부를 분석해 보도록 하자.

3. 농촌 부문의 주요 민생개선 정책과 유효성

중국공산당 제17차 전국대표대회와 제11차 5개년계획에서 제시된 농촌부문의 주요 민생개선 정책은 크게 보아 ① 농민의 소득수준을 개선하는 정책, ② 농촌의 교육, 의료, 사회보장 등 공공서비스를 강화하는 정책, ③ 농촌의 빈곤인구를 구제하는 정책으로 나눌 수 있다. 위의 분류법에 따라 중국공산당 제17차 전국대표대회와 제 11차 5개년계획에서 제시된 구체적인 민생개선 정책을 정리하면 〈표 5-2〉와 같다.

후진타오 정부는 집권 1기 때 확립한 농업세 폐지, 신농촌 건설정책의 기초 위에서 집권 2기 동안에는 3농에 대한 재정투자 확대 및 농촌 노동력의 도시이동 정책을 통해 농민의 소득을 증가시키려 하고 있다. 각 민생개선 정책의 내용과 그 유효성 여부를 분석해 보도록 하자.

농업세 폐지는 2003년 국무원이 그간 일부 성에서 전개되던 실험을 전 성 차원으로 확대할 것을 요구한 뒤 점차 확대되었는데, 중국의 전 성에서 농업세가 완전히 폐지된 것은 2006년이다. 일부 성이 농업세 폐지 실험을 전개하는 동안 중앙정부는 농업세 폐지에 따른 지방정부의 재정부담을 경감시켜주기 위해 중앙재정을 지방정부에 환급해주는 환급정책을 시행했다. 2000~2005년 동안 농업세 폐지에 따른 중앙정부의 재정환급 금액은 총 1,830억 위안에 달한다.[5] 〈그림 5-2〉에서 나타나듯이 2005년 농업세 폐지에 따른 중앙재정 환급금액은 662억 위안에 달하고, 2006년에는 782억 위안으로 18% 증가되었다. 농업세 폐지로 중앙재정의 부담은 커졌지만, 농민의 재정부담은 농민 1인당 연평균 140위안 정도 감소되었다.[6] 2006년 농민 1인당 연평균 소득이 3,587위안인 것을 고려할 때 농업세 폐지에 따른 농민소득 증가효과는 3.9%에 달한다.

한편, 신농촌 건설정책은 2005년 12월 31일 중국공산당 중앙위원회

〈표 5-2〉 후진타오 정부 집권 1, 2기 농촌에 대한 민생개선 정책

항 목	집권 1기	집권 2기
① 소득개선 정책	▪농업세 폐지 ▪신농촌 건설	▪3농 지원 정부재정 투입은 전년도보다 많이 상정 ▪5년간 농촌 노동력 4500만 명 도시 이전
② 교육, 의료, 사회보장 등 공공재정 확대 정책	▪빈곤 지역, 민족 지구의 교육 사업 지원 ▪농촌지역 9년제 의무교육제 ▪도시진입 농촌 노동자 자녀에 대한 의무교육 혜택 부여 ▪신형농촌합작의료제 확립	▪새롭게 증가되는 교육, 의료, 문화에 대한 재정 지출은 주로 농촌에 사용 ▪농촌 3급 보건 시스템 확립 ▪신형농촌합작의료 가입률 80% 이상 달성
③ 빈곤구제 정책	▪신용대출, 프로젝트를 통한 빈곤 구제, 중앙재정 투입 ▪농촌 최저생활 보장 확대	심화 발전

5) 재정부가 밝힌 수치다. 〈新華網〉 2006. 3. 6, http://www.sina.com.cn (검색일: 2006년 3월 6일).

6) 財政部, "關于2006年中央和地方豫算執行情況與2007年中央和地方豫算草案報告", 제 11기 전국인민대표대회 제 5차 회의, 2007. 3. 5.

〈그림 5-2〉 2005년 3농에 지출된 중앙재정

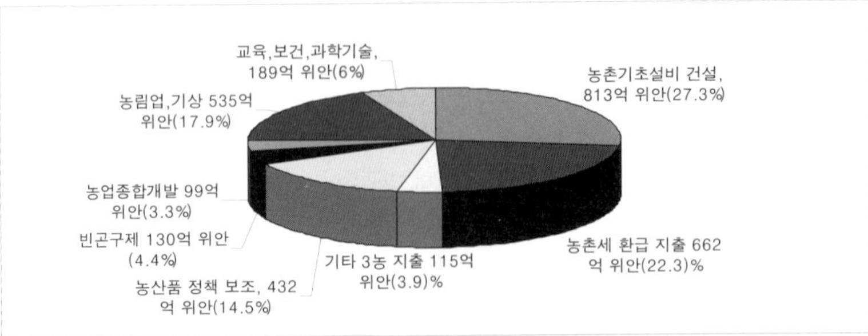

자료: 中華人民共和國財政部, “關于2005年中央和地方豫算執行情况與2006年中央與地方豫算草案的報告”.

가 ‘사회주의 신농촌 건설 추진에 관한 약간의 의견’을 발표한 뒤 2006년부터 추진되었다. 사회주의 신농촌과 관련하여 중국 당국이 투자한 재정규모는 명확하게 밝혀져 있지 않다. 2007년 3월 전국인민대표대회서 밝힌 재정부의 2006년 재정집행 및 2007년 예산초안 보고서에는 2006년 한 해 동안 중앙 재정의 1,254억 위안을 사회주의 신농촌 건설, 사회사업, 환경생태, 서부대개발 등에 사용했다고 밝히고 있는데, 이 수치는 당해 연도 중앙재정수입의 5.9%에 해당된다.

사회주의 신농촌 건설 사업과 관련하여 주목을 끄는 후진타오 정부 2기의 정책은 ‘3농’에 대한 재정지원은 전년도보다 더 많이 배정한다는 방침이다. 〈그림 5-2〉에서 나타나듯이 2005년 ‘3농’에 지출된 중앙재정은 2,975억 위안으로 전년 대비 349억 위안 증가했고, 2006년에는 그 규모가 3,397억 위안으로 전년보다 422억 위안 증가했다.[7] 〈그림 5-2〉에서도 알 수 있듯이 3농 지원 중앙재정의 절대 금액은 농촌기초설비 건설, 교육, 보건 과학기술 확대 등 인프라 구축 사업에 사용되고 있기 때문에 신농촌 건설 정책을 통한 농민의 소득증가 효과는 장

7) 재정부가 전국인민대표대회에서 밝힌 전년도 예산집행 및 당해 연도 예산초안 보고서.

〈그림 5-3〉 중국 도시와 농촌의 1인당 평균소득

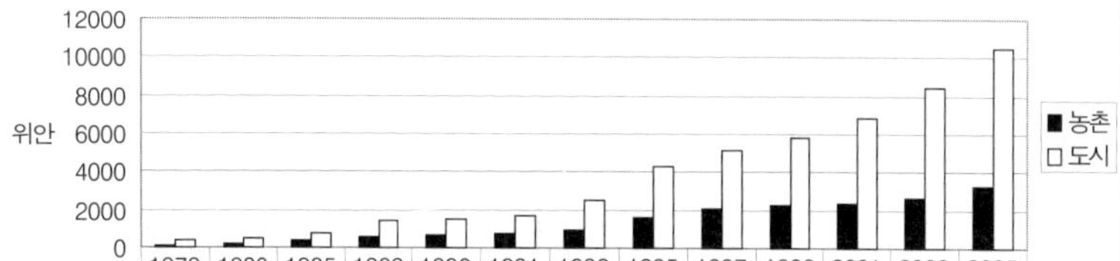

	1978	1980	1985	1989	1990	1991	1993	1995	1997	1999	2001	2003	2005
■ 농촌	133.6	191.3	397.6	601.5	686.3	708.6	921.6	1578	2090	2210	2366	2622	3255
□ 도시	343.4	477.6	739.1	1374	1510	1701	2577	4283	5160	5854	6860	8472	10493

연도

자료: 中華人民共和國國家統計局編, 《2006年中國統計年鑑》(中國統計出版社, 2006), p. 347의 통계 수치를 근거로 작성.

기간에 걸쳐 나타날 것으로 보인다.

그런데 농촌세 폐지, 신농촌 건설 등 후진타오 정부의 농민 소득증가 정책에도 불구하고 〈그림 5-3〉에서도 나타나듯이, 중국 도시와 농촌의 1인당 평균소득은 2001년 2.89 : 1에서 2005년 3.22 : 1로 확대되었다. 도시 시민이 향유하고 있는 양로, 의료 등 공공서비스 및 비화폐적 실물복지 등의 요소를 고려한다면 도시 시민과 농촌 농민의 소득 격차는 더욱 커진다. 일반적으로 농업의 생산성은 공업 및 서비스업의 생산성보다 낮고,[8] 중국의 경우 특히 경작지에 비해 농민의 수가 너무 많기 때문에 농촌 농민과 도시 시민의 소득격차 확대 문제는 쉽게 해결될 수 없다. 따라서 후진타오 정부는 농민의 소득을 개선하

---

8) 중국의 농업생산액이 GDP에 차지하는 비중은 12.5%로 중등소득 경제 국가와 유사하다. 그러나 농업생산의 노동력 수는 전국 노동력 총수의 44.7%를 점하고 있다. 농업생산액이 GDP에서 차지하는 비중 12.5% ÷ 농촌 노동력 수의 비중 44.7%에서 얻어지는 결론은 농업 1인당 평균 산출은 전국 평균 수준의 1/3밖에 되지 않고(28%), 비농업 부문의 18%밖에 되지 않는다는 것이다. 阿瑟·候賽因, 尼古拉斯·斯特恩(Athar Hussain, Nicholas Stern), "中國的公共財政, 政府職能與經濟轉型", 〈比較〉 제 26집(2006), p. 45~46.

고 또 농촌 주민과 도시 시민의 소득격차 확대 문제를 완화하거나 해결할 수 있는 또 다른 열쇠를 농촌에 존재하는 방대한 잉여 노동력을 도시 부문, 비농업 부문으로 흡수하는 정책에서 찾고 있다.

후진타오 정부는 〈표 5-1〉에서 나타나듯이, 제11차 5개년계획 기간에 4,500만 명의 노동력을 도시로 유입한다는 계획을 세우고 있다. 과거 제10차 5개년계획 기간에 도시인구가 4천만 명 증가했기 때문에 이 목표는 과다하게 설정되었다고 판단되지 않는다. 다만, 농촌 노동력의 도시유입은 호구정책, 농촌 노동력의 인구구조, 중국의 경기변동에 크게 영향을 받기 때문에 이들 변수를 고려하여 그 목표의 실현 여부를 판단할 필요가 있다. 중국의 경제가 제10차 5개년계획 시기와 같이 고도성장을 할 것이라는 전제하에 호구정책이 전개방향, 농촌 노동력의 인구구조 특징 두 가지 변수를 살펴보도록 하자.

호구정책과 관련해서는 최근 들어 일부 성이 추진하는 호구제도 폐기정책이 주목을 끈다.[9] 가령, 후베이(湖北) 성 공안청은 2004년 호적제도를 개혁하여 앞으로 농업 호구 및 비농업 호구의 구분을 없애고 '후베이 주민 호구'로 대체한다는 방침을 밝힌 바 있고[10], 저장(浙江)성도 2006년 '저장성 주민 호구'로 하는 새로운 호적관리 제도를 2007년 말까지 도입할 것이라고 밝힌 바 있다.[11] 이처럼 일부 성에서

---

9) 2000년 이후 중국 당국의 호구제도 개혁 움직임에 대해서는 다음의 글을 참고하시오. 이민자, 《중국 호구제도와 인구이동》(서울: 폴리테이아, 2007), 제 4장.

10) http://www.chinanews.com.cn/news/2004year/2004-08-14/26/471951.shtml(검색일: 2007년 11월 24일).

11) 저장성 당위원회, 성 정부는 연명으로 '도시에 들어온 농촌 노동력에 대한 서비스 및 관리를 진일보 강화하고 개선하는 데 관한 약간의 의견'(關于進一步加强和改進對農村進城務工人員服務和管理的若干意見)을 발표하고, 이 방침을 밝혔다. 〈新華網〉 2006. 5. 4, http://www.sina.com.cn(검색일: 2007년 11월 24일).

전개되는 성 내부의 호구제도 폐지정책은 성 내부의 농촌 노동력의 도시이동을 촉진할 것으로 보이는데, 후진타오 정부 집권 2기에 이 같은 정책이 어느 정도로까지 다른 성으로 확대될 것인지 주목할 필요가 있다.

농촌 노동력의 인구구조에서 주목되는 것은 농촌 잉여 노동력의 상당수가 40대 이상의 장년인구라는 점이다. 2005년 현재 농촌의 4.85억 명의 노동력 가운데, 1.78억 명은 농업에 필요한 노동력이고, 보수적으로 계산하더라도 약 2억 명은 이미 비농업 인구로 전환했으며, 나머지 1억 명 가운데 절반 정도는 40대 이상의 장년인구에 속한다.[12] 이들 장년 노동력은 도시에 진입하더라도 일자리를 찾기 어렵기 때문에 그 상당수는 농촌에 머물러 있을 수밖에 없는 실정이다. 인구구조적 측면에서 도시에 진입할 수 있는 농촌 노동력이 제한되어 있기 때문에 농촌 노동력에 대한 차별적인 대우의 완화 또는 폐지, 도시 이주농촌 노동력에 대한 도시 호구 부여 등과 같은 도시의 농촌 노동력 유입 요인의 획기적인 개선 없이는 농촌 노동력의 도시유입 규모는 제10차 5개년계획 동안 실현되었던 규모를 초과하기는 힘들다고 판단된다. 그 다음, 농촌의 교육, 의료, 사회보장 등 공공서비스를 확대한다는 정책이다. 〈표 5-2〉에서 나타나듯이, 후진타오 정부는 집권 2기 동안 농촌의 교육, 의료, 사회보장 확대에 대해서는 농촌에 더 많은 재정지원을 한다는 정책의 방향성만 제시하고 있을 뿐 구체적인 지표는 제시하지 않고 있다. 중국의 재정구조상 교육, 공공의료, 사회복지 지출은 주로 지방정부가 책임지도록 되어 있다. 가령, 2004년 문교, 과학, 보건 사업비가 예산 내 총지출에서 차지하는 비중은 19.8%인데, 중앙과 지방의 부담비율은 각각 9.6%, 90.4%이다.[13] 재정수입은 집중화되었지만

12) 蔡昉, "勞動力無限供給時代結束", 〈財經年刊, 2008: 豫測與戰略〉(2008), p. 145.

13) OECD, 《中國公共支出面臨的挑戰: 通往更有效和公平之路》(清華大學出

재정지출은 분권화된 중국의 재정구조상 중앙재정의 대폭적 지원 없이 지방재정만으로 지방의 문교, 과학, 보건 사업을 확대하기는 대단히 어렵다.

〈표 5-3〉은 교육비, 공공의료보건비 총지출의 변화추세를 보여주는데, 2005년 현재 각각 GDP의 2.8%, 0.8%밖에 되지 않는다. 중국당국은 2010년까지 교육비 지출을 GDP의 4%로까지 확대한다는 목표를 설정하고 있으나[14], 그 목표가 실현될 것인지에 대해서는 좀 더 관찰할 필요가 있다. 1993년 중국 교육부는 2000년까지 교육비 지출을 GDP의 4%로 확대한다는 목표를 제시했으나 그 목표를 실현하지 못했고, 또 제10차 5개년계획을 입안할 때에는 2005년까지 교육비 지출

〈표 5-3〉 교육비, 공공의료보건비 총지출의 변화추세(1995~2005년)

	1995	2000	2001	2002	2003	2004	2005
교육비 총지출* (억 위안)	1411.5	2562.6	3057.0	3491.0	3850.6	4465.9	5161.1
증가율(%)	22.9	12.7	19.3	14.2	10.3	16.0	15.6
GDP에서 점하는 비중(%)	2.3	2.6	2.8	2.9	2.8	2.8	2.8
공공의료보건 총지출** (억 위안)	387.3	709.5	800.6	908.5	1127.5	1299.0	1560.8
증가율(%)	17.4	10.7	12.8	13.5	24.1	15.2	25.5
GDP에서 점하는 비중(%)	0.6	0.7	0.7	0.7	0.8	0.8	0.8

* 교육비 총지출 통계수치는 두 곳에서 인용함. 2004년까지 통계수치는 OECD, 《中國公共支出面臨的挑戰: 通往更有效和公平之路》(清華大學出版社, 2006), p. 35에서, 2005년 통계수치는 教育部, 國家統計局, 財政部, "2005年 全國教育經費執行情況統計公告"에서 인용함. http://www.moe.edu.cn(검색일: 2007년 12월 26일).

** 공공의료보건 총지출은 정부예산 내 보건지출을 의미한다. 통계수치는 中華人民共和國衛生部, "2007 中國衛生統計年鑑", http://www.moh.gov.cn(검색일: 2007년 12월 26일).

版社. 2006), p. 36.

14) 胡鞍鋼, 《2020中國全面建設小康社會》(清華大學出版社, 2007), p. 52.

을 GDP의 4%로 확대한다는 계획을 확립했지만 그 목표 역시 달성하지 못한 경험이 있기 때문이다.

농촌 교육정책과 관련하여 주목을 끄는 것은 2006년부터 전개되는 농촌지역의 학비 및 잡비 폐지 정책과 중앙정부의 지원정책이다. 후진타오 정부는 2006년 봄 학기부터 서부지구부터 농촌지역의 의무교육 단계에 있는 학생들의 학비 및 잡비를 폐지하는 정책을 전개하기 시작했고, 또 농촌지역의 교육사업에 대한 중앙의 재정지원을 강화하고 있다. 이 정책은 2006년 6월 제6기 전국인민대표대회에서 수정·통과된 '의무교육법'으로 뒷받침되고 있다. 가령 의무교육법은 9년제 의무교육을 실시하는 동안 일체의 학비와 잡비를 거두지 못하도록 규정하고 있고(제2조), 의무교육 경비를 국가재정의 범위 내에 산입하도록 규정하고 있으며(제43조), 일반성 환급제도 규모와 의무교육 특별환급 금액으로 각급 정부의 의무교육에 대한 투자를 지원하고 인도한다고 규정하고 있다(제46조). 학비 및 잡비 폐지 정책과 중앙정부의 재정지원 정책은 농촌의 교육시설을 개선하고, 농민의 교육비 부담을 경감시키는 직접적인 효과를 나타낼 것으로 기대된다. 그러나 〈그림 5-2〉에서 나타나듯이 2005년 중앙재정의 3농 지원금 가운데 교육, 보건, 과학 항목에 지원되는 금액은 189억 위안으로 전체 지원금의 6%밖에 안 될 정도로 미미하기 때문에 단기간 내에 농촌의 교육 인프라를 확대하고 교육의 질을 개선하기는 어렵다고 판단된다.

한편, 농촌 공공의료보건 서비스 공급은 개혁개방 이후 상대적으로 대단히 정체되어 왔다. 가령, 공공의료보건 총지출이 정부 총지출에서 차지하는 비중은 1955년 3.7%에서 2004년 3.4%로 저하되었다. 보건부(衛生部)의 조사에 따르면, 2003년 현재 약 80%의 농촌인구는 의료보험의 혜택을 받지 못하고 있고, 병자의 절반 정도는 의료비를 부담하지 못하고 있다.[15] 농촌 공공의료 보건 서비스 확대와 관련하여 주목할 점은 〈표 5-1〉에서 나타나듯이, 2010년까지 신형 합작의료제도에 대한 가입률을 80% 이상으로까지 확대한다는 방침이다.

신형 농촌합작의료제도는 과거 계획경제체제하에서 존재하던 농촌합작의료제도를 변형한 것이다. 과거의 농촌합작의료제도가 인민공사(人民公司)의 역량에 기초하여 운영되는 일종의 '공동체' 의료보험제도라면, 신형 농촌합작의료제도는 정부의 보조를 전제로 농민이 보험료를 내는 '국가 주도'의 자발적 의료보험제도라고 할 수 있다. 신형 농촌합작의료제도는 2003년 1월 국무원이 '신형 농촌합작의료제도 확립에 관한 의견'(關于建立新型農村合作醫療制度的意見, 이하 '의견'이라고 함)을 발표한 뒤부터 일부 농촌지역에서 실험적으로 실시되고 있는데,[16] 국무원은 이 제도의 확립과 관련하여 다음과 같은 방침을 밝히고 있다. ① 중앙 합작의료 보조금 제도를 확립한다. 중서부 지역의 시, 구 이외의 행정단위가 신형 합작의료제도를 실시할 경우 중앙정부는 매년 특별환급 금액으로 농민 1인당 연 평균 10위안의 보조금을 안배한다.[17] ② 현급에서 주로 '큰 병'을 대상으로 하는 합작의료제도를 확립한다. ③ 2010년까지 전국적 범위 내에 신형 농촌합작의료제도를 확립한다.

신형 농촌합작의료제도는 의료혜택의 사각지대에 있던 농민에게 저렴한 의료서비스 혜택을 부여할 것으로 기대되지만, 그간 일부 농촌지역의 실천경험에서 확인된 것과 같이 제도적으로 보완되어야 할 점이 적지 않다. 그 내용은 크게 세 가지다.[18] 첫째, 지방정부의 자금 모

---

15) OECD, 《中國公共支出面臨的挑戰: 通往更有效和公平之路》(北京: 淸華大學出版社, 2006), pp. 40~41.

16) 2006년 말 신형 농촌합작의료제도를 실시하고 있는 현은 1451개이고, 이 제도에 가입한 인구는 4.1억 명으로 전체 농업인구의 55.4%에 달한다. 顧昕, "醫治中國病: 醫療體制改革的兩條路線之爭", 〈二十一世紀〉(2008년 3월호), p. 12

17) 농민이 신형 합작의료보험제도에 가입할 경우 농민에게 지급되는 보조금은 조정되고 있는데, 2006년의 경우 1인당 평균 40위안이다.

집 문제다. 의견은 지방정부의 보조금이 10위안보다 적어서는 안 된다고 포괄적으로 규정하고 있을 뿐 각급 정부의 실질적 분담비율을 명시하지 않고 있다. 둘째, 가입자가 적을 수 있다. 의견은 비용이 많이 들어가는 '큰 병'에 대해서만 의료비 혹은 입원비를 보조한다고 규정하고 있기 때문에 건강한 사람은 이 제도에 가입하지 않으려 하는 문제점이 있다. 셋째, 관리기구의 권한과 책임이 모호한 '거버넌스'(*governance*) 문제다. 의견에 따르면 합작의료는 4개의 관리기구, 즉 ① 성급 인민정부가 설립한 농촌합작 의료협조소조, ② 각급 보건행정 부문 내부에 설립되는 농촌합작 의료관리기구, ③ 현급 인민정부의 유관 부문과 합작의료에 참여한 농민대표가 함께 설립하는 농촌합작 의료관리위원회, ④ 위원회 산하에 설립된 경영(經辦) 기구가 공동으로 관리하도록 되어 있다. 그렇지만 의견은 각급 관리기구의 직책, 권한을 어떻게 확정해야 하는지, 그들의 관계가 어떠한지에 대해 명확하게 규정하지 않고 있다. 농민 개인의 납부금액 및 향촌 집체경제 조직의 지원금액은 원칙적으로 연도별로 농촌합작의료 경영기구가 향(진)에 설립한 파출기구(인원) 혹은 위탁기관이 거두도록 되어 있다. 실질적 권력을 갖고 있지 않은 파출기구가 어떻게 비용을 거둘 수 있을지도 의문이다. 의료서비스 기구가 이윤 최대화를 추구하는 상황 하에서는 합작의료제도가 확립되었다고 할지라도 의약 서비스 가격이 너무 높아 농민이 얻는 혜택이 제한될 수도 있다.

마지막으로 농촌 빈곤인구 구제정책이다. 집권 2기의 후진타오 정부는 과거에 확립된 빈곤구제 정책을 계승하면서 새로운 정책을 확립하고 있다. 중국 당국은 2001년에 '농촌 빈곤구제개발 요강 2001~

18) 顧昕, 方黎明, "自願性與强制性之間-中國農村合作醫療制度嵌入性與發展可持續性分析", 徐月賓主編, 《社會政策理論與實踐》(北京: 中國勞動社會保障出版社, 2007), pp. 450~451(원문은 〈社會學硏究〉 2004년 제5기에 게재됨).

2010년'(農村扶貧開發綱要 2000~2010年)을 발표하면서 향후 10년 동안 빈곤인구 3천여만 명을 완전히 없애겠다는 의지를 밝혔다. 그 정책수단은 세 가지다.

첫째, '신용대출로 빈곤을 구제하고'(信貸扶貧), '공사 프로젝트를 통해 실업자를 구제하며'(以工代賑), 중앙정부의 재정지원을 확대한다는 것이다. 둘째, 1996년 국무원 산하에 설립된 '빈곤구제 영도소조'(扶貧領導小組)가 확정한 정책인데, 경제가 발달한 특정 성(省)이 특정 빈곤지구의 빈곤탈출을 돕는 이른바 '특정 성의 특정 지역에 대한 빈곤구제'(對口扶貧) 정책이다. 이들 정책 중 중앙정부의 재정지원, 공사 프로젝트를 통한 농촌 실업자 구제정책은 단기적 효과를 거두는 것으로 평가받고 있지만, 신용대출로 빈곤을 구제하는 정책의 효과는 대출에 따른 복잡한 절차, 부유한 농민에 대한 우선대출 관행 등의 문제가 있기 때문에 빈곤구제의 효과가 떨어진다는 평가를 받고 있다.[19] 셋째, 농촌 최저생활보장제도의 확립이다. 2007년 6월 국무원은 전국 농촌 최저생활보장제도 확립 업무회의를 개최하고, 동년 7월에는 '전국 농촌 최저생활보장제도 확립에 대한 국무원의 통지'를 발표했다. 국무원의 통지로 그간 조건이 되는 지역에서 부분적으로 실천되던 농촌 최저생활보장제도가 전국적으로 확대될 예정인데, 2007년 1~8월 동안 총 2,500만 명이 농촌 최저생활보장제도의 혜택을 받았다.[20] 이 같은 빈곤구제 정책으로 후진타오 집권 2기 동안 중국의 절대적 빈곤인구는 대폭 감소될 전망이다.

19) 張秀蘭, 徐月賓, 方黎明, "對中國農村減貧政策的反思和建議", 徐月賓主編, 《社會政策理論與實踐》(北京: 中國勞動社會保障出版社, 2007), p. 147.

20) 王小魯, "什麼造成貧富分化?", 《財經年刊, 2008: 豫測與戰略》(2008), p. 134.

4. 도시 부문의 주요 사회정책과 유효성

중국공산당 제17차 전국대표대회와 제11차 5개년계획에서 제시된 도시부문 주요 사회정책은 ① 일자리 확대 및 고용평등, ② 분배정의의 실현, ③ 사회보장제도 건전화로 압축할 수 있다. 이 분류법에 따라 후진타오 〈정치보고〉와 제11차 5개년계획에서 제시된 도시부문의 구체적인 민생개선 정책을 정리하면 〈표 5-4〉와 같다.

〈표 5-4〉에서 나타나듯이, 후진타오 정부 집권 2기의 도시부문에 대한 민생개선 정책은 대부분 집권 1기 때 확립된 정책을 심화, 발전시키는 데 초점이 맞추어져 있지만, 분배정의의 실현정책, 도시 저소득 가정에 대한 염가주택 보조정책과 같은 새로운 정책도 있다. 그런데 도시부문에 대한 민생개선 정책 가운데 사회보장제도 항목과 관련된 민생개선 정책을 제외하고 '일자리 확대, 고용평등, 노동관계 규범화'

〈표 5-4〉 후진타오 집권 1, 2기 도시에 대한 민생개선 정책

항 목	집권 1기	집권 2기
① 일자리 확대, 고용 평등, 노동관계 규범화	▪ 정부보조의 직업훈련원 확대 ▪ 서비스업 등 노동집약적 산업 발전 ▪ 농민공에 대한 차별 금지 ▪ 근로계약법 제정	심화 발진
② 분배정의 실현	—	▪ 업종, 지역, 사회성원 간 분배격차 확대추세 완화: 직공 임금인상 및 경영독점 타파 ▪ 개인소득 신고제 확립
③ 사회보장제도 건전화	▪ 도시주민 기본의료보험 제도 실험 ▪ 최저생활보장 기준 제고 ▪ 사회보장 가입률 제고	심화 발전 ▪ 도시 저소득 가정에 대한 염가주택 임대료 보조

항목과 분배정의의 실현항목과 관련된 구체적 민생개선 정책이 어느 정도의 효과를 발휘할 수 있을지 의문이다. 이들 영역은 국가의 개입의 여지가 적고 시장의 영향을 크게 받기 때문이다. 각각의 내용을 살펴보자.

우선, 일자리 확대와 관련된 민생개선 정책이다. 중국의 인구구조로 보았을 때 후진타오 집권 2기의 노동력 공급은 집권 1기보다 다소 감소된다. 그러나 실업자의 누적효과 때문에 집권 2기의 일자리 확대 문제는 집권 1기 못지않게 심각한 도전이 될 전망이다. 〈표 5-5〉에서 나타나듯이 15~59세, 15~64세 노동인구 모두는 2006년까지 매년 1천만 명씩 증가하다가 2006년을 변곡점으로 하여 그 증가추세가 둔화되고, 각각 2014, 2017년부터 그 절대수가 감소한다. 그런데 〈표 5-6〉에서 나타나듯이, 2005년과 2006년에는 중국의 경제가 고도성장했음에도 불구하고 고용 증가량은 각각 625만 명, 575만 명밖에 되지 않는다. 고용 흡수력이 가장 큰 산업은 3차 산업이다. 1차 산업 취업자 수는 시간이 갈수록 감소하고 있고, 2차 산업 고용이 소폭 증가되고 있으나 3차 산업보다 그 증가폭이 크지 않다. 현재의 경제성장 수준과 산업구조로써는 해마다 배출되는 신규 노동력 1천여만 명의 절반가량밖에 흡수하지 못하는 실정이다. 이런 구조 하에서 기존의 실업자[21]의 상당수는 재취업에 어려움을 겪고 있고, 일부 신규 노동력도 실업자로 된다.

심각한 고용문제를 해결하고, 취업을 촉진하기 위해 후진타오 정부는 경제성장 정책 이외에도 법률로써 취업을 촉진하는 정책을 병행하

21) 중국 당국이 발표한 실업률은 2005년 말 현재 4.2%다. 이 수치는 등록되지 않은 실업자, 노동관계만 유지하고 실질적으로는 실업상태에 놓여 있는 '대기 발령자'(下崗) 등은 제외되어 저평가 되어 있다. 중국의 실업문제에 대해서는 다음의 글을 참고하시오. 장영석, "중국의 경제성장과 실업문제", 〈한국과 국제정치〉 제21권 제1호(2005), pp. 123~155.

〈표 5-5〉 2001~2050년 노동인구 증가 추세

단위: 만 명

연 도	노동인구 증가량		연도	노동인구 증가량		연도	노동 인구 증가량	
	15~64세	15~59세		15~64세	15~59세		15~64세	15~59세
2001	1091.06	1062.56	2010	820.64	397.95	2019	-166.81	182.15
2002	1377.68	1336.25	2011	758.65	457.95	2020	-264.27	160.74
2003	1325.40	1323.00	2012	681.34	251.76	2025	197.84	-691.70
2004	1259.59	1185.22	2013	593.84	175.04	2030	-640.94	-815.58
2005	1208.33	1113.06	2014	453.91	-6.82	2035	-887.84	-472.32
2006	1248.83	1129.62	2015	190.34	-165.67	2040	-600.73	-403.20
2007	956.24	763.21	2016	208.05	-55.92	2045	-491.07	-570.42
2008	920.05	670.35	2017	-37.41	-165.35	2050	-567.98	-846.33
2009	885.01	624.69	2018	-57.55	-218.78			

자료: 張車偉, "擴大與促進就業的思路與對策", 陳佳貴, 王延中主編, 《中國社會保障發展報告(2001~2004)》(社會科學文獻出版社, 2004, p. 159).

〈표 5-6〉 중국 취업자 수 증감

단위: 만 명, %

연 도	취업자 수 및 전년대비 증감		도시 취업자 수 및 전년 대비 증감		산업별 취업자 수 및 비율					
					1차 산업		2차 산업		3차 산업	
	취업자 수	전년 대비 증감	취업자 수	전년 대비 증감	취업자 수	비율	취업자 수	비율	취업자 수	비율
2001	73025	+940	23940	+789	36513	50.0	16284	22.3	20228	27.7
2002	73740	+715	24780	+840	36870	50.0	15780	21.4	21090	28.6
2003	74432	+692	25639	+859	36546	49.1	16077	21.6	21809	29.3
2004	75200	+768	26476	+837	35269	46.9	16920	22.5	23011	30.6
2005	75825	+625	27331	+855	33970	44.8	18084	23.8	23771	31.4
2006	76400	+575	28310	+979	32561	42.6	19225	25.2	24614	32.2

자료: 國家統計局人口和就業統計司, 勞動和社會保障規劃財務司編, 《2006中國勞動統計年鑑》(中國統計出版社, 2006), p.7. 2006년 통계는 2006년 중국노동사회보장부 통계공보.

고 있다. 제 10기 전국인민대표대회는 2007년 8월 30일 '취업촉진법'을 통과시켰는데, 이 법률은 2008년 1월 1일부터 발효된다. 취업촉진법은 노동집약적 산업, 서비스업, 중소기업을 발전시키고(제 13조), 현급 이상 정부는 재정에서 취업특별자금을 두어 취업을 촉진하며(제 15조), 고용차별을 금지하고(제 26조), 인적자원을 규범화하며(제 32조), 공익적 취업을 알선하는 노동중개기구에 대해서는 재정적으로 지원하고(제 36조), 각급 정부 및 유관부문은 취업촉진 목표와 책임 제도를 확립한다(제 58조)는 내용을 담고 있다. 취업촉진법의 이 같은 규정들이 향후 어떻게 구체화될 것인지, 그 영향이 어떠한지에 대해서는 좀 더 주의 깊은 관찰이 요구되지만, 취업촉진법으로써 신속한 고용확대를 기대하기는 어렵다. 고용확대 문제는 중국의 경제성장, 기업의 고용 의지 등 시장상황에 따라 좌우되지, 정부당국의 정책개입으로 푸는 데는 한계가 있기 때문이다.

한편, 노동관계의 규범화 문제가 후진타오 정부 집권 2기 동안 어떤 양상으로 전개될 것인지도 상당히 주목된다. 중국에서는 근로계약 기간이 1~3년밖에 안 되는 단기 근로계약이 보편화되어 있고, 또 비정규직 노동자가 도시 취업자의 38.6%에 달할 정도로 고용 불안정성이 높다.[22] 농민공(農民工)의 시간당 임금은 정규직 노동자의 58~80%밖에 되지 않고[23], 상당수의 농민공은 임금체불, 부당해고에 시달리고 있으며, 안전사고에 노출되어 있는 실정이다. 노동자의 합법적 권익 침해로부터 집단적 노동쟁의가 대량으로 발생하고 있고, 집단적 노동쟁의는 2001~2005년 동안 연평균 18.3%의 증가율을 기록하고 있을 정도로 가파르게 증가함으로써 도시의 불안정성을 야기하는 최대의

---

22) 장영석, "체제 전환기의 중국 노동시장의 형성과 발전", 〈국제노동브리프〉 Vol. 5, No. 11(2007), pp. 3~12.

23) 蔡昉, 都陽, 王美艷, 《中國勞動力市場轉型與發育》(商務印刷館, 2006), p. 86.

리스크 요인 가운데 하나로 되고 있다.[24)]

후진타오 정부는 이 같은 불안정한 노동관계를 노동자의 권익을 보호하는 다양한 정책과 노동관계법 제정으로 규범화하려 하고 있다. 집권 1기 동안 후진타오 정부는 농민공에 대한 일련의 보호정책을 내놓았다. 가령, 2003년 중국 총공회(總工會)는 농민공의 노동조합 가입을 허용한다는 방침을 밝힌 바 있고, 2006년 국무원은 '농민공 문제에 관한 약간의 의견'을 발표하고 농민공의 합법적 권익을 보장하고 도시 정규직 노동자와 공평한 대우를 촉구했으며, 2007년에는 근로계약법(勞動合同法)을 제정하여 단기 근로계약 관행에 제동을 걸고, 임금 및 단체협약과 노동자의 해고 시 노동조합의 권리를 강화하는 등 노동보호를 강화하고 있다.[25)]

비록 후진타오 정부는 제2, 3세대 지도부와 마찬가지로 중국 노동자들의 파업권을 인정하지 않는 등 노동자의 단체행동권 행사에 제약을 가하고 있긴 하지만, 제2, 3세대 지도부와는 달리 노동자들이 자신의 합법적 권리를 보호할 수 있는 정책적·제도적인 환경을 강화하고 있는 셈인데, 노동관계 당사자인 자본 측과 노동 측의 반응이 이런 환경에 대해 각각 어떻게 반응할 것인지가 초미의 관심사다. 특히 자본 측은 2008년 1월 1일부터 노동자의 권익보호를 강화하는 근로계약법 발효를 앞두고 비정규직 노동자의 대량해고 등과 같이 새로운 노동환경에 적극적으로 대처하고 있는데, 그간 계급의식과 단결력이 취약

24) 2001~2005년 '집단적인 노동쟁의'(集體勞動爭議) 건수는 각각 9,847, 11,024, 10,823, 19,241, 16,217건이다. 國家統計局人口和就業統計司, 勞動和社會保障部規劃財務司編, 《2006 中國勞動統計年鑑》(北京: 中國統計出版社, 2006), p. 500.

25) 근로계약법의 내용과 법 제정의 의미에 대해서는 다음의 글을 참고하시오. 백승욱, "후진타오 시대 중국 노동관계의 변화: 노동계약법 도입과정을 중심으로", 〈현대중국연구〉 제9집 1호(2007), pp. 1~46; 장영석, 《지구화 시대 중국 노동관계》(서울: 폴리테이아, 2007), 제8장.

하다고 평가받아왔던 중국의 노동자들이 자본 측의 이 같은 대응에 어떻게 반응할 것인지가 주목된다.

그 다음, 분배정의의 실현 문제이다. 〈표 5-4〉에서 나타나듯이 후진타오 집권 2기는 집권 1기와 달리 분배정의를 강조하고 있다. 그러나 중국 당국은 1990년대 중반기에 '노동에 따른 분배'의 원칙을 '노동에 따른 분배와 생산요소에 따른 분배의 결합원칙'으로 전환한다는 방침을 발표했기 때문에 노동시장에서 결정되는 임금배분 문제에 대해 국가가 개입할 여지는 매우 제한되어 있다고 보인다. 따라서 분배정의를 실현하기 위한 정책은 국가의 개입이 가능한 국유 독점기업에 대한 임금정책과 개인의 재산권에 따른 소득재분배 정책에 초점이 맞추어질 것으로 보인다. 후진타오 집권 2기에서 분배정의 정책과 관련하여 주목할 점은 두 가지다.

첫째, 임금수준이 지나치게 낮은 국유부문의 임금을 적정한 수준으로 인상하고, 임금수준이 지나치게 높은 국유 독점부문의 임금인상폭을 적정한 수준으로 제한한다는 것이다. 2005년 말 현재 전국 국유부문 제조업의 연 평균임금은 15,934위안이지만, 목재가공업은 8,808위안, 농부식품 가공업은 8,919위안으로 평균임금을 훨씬 밑돌고 있고, 독점영역인 연초제조업은 42,355위안, 석유가공·코크스·핵연료 가공업은 25,494위안 등으로 평균임금을 훨씬 웃돌고 있다.[26] 후진타오 〈정치보고〉에서는 〈표 5-4〉에서도 밝혔듯이 정상적인 임금인상과 독과점 부문에 대한 임금인상폭 억제를 통해 부문 및 업종 간 임금격차 확대를 완화하겠다는 정책이 제시되어 있다. 최근 일부 도시의 경우 2008년부터 국유기업 직공의 임금이 증가되지 않으면 국유기업 경영자의 임금도 증가할 수 없다는 규정을 발표하는 등 분배문제 규범화에 나서고 있어 그 동향도 주목된다.[27] 한편 국유 독점부문의 임금상승

26) 中華人民共和國國家統計局編, 《2006年中國統計年鑑》(北京: 中國統計出版社, 2006), p. 161.

폭을 제한하는 정책은 아직 구체화되지 않고 있는데, 이 정책이 어떻게 구체화될 것인지도 주목된다.

국가의 이 같은 개입정책에도 불구하고 분배정의의 실현 정책이 얼마나 효과를 발휘할 지 의문이다. 무엇보다 임금형태의 분배는 기업의 경영성과, 노동시장의 상황, 노동관계 당사자 간의 임금협상에 따라 결정되기 때문이다. 게다가 국가가 개입할 수 있는 국유부문일지라도 분배형태는 화폐적 임금 이외에도 비화폐적 임금, 은폐된 형태의 임금도 많기 때문에 국가의 개입으로 분배의 정의를 실현하기가 쉽지 않다.

둘째, 소득 재분배정책을 통해 사회 구성원 간의 소득격차의 확대를 억제한다는 정책이다. 일반적으로 임금소득의 불평등보다는 재산소득의 불평등이 더욱 큰데, 이 점은 중국도 예외가 아니다. 2006년 중국의 재산소득 최상위 10% 가정의 1인당 평균 재산소득은 1,279.28위안인 데 반해, 최저 10% 가정의 1인당 평균 재산소득은 35.29위안으로 양자의 차이는 36.25 : 1이다.[28] 이 같은 재산소득 불평등 문제 때문에 일각에서는 재산세를 정확하게 평가할 수 있는 시스템을 확립하고 개인소득세 징수를 강화해야 한다는 비판적 제안을 하고 있다.[29] 사실 중국의 개인소득세가 중앙 재정수입에서 차지하는 비중은 6%밖에 되지 않을 정도로 매우 낮다. 후진타오 집권 2기에 개인소득세 징

---

27) 베이징시 국유기업 자산관리 감독위원회는 상하이시에 이어 '베이징시 국유기업 소득 분배에 대한 지도의견'을 발표하고, 소득분배의 규범화를 꾀하고 있다. 昊狄, "北京規定國企職工不漲薪老總禁先漲", 〈新京報〉 2007. 12. 28. http://news.sina.com.cn/c/2007-12-28/022514617620.shtml(검색일: 2007년 12월 28일).

28) 중국과 같이 음성적 소득이 많은 국가의 경우 재산소득에 대한 정확한 측정을 하기가 어렵고, 본문에서 인용된 수치는 과소평가되었을 가능성이 높다. http://www.sina.com.cn/c/2007-11-27/080214395124.shtml(검색일: 2007년 11월 28일).

29) 李培林, 《和諧社會十講》(社會科學文獻出版社, 2006), p. 109.

수와 관련된 정책이 어떻게 강화될지 주목된다.

마지막으로, 사회보장과 관련된 사회정책이다. 이와 관련하여 후진타오 집권 2기 때 주목할 사회정책은 세 가지다. 후진타오 집권 2기 때 새롭게 추진되는 도시 주민 기본의료보험제도, 집권 1기 때부터 추진되던 최저생활보장비 기준제고 및 사회보장 가입률 확대정책이 그것이다.

첫째, 도시주민 기본의료보험제도의 실험확대 방침이다. 국무원은 2007년 7월 10일 '도시주민 기본의료보험 실험 전개에 관한 국무원의 지도의견'(國務院關于開展城鎭居民基本醫療保險試点的指導意見, 이하 '지도의견'이라 함)을 발표한 뒤 7월 24일에는 '전국 도시 주민 의료보험제도실험 업무회의'(全國城鎭居民基本醫療保險試點工作會議, 이하 '업무회의'라고 함)를 개최하여 향후 도시 주민 기본의료보험제도 실시 계획을 밝혔다. 즉, 2007년에는 각 성별로 2~3개 시(市)를 선정하는 방식을 통해 전국에서 총 79개 도시에서 실험을 전개하고, 2008년에는 실험을 확대하며, 2009년에는 전체 도시의 80% 이상에서 실험을 전개하고, 2010년에는 모든 도시에서 도시 주민 의료보험제도를 전면적으로 실시한다는 방침이다.[30]

---

30) '지도의견'은 도시 주민 의료보험제도에 대한 정부의 지원책, 가정 단위의 의료보험비 납부방법을 구체적으로 명시하고 있다. 즉, 지도의견 제2항은 가정 단위로 의료비를 납부하고, 정부는 1인당 연평균 40위안을 보조하며, 조건이 되는 사용자 단위는 직공 가족의 도시 주민 기본의료보험제도 보험비용을 보조할 수 있다고 규정하고 있다. 한편, 지도의견은 지역간 발전격차를 고려하여 중서부 지역에 대한 정책적 혜택을 부여하고 있다. 즉 지도의견 제5항은 '실험도시에서 기본의료보험에 가입한 주민에 대해서는 정부는 매년 1인당 40위안 이상을 보조하되, 중서부 지역일 경우 중앙정부는 2007년부터 매년 '특별환급'(專項轉移支付)을 통해 1인당 20위안을 보조한다. 최저생활보조 대상 혹은 장애정도가 심한 학생 및 아동을 둔 가정의 경우 정부는 원칙적으로 매년 1인당 평균 10위안을 보조하는데, 중서부 지역의 경우 중앙정부는 1인당 평균 5위안을 보조한다. 그밖에 최저생활 보조대상, 노동력을

업무회의에서 도시주민 기본의료보험제도에 대해 원자바오(溫家寶) 총리가 "1998년에 확립된 도시직공 기본의료보험제도, 2002년에 시작된 '신형 농촌합작의료제도' 이후 또 다른 중대한 조치"라고 밝히고 있듯이 이 제도는 그간 도시 직공 기본의료보험제도가 포괄하지 못하던 도시 비종업원 인구, 특히 중학생 및 초등학생, 소년, 아동, 노인, 장애인 등 도시 주민 2억여 명에게 의료서비스 혜택을 제공할 것으로 기대된다.

둘째, 최저생활보장비 기준 제고 방침이다. 최저생활보장제도는 1997년 국무원이 '전국에 도시주민 최저생활보장제도 확립에 관한 통지'를 발표한 뒤 확립되었는데, 가정의 1인당 평균 소득이 각 지방정부가 규정하고 있는 최저생활 기준에 미치지 않는 주민을 대상으로 최저생활보장비를 지급하고 있고, 최저생활보장비는 해마다 도시 물가를 고려하여 조정되고 있다. 〈표 5-7〉에서 도시 최저생활보장비와 관련된 것은 무휼 및 사회복지 구제비 항목인데, 그 항목에서 가장 큰 비중을 점하고 있는 것이 바로 도시 최저생활보장비 지출이다. 무휼 및 사회복지비가 급증하고 있는 이유는 각 지방정부가 물가를 고려한 도시 최저생활보장비를 제고하고 있고, 최저생활 기준을 조정하여 혜택의 대상을 확대하고 있기 때문이다. 도시 최저생활보장비는 2001년 45.7억 위안, 2002년 101.6억 위안, 2003년 150.7억 위안, 2004년 178.8억 위안, 2005년 198.2억 위안으로 급증하고 있다.[31] 도시 최

상실한 장애인, 저수입 가정의 만 60세 이상의 노인 등 보험가입이 곤란한 주민의 경우 정부는 매년 1인당 60위안 이상 보조하는데, 중서부 지역일 경우 중앙정부는 1인당 평균 30위안을 보조한다'라고 규정하고 있다. 중서부 지역에 비해 동부 지역의 경우 지방정부의 지원정책, 신형 농촌합작의료제도의 지원방법을 참조하여 적당한 보조금을 지원할 것만을 명시하고 있다. 〈人民日報〉 2007. 7. 26. 구체적인 내용은 "國務院關于開展城鎭居民基本醫療保險試點的指導意見", 〈국발〉(2007) 20호를 참조하시오.

31) 中華人民共和國財政部主管, 《2006 中國財政年鑑》(中國財政雜誌社, 2006),

저생활보장제도는 도시 호구를 갖고 있는 빈곤 인구를 대상으로 할 뿐 도시에 장기적으로 거주하는 농촌 인구는 대상으로 하지 않고, 여전히 구제 대상자의 소득기준이 너무 낮게 상정되어 있어 구제 대상자가 제한되어 있다는 문제점을 안고 있긴 하지만, 도시빈민을 구제하는 직접적인 정책적 효과를 나타낸다.

셋째, 사회보험 가입률을 제고한다는 방침이다. 〈표 5-1〉에서 나타나듯이, 2005년 현재 양로보험에 가입한 근로자는 1.74억 명으로 중국 당국은 2010년까지 2.23억 명으로 가입을 확대한다는 목표를 세워두고 있다. 양로보험제도 가입률의 경우 2001~2005년 동안 매년 평균 5.1%씩 증가했기 때문에 그 목표는 비현실적인 것은 아니라고 보인다. 더구나 중국 당국은 2008년 1월 기업의 사회보험제도 가입을 강

〈표 5-7〉 무휼 및 사회복지 지출 변화추세(2000~2005년)

	2000	2001	2002	2003	2004	2005
무휼 및 사회복지 총지출(억 위안)	1517.6	1987.2	2636.2	2655.9	3116.1	3698.9
증가율(%)	n.a.	31.0	32.6	0.7	17.3	18.7
GDP에서 점하는 비중(%)	1.5	1.8	2.2	2.0	2.0	2.0
무휼 및 사회복지 구제비(억 위안)	213.0	266.8	373.0	498.8	563.5	716.4
증가율(%)	14.4	25.3	39.8	33.7	13.0	27.1
행정사업 단위 이·퇴휴 지출(억 위안)	478.6	624.7	788.8	895.0	1028.1	1164.8
증가율(%)	n.a.	30.5	26.3	13.5	14.9	13.2
사회보장 보조금 지출(억 위안)*	826.0	1096.0	1474.4	1262.1	1525.0	1817.6
증가율(%)	n.a.	32.6	34.5	-14.3	20.8	19.1

* OECD 보고서는 '사회보장 보조금 지출'과 '사회보장 항목 특별기금'을 구분하고 있으나, 2006년 중국 재정연감은 이 두 항목을 통합하여 '사회보장 보조금 지출'로 계산하고 있다.

자료: 2003년까지 통계자료는 OECD, 《中國公共支出面臨的挑戰: 通往更有效和公平之路》(淸華大學出版社, 2006), p. 45에서 인용함. OECD 보고서의 2004년 '무휼 및 사회복지 총지출' 통계수치는 중국재정연감의 통계수치와 일치하지 않는다. 2004, 2005년 통계자료는 《2006 中國財政年鑒》 p. 414에서 인용함.

---

p. 415.

제할 수 있는 사회보장법 초안의 심의를 마친 상태이고, 이 법안을 2008년 내에 제정한다는 방침을 세우고 있는 실정이다. 사회보장법 초안은 기업의 사회보장 가입을 의무화하고 있고, 사회보장비를 체불할 경우 그 벌칙 조항을 강화하고 있다. 사회보장법이 제정될 경우 현재 사회보험에 가입하지 않고 있는 상당수의 중소형 사영기업, 집체기업, 합자 및 독자기업들이 사회보험제도에 가입해야 하기 때문에 후진타오 집권 2기 동안 기업의 사회보장 가입률은 크게 증가할 것으로 보인다.

사회보험 가입률 제고는 장기적으로는 사회의 안정을 이루는 데 기여할 뿐만 아니라 단기적으로는 현재 중국당국의 이른바 '음성채무' 문제를 해소하는 데도 큰 도움이 된다. 음성채무란 적립되어 있어야 할 사회보험비가 적립되지 않은 것을 말하는데, 일부 지방정부의 경우 음성채무 때문에 사회보험비를 제때 지급하지 못해 사회적 갈등을 일으키는 중요한 요인이 되고 있다. 음성채무 규모에 대해 중국 당국은 공식적으로 그 수치를 밝히지 않고 있지만, 2005년 3월 17일 현재 2조 5천억 위안에 달하는 것으로 추정된다.[32] 음성채무 문제는 그간 중국 당국이 현수현부제[33](現收現付制, '부가제', *pay as you go system*) 방식의 사회보험제도를 채택했기 때문에 발생되는 문제이다. 이 제도 하에서는 퇴식자가 증가할수록 재직 노동자의 사회 보험비 납부부담과

---

32) 중국당국은 음성채무 규모를 제시하지 않는다. 〈법제만보(法制晩報)〉 2005년 3월 17일자에 정쓰린(鄭斯林) 노동사회보장부 부장이 밝힌 수치이다. http://politics.people.com.cn/GB/1027/3249309.html(검색일: 2005. 3. 18)

33) 현수현부제는 현재의 취업자와 기업이 납부한 사회보험비로써 퇴직자의 사회보험비를 지급하는 것을 말하는데, 이 제도에 따르면 퇴직자가 증가할수록 지불해야 하는 사회보험비도 증가된다. 동북 3성과 같이 과거 계획경제 체제 하에서부터 국유기업 및 집체기업이 많이 설립되었던 경우 퇴직자가 신속하게 증가하고 있어 사회보험비 지급에 어려움을 겪는 실정이다.

국가의 사회보험금 지급부담은 커진다.[34] 중국 당국은 이 음성채무 문제 해결을 위해 사회보험 가입률 제고와 사회보장 보조금 지출 두 가지 방법으로 대처하고 있다. 사회보험 가입률 제고는 사회보장비를 확대시킴으로써 결과적으로 정부가 시급하게 사회보험비를 지출할 수 있는 여지를 넓혀주는 효과를 갖고 있다. 〈표 5-7〉에서 나타나듯이 중앙정부의 사회보장 보조금 지출은 매우 빠른 속도로 꾸준히 증가하는 추세다. 2005, 2006년 중앙재정의 사회보장 보조금 지출은 각각 1,623.9억 위안, 2,010.02억 위안으로 각각 전년 대비 10%, 22.9% 증가하고 있는데, 중앙재정의 지출부담은 해가 더할수록 가중되고 있다고 할 수 있다.[35]

한편, 그간 도시에서 사회보장 시스템에서 제외되어 왔던 개체호 경영자 및 임시직 노동자에 대한 사회보험제도 확립도 주목할 필요가 있다. 2005년 12월 3일에 발표되었던 '기업 직공 기본양로보험제도를 완전하게 하는 데 대한 국무원의 통지'의 제3조 '기본양로보험 대상 범

---

34) '도시 사회보장 시스템을 완전하게 하기 위한 랴오닝성의 실험실시 방안에 대한 국무원의 회신'(國務院關于同議遼寧城完善城鎭社會保障體系試點實施方案的批復, 國函〔2001〕79號) (2001. 7. 6) 은 "기업이 납부해야할 기본양로보험비는 기업 임금총액의 20% 가량은 변화시키지 않되, 기업이 납부한 비용은 더 이상 개인통장에 적립하지 않고 모두 '사회통합기금'(社會統籌基金)에 적립하며, 직공(농민 계약공 포함) 개인이 납부하는 기본양로보험비의 비율은 통일적으로 본인 임금의 8%로 모두 개인통장에 적립한다. 개인통장 규모는 본인 임금의 11%에서 8%로 조정한다"는 랴오닝 성이 보고한 '도시 사회보장 시스템을 완전하게 하기 위한 랴오닝 성의 실험실시 방안'을 허가했다. 랴오닝 성의 실험은 직공 본인 임금의 11%에 달하는 개인통장에서 기업이 최저 3%를 부담해야 한다는 1997년 양로보험제도의 내용을 수정한 것이다.

35) 본문에서 인용한 통계수치는 재정부가 2006년, 2007년에 발표한 전년도 및 당해연도 '중앙 및 지방 예산집행현황과 중앙 및 지방 예산초안보고'에서 제시된 것으로 〈표 5-7〉에서 제시된 사회보장 보조금 지출액과 차이가 있다.

위 확대'는 도시 개체 공상호 및 임시직 노동자(靈活就業者)가 기본양로보험에 참여할 경우 전년도 재직 직공의 평균임금을 기수로 하여 20%를 납부하고, 그중 8%는 개인통장에 적립하도록 규정하고 있다. 도시 개체 공상호 및 임시직 노동자의 양로보험의 경우 기업 직공 양로보험과 달리 기업의 사회보장비 적립 없이 개인의 사회보장비만을 적립하는 형식이긴 하지만, 장기적으로 보았을 때 중국의 사회안정에 어느 정도 기여할 것으로 보인다.

그밖에 후진타오 정부가 최근 들어 민생개선 정책의 주요 정책 가운데 하나로 도시 저소득 가정의 주택문제를 개선하는 정책을 구체화하고 있어 큰 주목을 끌고 있다. 후진타오 정부는 2003년 '도시 최저소득 가정에 대한 주택 임대료 보조비 지급 및 염가주택 제공 관리방법'(城市最低收入家庭廉租住房管理辦法, 이하 '주택관리방법'이라함)을 발표한 데 이어 2007년 8월에는 '도시 저소득 가정의 주택곤란 해결에 관한 국무원의 약간의 의견'(國務院關于解決城市低收入家庭住房困難的若干意見, 國〔2007〕24號, 이하 '국무원 24호'라 함)을 발표하고, 제 11차 5개년계획이 끝나는 시점에 주택문제로 어려움을 겪고 있는 도시의 약 1천만 호의 주택문제를 개선한다는 방침을 밝혔다. 국무원 24호가 제시하고 있는 저소득 가정의 주택문제 해결방법은 각 지방정부가 주택문제로 어려움을 겪고 있는 도시의 저소득 가정에 대해 주택 임대료를 보조하는 방법을 우선적으로 채택하고, 염가주택을 제공한 뒤 낮은 임대료를 징수하는 방법을 보조적으로 채택한다는 것인데, 이때 염가주택 공급은 정부가 새롭게 건설하거나 기존 건물을 구매·개조하는 것을 통해, 그리고 사회의 지원을 통해 실현한다는 것이다.

국무원 24호는 다음의 몇 가지 측면에서 '주택관리방법'을 보완하고 있다. 우선, 혜택의 범위를 확대하고 있다. '주택관리방법'은 도시 최저소득 가정을 대상으로 하고 있지만, 국무원 24호는 도시 저소득 가정으로 규정하고 있어 수혜자의 범위가 확대되었다. 그 다음, 자금원을 명확하게 규정하고 있다. '주택관리방법'은 주택 임대료 보조비 지급 및 염가주택 제공 자금원을 명확하게 규정하지 않고 있는 데 반해, 국무원 24호는 지방정부는 토지임대를 통해 획득한 순이익 중 10% 이상을 저소득 가정에 대한 주택 임대료 보조비 지원 및 염가주택 공급 보장 자금으로 할당하고, 또 중앙재정으로 재정사정이 어려운 중서부 지역을 지원한다는 방침을 밝히고 있다. 마지막으로, 정책집행의 강제성이다. '주택관리방법'은 지방정부에 정책집행을 일임하고 있을 뿐이고, 또 집행시한을 명시하지 않고 있지만, 국무원 24호는 지방 정부로 하여금 주택사정이 어려운 도시 저소득 가정을 조사하여 2007년 말까지 당안(檔案)을 만들고, 2008년 말까지는 주택문제로 어려움을 겪는 저소득 가정의 주택문제를 기본적으로 해결한다는 시한을 제시하고 있다. 또한 지방정부로 하여금 주택곤란문제 해결을 위한 업무의 목표, 발전계획 및 연도계획을 확립한 뒤 그 내용을 지방정부의 경제사회 발전계획과 주택건설 계획에 편입시키도록 하고 있고, 그 내용을 대외에 발표하도록 하고 있으며, 상급정부가 하급정부의 정치적 업적을 평가할 때 저소득 가정의 주택곤란문제를 얼마나 해결했는지를 평가해야 한다는 방침을 제시하고 있다.

국무원 24호의 내용은 후진타오 정부 집권 2기 동안 '주택보장조례'(住房保障條例)로 승격되어 집행될 전망이다. 2007년 12월 건설부는 유관 부문과 함께 베이징에서 주택보장조례를 심의하는 회의를 개최한 바 있다. 이 회의는 국무원 24호에 명시된 요구를 법적·정책적으로 뒷받침하기 위해 개최되었는데, 2008년 말까지는 주택보장조례를 통과시킨다고 결의한 것이라고 알려져 있다.[36] 주택보장조례는 저소득 가정 못지않게 주택문제로 곤란을 겪는 중등소득 가정을 포괄하지 못하기 때문에 수혜자의 범위를 좀 더 확대할 필요가 있다는 지적을 받

36) 초안 기초에 참석한 한 학자가 밝힌 내용이다. http://www.sina.com.cn/c/2007-12-06/000314457540.shtml(검색일: 2007년 12월 6일).

고 있고,[37] 정부의 주택 임대료 보조비가 실제 임대료 수준의 어느 정도일 것인지에 대해서는 여전히 불투명하긴 하지만, 자금확보 방법, 정책집행의 시한, 상급정부의 하급정부에 대한 정책집행 강제조항을 담고 있기 때문에 도시 저소득 가정의 주택곤란문제는 어느 정도 경감될 것으로 전망된다.

5. 결 론

후진타오 총서기는 제 17차 전국대표대회에서 행한 〈정치보고〉에서 본문에서 언급된 방대한 민생개선 정책을 '공부하고자 하는 자에게는 배울 기회가, 노동하는 자에게는 소득이, 아픈 자에게는 치료받을 기회가, 늙은 자에게는 부양받을 기회가, 거주하고자 하는 자에게는 주택이 있는'(學有所教, 勞有所得, 病有所醫, 老有所養, 住有所居) 정책으로 압축하여 발하고 있다. 그간 중국의 2, 3세대 지도부의 성장 위주의 발전정책에 대해 비판적 입장을 취했던 중국의 일부 비판적 지식인들조차 후진타오 총서기가 압축적으로 표현하고 있는 이 민생개선 정책을 '다섯 가지가 있는'(五有) 정책으로 묘사하면서 '경자유전(耕者有田) 정책의 현내판'이라 여기면서 반기고 있다.[38]

본문에서 살펴보았듯이 후진타오 정부의 민생개선 정책은 단기적이고 직접적인 효과를 낼 정책도 있고, 장기간에 걸쳐 서서히 효과를 낼 정책도 있다. 전자에 해당되는 사회정책은 농업세 폐지, 농촌지역 교

37) 주택보장조례 기초에 참여했던 탕쥔(唐均) 중국사회과학원 사회정책연구중심 비서장의 견해다. http://www, sina. com. cn/c/2007-12-06/000314457540 (검색일: 2007년 12월 6일).

38) 비판적 지식인이 운영하고 있는 웹 'UTOPIA(烏有之鄉)' 2008년 1월 15일판(총56기)에 게재된 張宏良의 글 "元旦雜談". http://www. wyzxsx. com.

육 잡비 및 학비 폐지, 농촌 최저생활보장제도, 도시 최저생활보장제도, 농촌 신형 합작의료제도 실시, 도시 주민 기본의료보험제도 확대, 사회보장 가입률 확대정책, 도시 저소득 가정에 대한 주택보조 정책 등이고, 후자에 해당되는 정책은 3농 지원정책, 신농촌 건설운동, 농촌인구의 도시유입 정책, 일자리 확대정책, 분배정의의 실현정책 등이다. 특히 후자에 속하는 사회정책 가운데 농촌인구의 도시유입 정책, 일자리 확대정책, 분배정의의 실현정책은 사실 국가의 개입여지가 크지 않고 주로 경기변동과 시장상황의 영향을 많이 받기 때문에 정책의 효과를 판단하는 데 신중을 기할 필요가 있다.

민생개선 정책의 효과가 단기적으로 나타나든 혹은 장기적으로 나타나든 후진타오 정부 집권 2기의 사회정책들은 그간 중국사회에 누적되었던 사회적 모순을 어느 정도 완화시켜줄 것으로 기대된다. 이들 정책이 잘 추진되고 집행될 경우 중국 사회는 누적된 모순을 어느 정도 해소하고, 또 다른 경제적 '비약'을 할 수 있는 사회적 토대를 구축할 수 있을 것으로 판단된다. 문제는 중앙이 확립한 민생개선 정책이 하급정부 차원에서 적절한 시점에서 잘 집행될 것인가 하는 점이다. 이 점과 관련하여 세 가지 사항을 좀 더 검토할 필요가 있다.

우선, 사회정책을 집행하는 데 소요되는 재정확보 문제이다. 제11차 5개년계획 기간 동안 사회정책을 집행하는 데 더 확대되어야 할 재정규모를 정확하게 측정하기는 어렵지만, 대략 그 규모는 GDP의 5~7%에 달하는 것으로 분석한 한 보고서가 있어 주목을 끈다. 계산의 근거는 다음과 같다. ① 2003년 현재 중국의 교육비와 의료비 지출이 GDP에서 차지하는 비중은 각각 2.5%, 0.7%이고, 중국정부 당국이 2010년까지 GDP의 4%까지 교육비를 확대한다는 목표를 제시하고 있기 때문에 증가되어야 할 교육비는 GDP의 1.5%이다. ② 그런데 일반적으로 의료보건비 지출은 교육비 지출보다 많지만, 동일하다고 가정하면 증가되어야 할 의료보건비는 GDP의 3.3%이다. ③ 한편, 농촌인구를 공업과 서비스업으로 전환시킬 직업훈련 프로그램을 강화하고, 도시화의 수준을 현재의 40%에서 2010년에는 47%로 제고하며, 중서부 지역 발전을 위해 투자되어야 할 지원금 증가액은 GDP의 2% 정도이다. 따라서 2010년까지 ①, ②, ③을 실현하기 위해 증가해야 할 재정은 GDP의 5~7% 정도이다.[39]

이 보고서는 재정확충을 위해 다음과 같이 몇 가지 사항을 제안하고 있다. 첫째, 2005년 현재 전체 세수의 6.8%, GDP의 1.2%를 점하고 있는 중국의 개인소득세는 선진국에 비해 현저하게 낮은 수준이기 때문에 개인소득세를 증가시켜야 한다. 둘째, 전체 세수의 34.7%, GDP의 5.9%를 점한 중국의 부가가치세 역시 선진국에 비해 낮은 수준이기 때문에 적어도 GDP의 9~10%로까지 증가되어야 한다. 셋째, 전체 세수의 5.3%, GDP의 0.9%를 점한 중국의 소비세 역시 선진국보다 현저하게 낮은 수준이기 때문에 그 비중도 제고되어야 한다. 이 보고서는 중국 당국이 과거 10년 동안(1995~2005년) 세수가 GDP에서 차지하는 비중을 약 10% 가량 증가시킨 경험을 갖고 있고, 또 중국 당국의 탁월한 조세징수 능력을 고려할 때 제11차 5개년계획에서 제시된 사회정책의 과제를 달성하는 데 필요한 GDP 5~7% 정도의 재정 증가분을 충분히 확보할 수 있을 것이라고 평가하고 있다. 사실, 중국 정부의 재정이 GDP에서 차지하는 비중은 약 24% 정도로 경제협력개발기구(OECD) 국가의 평균치인 43.1%보다 훨씬 낮다.[40] 그만큼 재정확대의 공간이 크다는 것을 의미한다. 후진타오 정부 집권 2기 동안

---

39) 阿瑟·候賽因, 尼古拉斯·斯特恩, "中國的公共財政, 政府職能與經濟轉型", 〈比較〉 제 26집(2006), pp. 50~53.

40) 2004년 '정부재정지출'(官方財政支出, *official government spending*) 통계인데, 정부재정지출은 예산 내 지출, 예산 외 지출, 중앙정부가 지방정부를 대신하여 발행하는 채권 및 사회보장기금 지출의 합계다. OECD, 《中國公共支出面臨的挑戰: 通往更有效和公平之路》(北京: 淸華大學出版社, 2006), p. 4.

사회정책 실현을 위한 재원확충 문제가 어떻게 전개될지 주목된다.

그 다음, 확보된 재정을 좀 더 유효하게 집행하는 문제이다. 중국의 재정지출 분권정도는 재정수입의 분권정도와 비교했을 때 훨씬 더 크기 때문에 경제발전 정도가 낮은 일부 지방정부의 경우 재정적자가 심하고, 하급정부일수록 그 정도는 심하다. 특히 교육, 의료보건, 사회복지와 같은 공공서비스 영역의 경우 거의 지방정부의 재정으로 충당되고 있는 실정이다. 후진타오 정부가 집권 2기 동안 농촌과 도시, 지역간 불균등 발전에 따른 사회적 모순을 완화하고 해결하려 한다면 경제발전이 낙후된 지역에 더 많은 중앙재정 환급금액이 배분될 필요가 있다. 한편, 중국의 복잡한 행정관료 시스템과 부패 때문에 중앙재정 환급금액이 지방정부에 전달되어 집행되는 과정에서 유실되거나 제대로 사용되지 않는 경우가 적지 않다. 따라서 필요한 경우 중앙정부는 중앙의 환급금액을 복잡한 행정단계를 거치지 않고 그 재원을 필요로 하는 하급 정부에 직접 배분할 필요도 있다. 나아가 사회정책의 유효성을 높이기 위해서는 공공재정지출의 투명성을 높이고, 또 지출 내역을 평가할 수 있는 시스템을 확립할 필요가 있다. 바로 이 같은 이유 때문에 후진타오 정부 집권 2기의 재정시스템 개혁이 주목된다.

마지막으로, 사회적 모순을 잘 관리하고 해결하는 문제다. 민생개선 정책의 효과가 나타나기 전에 사회적 갈등이 심화되어 정치적 혼란이 발생할 경우 후진타오 정부가 집권 2기에 실행하고자 했던 민생개선 정책은 빛바랜 정책으로 전락하고 만다. 이 점과 관련해서는 본 글의 분석대상에서는 제외했지만, 후진타오 정부가 제시하고 있는 사회관리 모델, 즉 '당 위원회가 지도하고, 정부가 책임지며, 사회가 협동하며, 대중이 참여하는' 사회관리 모델을 주목할 필요가 있다. '국가조합주의'(*state-corporatism*) 모델을 연상케 하는 이 사회관리 모델은 중국공산당과 정부가 사회집단의 다양한 요구를 잘 수렴하고, 이익분쟁을 잘 해결한다는 전제를 두고 있는데, 과연 관료주의의 색채가 농

후한 중국공산당과 정부가 그 같은 역할을 잘 하고 있는지에 대해서는 의문이다. 후진타오 정부가 제시하고 있는 사회관리 모델의 유효성에 대해서는 좀 더 심도 있는 분석이 요구되지만, 필자는 그 사회관리 모델이 유효하게 작동되기 위해서는 무엇보다 중국공산당과 정부의 관료주의의 병폐를 극복할 수 있는 시스템과 사회집단의 이익분쟁을 신속하게 잘 해결하는 시스템이 보완될 필요가 있다고 판단한다.

종합하면, 후진타오 정부는 위기의식과 발전에서 비롯된 민생개선 정책을 집권 1기에 이어, 집권 2기에도 확고하게 추진해 나갈 것으로 보이다. 집권 2기의 후진타오 정부는 이미 확립되어 있는 다양한 민생개선 정책을 추진해 나가는 데 소요되는 재정도 확보할 가능성이 크다고 보인다. 남아 있는 불확실한 문제는 집권 2기의 후진타오 정부가 민생개선을 위한 재정을 사회적 갈등을 치유하는 데 유효적절하게 사용할 것인지, 일자리 확대와 분배의 정의 실현 등과 같이 시장의 힘이 강하게 작동하고 국가의 개입의 여지가 상대적으로 크지 않은 영역에 대해 국가가 어느 정도로 개입하여 사회적 갈등을 완화시킬 수 있을 것인지, 다양하게 표출되고 있는 사회적 요구와 갈등을 수렴하고 해결할 수 있는 시스템을 잘 확립할 것인지 등이다. 이런 불확실한 문제들을 잘 처리할 경우 후진타오 정부는 중국 사회에 누적된 모순을 어느 성도 해소하고 정치적·사회적 안정을 달성하는 가운데, 또 다른 경제적 '비약'을 할 수 있을 것이다.

중국공산당 제17차 당대회와 중국의 대외정책

김 흥 규 (외교안보연구원)

1. 제17차 중국공산당 당대회의 의의와 쟁점

이 글은 2007년 10월 15~21일 기간 동안 개최된 제17차 중국공산당 전국대표대회(이하 당대회)에서 드러난 중국의 대외정책에 대한 의미를 평가하고 향후 중국의 외교정책에 대해 전망하고자 한다. 중국은 개혁·개방정책을 채택한 이래 매 5년째 가을마다 당대회를 정기적으로 개최하여 왔나. 당대회는 통상적으로 비공식부문을 합쳐 거의 2년여의 준비시간이 걸리는데, 공식적으로는 당대회 약 1년여 전 중앙위원회에서 개괄적인 일정이 결정되고, 구체적인 준비작업에 들어간다.[1] 중국의 당대회는 중국 정치는 물론이고 외교를 관찰하는 연구자

1) 이번 대회에서 공식적인 준비작업은 2006년 12월 정치국 회의에서 당대회 〈정치보고〉 기초소조가 구성되면서 시작되었고, 기초소조 조장은 당총서기 후진타오(胡錦濤), 부주임은 중앙선전부장 류윈샨(柳云山)과 국무원 부총리이자 국가발전계획위원회 주임인 쩡페이옌(曾培炎)이 맡았다. 이 작업에는 다양한 관료, 군책임자 및 전문가들이 참여했는데 특히 후진타오의 대표적인 국제정치 이데올로그인 쩡삐젠(鄭必堅)과 국내경제부문 이데올로그인

들에게 대단히 중요한 의미를 지닌다. 당대회에서 당 총서기가 발표하는 공산당 중앙위원회 보고(이하 〈정치보고〉)는 향후 5년간 당의 노선과 정책의 대강을 집약적으로 드러내주고, 동시에 당을 이끌어 갈 지도자들의 구성도 드러나기 때문이다.[2)]

〈정치보고〉는 오랜 준비기간과 다양한 지도자들이 참여한 당내 합의의 결과이기 때문에 자구 하나 하나의 변화를 주의 깊게 읽어야 할 필요가 있다. 1982년 개최된 제12차 당대회의 〈정치보고〉와 같이 대

왕멍퀘이(王夢奎)가 참여했다고 한다. 국내에 소개된 정삐젠의 글은 정삐젠, 《중국 평화부상의 길》(서울: 한신대학교 출판부, 2007)이 있다. 왕멍퀘이는 오랜기간(1998. 3~2007. 6) 중국 국무원의 핵심싱크탱크인 국무원 발전연구중심의 주임을 역임했으며 당의 주요문건 기초소위에 참여하였다.

2) 중국 국내정치나 제도가 대외정책에 미치는 영향에 대해서는 Qingxin Wang, "Cultural Norms and the Conduct of Chinese Foreign Policy", Weixing Hu, Gerald Chan, Daojiong Zha(eds.), *China's International Relations in the 21st Century*(Lanham: University Press of America, 2000), pp. 143~170; David Bachman, "Domestic Forces of Chinese Foreign Policy", Samuel S. Kim(ed.), *China and the World*(Boulder: Westview, 1994), pp. 42~59; David Lampton, "The Seamless Web: Domestic Politics and Foreign Relations", *Same Bed Different Dreams* (Berkeley: University of California Press, 2001), pp. 279~312; Doak A. Barnett, *The Making of Foreign Policy in China: Structure and Process* (Boulder: Westview Press, 1985), pp. 19~50, 51~110; Lu Ning, "The Central Leadership", *The Dynamics of Foreign-Policy Decision-making in China*(Boulder: Westview Press, 1997), pp. 76~105; Lu Ning, "Institutions & Individuals", *The Dynamics of Foreign-Policy Decision-making in China*(Boulder: Westview Press, 1997), pp. 106~149; Kenneth Lieberthal and Michel Oksenberg, *Policy Making in China: Leaders, Structures, and Processes*(Princeton: Princeton University Press, 1988), pp. 3~34; Xinning Song, "The Impact of Domestic Politics on Chinese Foreign Policy", Weixing Chen and Yang Zhong (eds.), *Leadership in A Changing China*(New York: Palgrave Macmillan, 2005), pp. 147~167.

외정책의 중대한 전환을 가져오는 '독립자주외교노선'과 같은 주요 외교원칙이 발표되기도 하였지만, 〈정치보고〉의 주요현안은 일반적으로는 외교보다는 국내정치문제이다. 따라서 대외관계와 관련해서는 많지 않은 〈정치보고〉의 내용 속에서 향후 대외정책의 함의를 읽어내야 하기 때문에 국내정치 분야의 정책방향을 바탕으로 유추하는 상상력의 발휘가 필요하다. 동시에 당대회의 보고에서 드러난 정책의 우선순위, 당의 정책이나 인사변동 및 외부로 흘러나오는 당내 토론내용 등을 종합적으로 분석하여 중국의 향후 외교정책 방향에 대하여 함의를 읽어낼 필요가 있다.

이번 당대회에서 가장 주목받은 이슈는 장쩌민(江澤民) 등 상하이(上海)방 세력의 영향력을 강하게 받아 온 후진타오 체제가 독자적인 위상을 확립하고 권력 공고화를 달성할 수 있는 지 여부였다. 후진타오가 추진하는 정책정향은 장쩌민 체제나 그 지지자들과 차별성을 지니고 있기 때문에 추후 중국의 정책을 예측하는 중요한 지표가 될 것으로 평가되었다. 또 다른 하나는 2012년 이후 중국을 이끌어 갈 새로운 지도자군(제 5세대)의 형성 여부였다. 제 5세대 지도부는 중국이 국내정치·사회적으로 커다란 도전에 직면할 수 있는 2010년대를 이끌어 가야할 지도부로서 장래 정책에 대한 일정한 시사점을 안겨주기 때문이다. 따라서 이번 당대회 역시 대외정책보다는 대내정책이나 권력구조의 변화가 더 중요한 이슈였다고 할 수 있다.

국내에서 2003년 〈新亞細亞〉 봄호에 2002년 제 16차 당대회에 대한 종합적인 평가를 담은 글들을 개제한 바 있지만 직접적으로 당대회와 관련하여 중국의 외교정책을 분석하고 전망한 글들은 국내외적으로 그리 많지 않다.[3] 이러한 현상은 중국 당대회의 주요 안건이 국내문

---

3) 당대회 시점과 더불어 나온 글들은 신상진, "강택민 시대 중국의 대외정책", 〈國際問題〉(1998년 1월); 신상진, "10기 전인대 이후 중국의 외교안보정책 분석과 전망", 〈統一政策硏究〉 제 12권 제 1호(2003년 여름); 李東律,

제에 더 초점이 맞춰 있었기 때문으로 평가된다. 그나마 최근 중국의 제16차 당대회에서 드러난 외교정책의 함의는 중국의 추수롱과 한국의 이동률 교수가 비교적 본격적으로 분석한 글이 있다.[4)]

이번 당대회의 특성이 새로운 지도자군들이 등장하는 당대회가 아니라 기존의 후진타오 체제가 제2기로 넘어가면서 권력의 공고화 여부가 주목되는 회의였기 때문에 변화보다는 연속성이 더 강할 것이라는 상식적이고도 선험적인 예상이 일견 설득력이 있다. 그러나 중국 대외정책에 대한 분석은 상식적인 차원의 추론적이고 선험적인 판단을 넘어 경험적 분석과 해석학적 분석을 결합하여 중국 외교의 흐름을 정교하게 이해하려는 노력이 필요하다. 이번 당대회는 중국 외교의 진화

"16大 以後 新指導部의 登場과 外交政策 展望", 〈新亞細亞〉 제10권 제1호(2003년 봄) 등이 있다. 영미권에서는 Hsiung, James C., "Peking's Foreign Policy After the Thirteenth Party Congress: New Strategic Environment and Domestic Linkages", *Issues & Studies*, Vol. 24 No. 10 (1988. 10); Paul H. Kreisberg, "Peking's Foreign Policy After the Thirteenth Party Congress", *Issues & Studies*, Vol. 24 No. 10(1988. 10); Quansheng Zhao, "Patterns and Choices of Chinese Foreign Policy", *Asian Affairs: an American Review*, Vol. 20 No. 1(1993 spring) 등이 있으며 보다 최근 글로는, Gerrit W. Gong, "The International Strategy of China's New Leaders", Yun-Han Chu, Chih-Cheng Lo and Ramon H. Myers(eds.), *The New Chinese Leadership: Challenges and Opportunities After the 16th Party Congress*(Cambridge: Cambridge University Press. 2004), pp. 156~179; Kenneth Lieberthal, "US-China Relations in the Wake of the 16th Party Congress and Tenth National People's Congress", *Ibid*, pp. 180~197; Shulong Chu, "The 16th National Party Congress of the Chinese Communist Party and China's Foreign Policy", Weixing Chen and Yang Zhong(eds.), *Leadership in A Changing China*(New York: Palgrave Macmillan, 2005), pp. 133~146.

4) Shulong Chu, "The 16th National Party Congress of the Chinese Communist Party and China's Foreign Policy"; 李東律, "16大 以後 新指導部의 登場과 外交政策 展望".

라는 측면에서 중국의 외교가 능력을 감추고 때를 기다리는 도광양회(韜光眻晦)식 외교에서 자신의 할 바를 찾아 행동으로 옮기는 유소작위(有所作爲)식의 외교로 전환되고 있다는 주요한 변화의 단초를 엿볼 수 있다는 점에서 주목할 수 있다.

제 2절에서는 당대회 결과 드러난 권력배분 및 외교방면 인사가 중국의 외교에 어떠한 함의를 지니고 있는지를 평가하고, 제 3절에서는 제 17차 당대회와 비교하기 위하여 기존 당대회에서 드러난 대외정책의 변화와 지속성에 대해 검토하였다. 제 4절에서는 당대회에서 드러난 중국의 대외인식 및 정책정향에 대해 분석을 시도하였다. 제 5절에서는 중국 외교의 정책정향에 대한 인식을 바탕으로 중국의 대한반도 정책에 대한 함의를 찾고자 하였다.

2. 당대회의 권력배분과 중국 외교

1) 당내 권력의 변화와 대외정책적 함의

제 17차 당대회에서 후진타오 총서기는 총 12개 부문에 걸쳐 향후 5년간 중국이 지향해야 할 지침을 담은 〈정치보고〉를 하였다. 〈정치보고〉의 주제는 “중국특색의 사회주의 기치를 고양하고, 덩샤오핑 이론과 ‘삼개대표론’을 주요 지도사상으로 하면서 ‘과학발전관’을 충실히 관철하고, 사상을 해방하며, 개혁개방정책을 견지하고, 과학발전을 이룩하고, 사회조화를 추진하며, 전면적인 소강사회건설을 달성하자”는 것이었다. 여기에서 후진타오가 제창한 이론으로 알려진 ‘과학발전관’이 비록 ‘이론’의 수준에는 미치지 못하지만 〈정치보고〉에 삽입된 것은 이번 당대회에 이르기까지 후진타오 권력 공고화에 일정한 진전이 있었음을 알려준다.

하지만, 17차 제1기 중앙위원회 전체회의(이하 중전회)에서 확정된 정치국 상무위원회의 인적구성을 단순화하여 볼 때, 중국의 최고지도부는 공청단파(대중주의 노선)와 상하이방 및 태자당(엘리트 노선)간 정책노선이 여전히 경쟁할 수 있는 인적구도로서 환원하여 설명할 수 있을 것이다. 정치국 상무위원회 구성원 중 후진타오(胡錦濤), 원자바오(溫家寶) 및 리커창(李克强)은 대중주의 노선이라 할 수 있으며, 우방궈(吳邦國), 자칭린(賈慶林), 리장춘(李長春), 시진핑(習進平), 허궈창(賀國强) 및 저우융캉(周永康)은 상하이방과 연결되어 있거나 그 영향력을 바탕으로 엘리트 노선에 가깝다고 대별할 수 있다. 물론 이러한 분류는 구체적으로 이들이 제시하거나 추진한 정책들에 대한 평가라기보다는 이들의 정치적, 사회적 성장배경을 바탕으로 이들의 정치적 성향이 제도적이고 구조적인 제약상황에 의해 영향을 받는다는 것을 전제하면서 이론적 추론을 바탕으로 제시한 것이다.

〈표 6-1〉은 이들 두 집단사이의 정책정향을 양극화하여 제시한 것이다. 후진타오/원자바오 체제는 국내정책에서 대중주의 노선에 입각하여 조화로운 사회의 추진, 법의 통치, 성장 못지않은 분배 및 사회정의를 강조하는 경향이 강하다. 보다 엘리트적인 태자당이나 상하이방은 상대적으로 분배보다는 빠른 성장정책의 추구, 효율성을 강조하는 정책을 선호할 것이다. 이러한 중국 최고지도부내 대내 정책적 정향들은 대외관계에 대한 일정한 논리적 함의를 던져주고 있다.

어느 파당적 입장에 서든 현재 중국이 처한 전환기적인 경제·사회적 상황을 고려할 때, 강대국 외교 특히 미국과의 관계가 가장 중요하다는 데 이의는 없을 것이다.[5] 그럼에도 불구하고 위에서 대별한 양

5) 쏭신닝에 의하면 제15차 당대회에서는 주변국 외교를 강조한 반면 제16차 당대회에서는 강대국 외교의 중요성이 다시 전면에 등장하였다. Xinning Song(2005), pp. 153~156. 실제 중국외교에서 주변국 외교의 중요성이 강조되기 시작한 것은 이미 제14차 당대회에서부터 드러난다.

〈표 6-1〉 공청단파(團派)와 태자당(太子黨)의 정책적 특성 비교[6)]

이슈	공청단파	태자당
지도자 형	통합적 조정형	기능적 실무형
지역적 배경	농촌, 내륙지방	도시, 해안 지역
전문분야	당조직, 선전, 이념, 법률, 청년운동, 농업	IT, 경제, 금융, 무역, 군사
경제정책 중점	지역균형발전, 내수촉진, 환경 고려한 GDP 성장, 분배와 사회정의 강조	성장위주 정책, 해안지역 개발전략, 효율강조
이해 대변그룹	농민 및 사회 소외층	도시 중산층
대외정책 중점	주변국외교+강대국외교	강대국외교+주변국외교
한국 전략지위	높음	상대적 감소

대 집단들의 국내 정책적 입장 차이는 대외정책의 입장에 대한 일정한 함의를 안고 있다. 대중주의 노선에 입각한 지도자들이 지니는 대외정책관은 미국과 극단적인 대립을 회피하고 가능한 한 협력을 지향하는 실리를 추구하면서도, 조화로운 세계의 창조 및 국제정치의 다극화 등 중국의 전통적이고 명분론적인 입장을 강화하는 정책의 선호도가 드러나고 있다. 이들은 장쩌민 시기에 실제 추진하였던 대미친선 일변도의 외교를 지양하고 미국에 대해서는 보다 독립적인 태도를 취하면서 "관여적 견제"(*hedging*) 전략을 강조하고 상대적으로 이러한 정책을 뒷받침할 주변국 외교를 중시할 개연성이 더 크다. 반면에 엘리트 노선은 보다 긍정적으로 세계화 추세를 평가하고, 강대국 중심외교를 강조하며, 대미 협조관계의 강화에 더 중점을 둘 개연성이 크다. 이 경우, 주변국 외교의 상대적 가치는 저하될 것이다.

대한반도 정책이 중국의 주변부 정책의 주요 구성부분이라는 것을 전제하였을 때, 이러한 주요 지도집단들의 정책정향은 대한반도 정책

6) 김흥규, "중국 제 5세대 지도자군 형성전망", 〈외교안보연구원 주요국제문제분석〉(2007. 7. 5), p. 13.

에도 일정한 함의를 지니고 있다. 대중주의 정책정향은 정치·군사적으로는 한국의 중요성을 높게 평가할 것이지만, 경제적 교류에서는 내수중심의 정책을 지향함으로써 한국에 불리한 정책들이 나올 가능성이 높다. 엘리트 정책정향은 정치·군사적으로 강대국 관계를 강조하면서 한국의 전략적 지위를 상대적으로 저평가할 가능성이 크고, 경제적으로는 보다 더 적극적인 성장과 개방정책으로 한국에 유리한 정책정향을 보일 것이다.

물론 이러한 이분법적 분류는 각 계파 간 정책정향을 이념형적으로 표현한 것이며, 현실화된 정책을 지칭한 것은 아니다. 중국의 정치적 구조에서 본다면 후진타오가 점차 주도권을 강화하는 당 정치국내에서 각 상이한 정책집단들은 자신의 정책적 주장이 표면화되어 정치적 갈등으로 비춰지는 것을 회피하기에 각 계파 간 차이는 단기간에 드러나지 않을 수도 있다. 하지만 중국의 정책 결정과정을 이해한다면 이 두 입장을 축으로 하면서 그 사이에서 정책적 타협이 이루어질 것으로 보는 것은 무리가 없을 것이다. 아울러 북핵문제라는 변수는 이러한 정책정향의 변화와 관계없이 중국의 대외정책에서 한반도 문제의 중요성을 강화하는 외적 요인으로 작동하고 있다. 이 사안은 한반도가 강대국 외교 및 주변국 외교의 문제와 다 같이 얽혀 있기 때문이다.

2) 외교부문 인사와 외교정책

당대회에서 드러난 외교부문과 관련된 인사를 통해 중국 외교의 비전과 정책방향의 일단을 엿볼 수 있다. 이번 17차 당대회 직전 당 지도부는 원자바오 및 리장춘을 중심으로 세계화의 수준에 미치지 못하는 외교부의 기강해이를 질타하고 지도부에 대한 개혁적 인사를 준비하였다. 2007년 가을 당내의 권력분포 현상을 보여주듯이, 외교부문의 고위층 인사에 영향력을 미칠 수 있는 후진타오, 원자바오, 쩡칭홍

(曾慶紅), 중앙판공청, 중앙서기처, 중앙조직부, 국무원, 탕자쉔(唐家璇) 외교담당 국무위원 등 간에 차기인사에 대해 대체적인 합의에 도달하는 데 일정한 어려움을 겪은 것으로 알려지고 있다.[7] 연로한 탕자쉔을 대신하여 외교를 담당하는 부총리 혹은 국무위원감으로 거론되는 인물들로 중앙외사판공실 주임이자 외교부 당조서기인 따이빙궈(戴秉國), 외교부부장 양제츠(楊潔篪), 외교부 수석부부장 왕이(王毅) 및 유엔대사 왕광야(王光亞) 등이었다.[8] 결과적으로는 2007년 말 후진타오의 지지를 받고 있는 따이빙궈가 중국 외교의 수장으로 자리매김하였다.[9]

정치국 및 정치국 상무위원회의 인사내용을 놓고 볼 때, 당의 최고정책결정기구에 진입한 정치국 및 정치국 상무위원회 위원 중 외교라인에서 성장한 외교전문가는 찾아 볼 수가 없다. 마오쩌둥의 시절에는 저우언라이(周恩來)나 천이(陳毅)와 같이 외교부문의 전문가가 정치국원 이상의 지위에 올라가 있었다. 개혁개방시기에 들어서도 1987년 제 13차 당대회에서 우쉐첸(吳學謙), 1992년 제 14차 당대회 및 1997년 제 15차 당대회에서 첸지천(錢其琛)이 정치국원으로 활약하였으나 제 16차 당대회(2002년)에서부터는 외교부문의 지도자가 정치국에 진입하지 못하였다.[10] 이번 17차 당대회(2007년)에서도 외교부문의 지도자가 정치국 이상의 기구에 진입하지 못하였기 때문에, 국무원에서 외교부문의 최고인사가 부총리의 직위에 올라가지 못하고 국무위원의

7) "外交部換屆班子難產", 〈爭鳴〉(2007. 9), p. 8.

8) 이들에 대한 개인적인 평가는 夏飛, 楊韻, 白曉雲, 《十七大之變》(New York: 明鏡出版社, 2007), pp. 204~215.

9) 이명박 대통령 취임식에 따이빙궈 대신 탕자쉔 국무위원이 방한한 것은 그에 대한 중국 지도부의 예우차원에서 정해진 것이라 한다(인터뷰 2008년 2월 24일).

10) 이에 관한 자료는 姜華宣, 張蔚萍 編, 《中國共產黨重要會議紀事》(北京, 中央文獻出版社, 2006) 참조.

자리에 머물렀다. 따라서 제17차 당대회에서 외교부문의 정치적 대표성은 과거 16차 당대회에 비해 증진되지 못했다.

그러나 외교부문은 여전히 다른 국무원 부처에 비해서는 상대적인 중요성을 인정받아 제16차 당대회와 마찬가지로 당 중앙위원회에 따이빙궈, 양제츠, 왕이 3명의 외교부문 지도자가 위원으로 진입하여 중국의 주요 엘리트 집단에서 일정한 대표성을 인정받았다. 외교부 출신 중앙위원의 숫자는 제16차 당대회시기 탕자쉔, 리자오싱(李肇星), 따이빙궈가 중앙위원이었던 것과 비교하면 같은 숫자이다. 이러한 외교부의 상대적 중요성은 제17차 당대회에 대표를 파견하는 과정에서도 나타났는데, 외교부는 대부분 2~3인이 배정되는 다른 부처와는 달리 무려 7명이 배정되었고 여기에 따이빙궈까지 포함하면 8명의 대표를 파견하였다. 이러한 측면에서 외교부에 비견하는 행정기관은 공안부밖에 없다.[11]

이번 당대회를 전후하여 외교부문 인사와 관련하여 두드러진 특징 중 하나는 각 핵심지역 전문가가 고루 포진하였다는 점이다. 향후 5년 동안 중국 외교를 이끌어 갈 인물들로 평가되는 인물들의 구성을 보면 따이빙궈[12]는 러시아, 양제츠는 미국, 왕이[13]는 일본, 왕광야[14]는 국제기구 전문가이다. 이는 점차 친미일변도의 외교에서 벗어나 장쩌민 시기보다 독립적이고 실리에 기초한 균형외교를 강화하는 후진타오 외교정책방향이 외교부문 인사에서도 엿보인다고 할 수 있다.

2008년 3월 5일 개최된 전국인민대표대회 이후 외교담당 국무위원

11) 외교부 대표 7인은 2007년 10월 현재 리자오싱 전외교부장, 양제츠 외교부장, 왕광야 유엔대사, 왕이 주일본대사 및 국장급으로 쉬징하오 아프리카국 국장, 친야칭 외교학원 당위서기, 장치웨 주벨기에 대사이다. 이에 대해서는 姜華宣, 張尉萍(2006), p. 205.

12) 그는 전 외교부 부부장이자 문화부장이었던 황전(黃鎭)의 사위이다.

13) 그는 외교부 원로 첸자둥(錢嘉東)의 사위이다.

14) 그는 전 외교부장 천의의 사위이다.

으로서 외교부문의 최고 수장자리에 임명된 따이빙궈는 소수민족인 투자족(土家族) 출신으로, 후진타오와 연이 닿은 것은 중앙대외연락부 부장 시절(1997. 8~2003. 3)이라고 한다. 그는 중국 외교부의 소련·동구통으로 성장하였으며 소련국 국장을 맡아(1986. 6~1989. 10) 중소 국교정상화에 중요한 역할을 담당하였다. 2007년에 이미 후진타오를 대신하여 실질적으로 외교사무를 담당하면서 외교부장 리자오싱을 제치고 외교부의 당위원회 서기 역할을 수행하였고 중미, 중일, 중러, 중인 간의 전략대화를 지휘하였다. 한반도 문제는 그가 직접 관장하는 주요 지역이었으며, 북한 문제에서도 중요한 고비마다 관여하였다.[15] 전임 외교부장관 리자오싱과는 달리 학자풍의 인물로 비교적 온건하고 합리적인 성향으로 알려지고 있다.

양제츠와 왕광야는 같은 외교부 통역실 출신이다. 둘 다 미국에서 주로 근무하였지만 양제츠는 미국을 담당하였고, 왕광야는 국제연합을 담당하면서 경력을 달리하였다. 왕이는 외교부의 아시아국에서 고속 승진을 거듭하였고, 2001년 5명의 외교부 부부장 중 48세라는 최연소의 나이에 아시아를 담당하는 외교부 부부장으로 임명되었다. 그 후 2004년 9월 일본 대사로 부임하기 전까지 한반도 관련 주요 실무정책들과 건의가 그에 의해 입안되거나 주관 하에 제출되었다고 볼 수 있다. 왕광야는 따이빙궈를 대신하여 중앙외사판공실의 주임 역할을 맡을 것으로 예상되었으나 2008년 8월 현재 아직 불확실한 상태이다.

두 번째 특징은 1970년대 초중반 문화대혁명의 와중에도 중국이 과감히 영국 등 해외유학을 보냈던 서방유학 세대들이 중국 외교의 가장 핵심적인 인물들로 부상하고 있다는 점이다. 양제츠와 왕광야는 같은 연령으로 중학동창이자, 1973년 제 1기 영국 유학을 경험한 서방통들이다. 그 밖에 저우원중(周文重) 주미대사, 롱융투(龍永圖) 보아오포

---

15) 姜華宣, 張尉萍(2006), p. 208.

럼 사무총장, 샤주캉(沙祖康) 주스위스 대사/유엔 부사무총장 등이 당시 영국에서 유학한 외교관 그룹이며 현재 중국 외교의 가장 핵심적인 역할을 수행하게 되었다. 1975~76년 제2기 그룹으로는 현 외교부 부부장 장예수이(張業遂) 및 그의 아내 천나이칭(陳乃淸) 한반도 사무대사, 장샤오캉(張小康) 싱가포르 대사, 탕궈창(唐國强) 주비엔나 UN 대표부 대표 등이 그들이다.[16] 이처럼 새로이 중국 외교부의 지도자들이 된 인물들의 경력은 다양하면서, 실무 협상경험이 풍부하고, 동시에 서방을 비교적 잘 이해하는 인물들이다. 이들은 중국 외교에서 비교적 균형되게 분포되어 있어 향후 후진타오 외교의 복합적인 성격을 대변할 수 있는 인물들이다.

16) 姜華宣, 張尉萍(2006), pp. 213~14.

3. 기존 당대회의 대외정책에 대한 분석

개혁개방 이후 당대회의 〈정치보고〉에서 드러난 중국 지도부의 국제정세 인식과 정책의 방향은 〈표 6-2〉에서 정리된 것처럼 시기에 따라 차이점이 존재한다.[17] 우선, 개혁개방 초기에 개최된 제 12차 당대회의 〈정치보고〉에서는 초강대국간의 대결이 국제정세를 불안정하게 하고 있으나 점차 정세가 개선되고 있으며 초강대국 패권세력과의 전쟁을 회피할 수 있는 가능성이 존재한다는 비교적 낙관적인 분석을 하였다. 이러한 분석에 기초하여 중국은 기존의 소련 팽창을 억제하기 위해 미국과 연대하였던 반소연미(反蘇聯美) 외교정책에서 벗어나려는 독립자주외교노선을 천명하였고 이후 본격화된 중국군의 감군 및 구조 조정을 단행할 수 있었다.

경제개혁을 본격화하면서 도시부분의 개혁에 착수하는 등 시장경제 지향의 개혁을 강화한 1980년대 후반에 개최된 제 13차 당대회에서 국제정세에 대한 평가는 과거 유례없이 낙관적인 기조를 드러내었다. 세계는 평화와 발전이 시대의 추세이며, 주변 환경도 호전되었고 아울러 세계대전은 이제 회피할 수 있다고 평가하여 과거 마오쩌둥 시절부터 주장하였던 전쟁불가피론을 공식적으로 폐기하였다. 이 당시 여전히 대소련 선략의 주요한 협력자로 중국을 인식하던 미국과의 관계도 좋았고, 소련 역시 국내개혁에 집중하기 위해 중국과의 관계개선을 원하고 있었다.

제 13차 당대회에서 드러났던 중국의 대외정세에 대한 낙관적인 기조는 제 14차 당대회에서 국내정치정세와 사회주의권의 붕괴로 인하여 보다 비관적인 형태로 나타났다. 당시 중국은 1989년 발생한 톈안먼

---

17) 역대 당대회의 자료는 http://news.xinhuanet.com/ziliao/2003-01/21/content_698625.htm.

사태로 국제사회에서 고립되었고, 1991년 소련의 붕괴로 대(對)소련 전략의 협력자로서 중국의 위상은 약화되었으며 미국과의 관계도 긴장되어 있었다.

〈표 6-2〉 개혁 · 개방 이후 당대회 주요 정세인식과 정책변동, 1982~2007

공산당 전국대표대회	주요 인사 문제	국제정세인식	주요 정책방향
제12차 (1982. 9. 1~11) 후야오방 정치보고	덩샤오핑 체제 확립 후야오방 총서기-자오쯔양 총리	▪두 초강대국간의 대결이 국제 불안정의 5요인 ▪전반적으로 반제국주의 세력과 균형유지 ▪세계대전의 회피 가능성	사회주의 현대화 목표제시 독립자주외교노선
제13차 (1987. 10. 25~11. 1) 자오쯔양 정치보고	후야오방 실각후 자오쯔양 체제 등장	▪평화와 발전이 추세 ▪주변환경 호전 ▪전쟁가피론	사회주의 초급단계론 사회주의 상품경제론
제14차 (1992. 10. 12~18) 장쩌민 정치보고	톈안먼사태 이후 장쩌민 체제의 구성 후진타오 후계자로 등장	▪헤게모니 국가의 존재 ▪세계다극화 추세 진전 ▪국지전 추세의 강화	사회주의 시장경제론
제15차 (1997. 9. 12~18) 장쩌민 정치보고	장쩌민 체제의 공고화	▪세계다극화 추세 ▪상대적으로 안정적인 국제환경 ▪전쟁회피 가능	사회주의 시장경제론 덩샤오핑 이론
제16차 (2002. 11. 8~14) 후진타오 정치보고	후진타오-원자바오 체제의 등장 장쩌민의 군 장악 지속	▪평화와 발전이 시대추세 ▪다극화와 경제세계화 추세 진전 ▪비교적 장기적 평화와 주변환경 실현 가능	삼개대표론
제17차 (2007. 10. 15~21) 후진타오 정치보고	후-원 체제의 공고화 추세 및 장쩌민의 영향력 증명 시진핑, 리커창의 정치국 상무위원회 진입	▪세계정세는 대변혁, 대조정 중임 ▪세계는 대단히 불안정 존재 ▪여전히 평화와 발전은 시대 추세이며 다극화는 역전될 수 없음	과학적 발전관

출처: Heungkyu Kim, "The Political Capacity of Beijing Still Matters"(Ann Arbor: University of Michigan Ph. D. Thesis, 2002), p. 270; 김흥규, "중국 제17차 공산당 전국대표대회 평가 및 대외정책적 함의", 〈외교안보연구원 주요 국제문제분석〉 (2007. 11. 5), p. 2.

중국의 정세인식은 이러한 상황을 반영하면서 미국을 겨냥하여 세계 헤게모니 국가가 국제적 불안정의 원인임을 지적하였다. 아울러 세계대전의 위험은 거의 소멸되었지만 국지전쟁의 위험 가능성은 오히려 증가되었다고 주장하였다. 중국의 한 학자는 당시의 대미관계를 "모순, 갈등, 투쟁이 위주가 된 관계였으며, 비록 전면적 적대관계에 이르지는 못하였지만 중국의 대미외교에서 대단히 어려운 시기였다"고 정의하고 있다.[18] 대신, 이 시기는 중국의 국제적 고립을 탈피하기 위하여 강대국 위주의 외교관계를 탈피하면서 주변국 외교의 중요성을 처음으로 크게 부각시켰다. 제 14차 당대회 〈정치보고〉 중 장쩌민은 "복잡다변한 국제정세 하에서 … 주변국과의 선린우호관계가 건국 이래 최고조로 증진된 시기"라고 평가하면서 국제정세부분을 시작하고 있다.

중미간의 관계개선은 아이러니컬하게도 1995~96년 사이 양안위기 과정에서 군사적 대치를 경험한 다음 찾아왔다. 중국은 당시 국제정세에 대한 새로운 평가를 진행하고 있었다. 과거 냉전적이고 전통적인 군사적 대립중심의 사고에서 벗어난 "신안보관"이라는 개념을 제시하면서 현 미국 중심의 국제질서에 보다 긍정적이고 협력적인 중국 대외정책의 인식적 기초를 놓았다.[19] 경제성장은 이미 공산당 통치의 정당성을 부여하는 주요한 기제로 자리 잡고 있었고, 지속적인 경제발전을 위하여 대외정책에서도 일정한 변화가 필요하다는 것을 절감한 것이다. 장쩌민은 미국과의 관계에서 신뢰를 증진하고, 갈등을 감소하는 방식을 통해 협력을 발전시키고 대항하지 않는 관계를 형성하고자 노력하였다. 이러한 중국의 미국과의 관계개선 노력은 당시 재집권한 미국의 클린턴 정부 및 여론의 대중국 관계개선의 희망에 의해 호응을

18) 紫璐, 楚樹龍, "中國對美戰略的歷史演變與未來趨勢", 〈中國外交〉 第 10 期(2006), p. 54.

19) 중국의 신안보관에 대해서는 김성한, 김흥규, "미국의 동아시아 안보전략에 대한 중국의 평가와 군사전략 변화", 〈전략연구〉 제 14권 제 1호(2007).

받았다. 그 결과 1997년 중국의 국가주석 장쩌민은 국가의 최고지도자 신분으로서 건국 이래 최초로 미국을 방문하였고, 양국은 "건설적인 전략동반자 관계"를 수립하기로 합의하였다.[20] 1997년 제15차 당대회의 〈정치보고〉는 이러한 중국 대외정책의 변화를 반영하면서 중국 내 국제정세에 대한 평가는 비교적 낙관적으로 변화하였다. 세계는 다극화 추세로 진행되고 있으며, 국제환경은 상대적으로 안정적인 상태로 변화하였다는 것이다. 강대국 간의 세계대전은 당분간 발생하지 않을 것이라는 인식도 재확인되었다.

후진타오가 당 총서기가 되는 2002년 제16차 당대회의 〈정치보고〉에서는 중국의 국제정세 인식에 대한 낙관적인 특성이 여전히 견지되고 있었다. 장쩌민 시대 정립된 외교원칙을 계승하면서 우선 세계는 평화와 발전이 시대의 주제라는 구절로 분석을 시작하고 있다. 비록 평화와 발전에 부정적 영향을 줄 수 있는 전통적 안보와 비전통적 안보 위협요인이 얽혀져 있고 테러주의가 증가하는 등 불안정성이 증가하고는 있지만 여전히 장기적으로 평화로운 국제환경과 양호한 주변환경이 실현가능하다고 결론을 내리고 있다. 제16차 당대회의 〈정치보고〉는 중국의 경제발전 성공에 따른 국제적 지위의 향상과 증대된 자신감을 반영하면서 세계적인 강대국으로 부상하려는 중국의 열망을 담아내고 있다. 중국 외교에 있어 '강대국 외교'의 중요성이 다시 전면에 부각되었으며, 중국의 보다 적극적인 대외참여 및 국방력 강화의 의지를 드러내었다. 후진타오 체제는 등장 이후 보다 구체적으로 중국 대외정책의 목표와 전략을 이론화하고 국제무대에 적극적으로 개입하려는 노력을 강화하여 왔으며, 이는 동시에 국제적으로 중국 위협론의 성장이라는 새로운 도전을 불러일으켰다.

---

20) 이에 대한 중국 측의 인식은 http://news.xinhuanet.com/ziliao/2002-10/17/content_599607.htm.

4. 제 17차 당대회의 대외정책적 함의

1) 당대회 〈정치보고〉와 2기 후진타오 시기의 외교정책

(1) 적극적인 강대국화 추진전략

제 16차 당대회 이후 제 1기 후진타오(胡錦濤) 시기(2002~2007)의 중국 외교는 장쩌민 시기의 "대국, 주변 및 다자외교"를 계승하면서도 다른 특징을 동시에 보여주는데, 이는 보다 적극화된 '강대국화(大國化)' 외교를 특징으로 하고 있다. 기존의 "평화와 발전"을 강조하는 외교방침에 "협력"을 추가하여 국제정치적으로 보다 적극적이고 긍정적인 역할을 수행하겠다는 의지를 보여주었다. 후진타오 집권 초기에 발생한 제 2차 북핵 위기시 중국 외교는 과거 내정개입에 주저하는 입장을 초기부터 과감히 포기하고 적극적인 중재외교에 나섰고, 6자회담을 성사시켜 중국의 국제적 위상을 제고하였던 것도 그 한 예이다. 후진타오 외교의 슬로건으로 그간 제기된 "평화적 부상(和平崛起)", "평화적 발전(和平發展)", "조화로운 세계(和諧世界)"전략은 평화적인 수단을 통한 중국의 강대국화 추진전략이라고 정의할 수 있다.

12장으로 구성된 17차 당대회 〈정치보고〉 가운데 대외정책을 직접적으로 다룬 부분은 제 11장 "시종 변함없는 평화발전의 길을 가자"이다.[21] 제 17차 당대회 〈정치보고〉는 제 15차나 제 16차 당대회 〈정치보고〉에서 채택한 "국제형세와 대외정책"이나 "국제정세와 대외공작"처럼 형식화된 제목대신 보다 구체적인 내용과 주장을 담은 제목을 채택하고 있다. 전반적인 내용 역시 강대국화를 지향하는 중국의 외교정책이 보다 복합적이고, 고차원적이며, 구체적인 내용으로 진화하고 있다는 것을 드러내고 있다.

---

21) 새로운 이념에 대한 중국 측 설명은 http://news3.xinhuanet.com/politics/2007-09/30/content_6819128.htm.

제 17차 당대회에서 드러난 중국 대외정책의 특징은 미국 중심의 기존 국제질서를 존중하면서도, 증대된 중국의 국력에 대한 자신감을 바탕으로 전략대화 등과 국제기구 등의 참여를 통해 세계적 문제에 대한 개입을 강화하고, 실리를 추구하면서 강대국으로 부상하겠다는 전략이다. 동시에 경제성장과 군사력의 강화를 병행하겠다는 적극적인 의지를 표명하고 있는 것도 주목할 만한 사안이다.

(2) 전통전승 속 변화

17차 당대회에서 드러난 중국 정치권력 내부의 변화가 제 1기 후진타오 시기에 보여주었던 대외정책에 급격한 영향을 미치지는 않을 전망이다. 이는 경제발전을 최우선적 정책목표로 하면서 대외정책은 이 목표에 봉사해야 한다는 개혁·개방 이래의 기본적인 원칙을 유지하고, 미국과의 갈등보다는 협력적 관계를 지향하며, 미국 중심의 국제질서에 대한 도전을 지양하고, 핵무기 확산이나 테러 문제 등에 대해서 미국과 입장을 같이 하면서 책임 있는 국가로서의 역할을 수행한다는 것이다. 아울러 후진타오 시기 중국 내 계파 간 주요쟁점이 '경제정책' 및 '사회안정과 발전방향'에 있어 대외정책의 차이는 드러나지 않았기 때문이기도 하다. 그러나 〈표 6-2〉에서 지적하듯이, 국내정책의 차이는 외교정책상의 미묘한 차이를 동시에 내포하고 있다는 것도 주목할 필요가 있다. 정치국 상임위원회의 권력분포에 입각하여 추론적으로 이야기하자면, 태자당은 급속한 경제성장을 위해 상대적으로 강대국 중시성향을 보일 것이며, 후진타오를 비롯한 대중주의 노선은 독립적인 외교정책 정향이 상대적으로 더 강할 것이라는 분석이 가능하다.

중국 외교는 과거 마오쩌둥 사회주의 시절의 이상적 가치관과 1990년대 이후 구체적으로 정립된 현실주의적 국제정치관 사이에서 긴장과 갈등을 내포하고 있다.[22] 이는 중국이 국제정치에서 민주적이고 다원화된 국제질서를 향한 목표를 지속적으로 언급하면서도 미국 중심의 국제질서를 인정하고 그 안에서 실리를 챙기려는 실제 행위 사이에서 괴리감이 존재하기 때문이다. 장쩌민 이후 중국 외교는 정치 현실주의적 관점을 더 강조하고 있다.[23] 하지만 이러한 중국의 현실주의 위주의 접근은 후진타오 시기에 여전히 주요한 전략사고를 이루면서도, 내용적으로는 부분적이지만 분명한 변화를 겪고 있다. 다자주의와 적극적인 국제활동 참여를 통해 자유주의의 전통을 흡수하고, 최근 연성권력(*soft power*)과 규범, 문화 등에 대한 강조는 구조주의적 전통을 포용하면서[24] 중국 외교가 안고 있는 간극을 메우려고 한다는 점이다.[25]

이번 〈정치보고〉에 드러난 중국의 외교정책의 특징은 우선, 과거에 비해 보다 적극적인 중국의 국제적 위상증대와 활동에 대한 비전을 보여주면서 '강대국'화를 추진하는 중국의 의지를 드러내고 있다. 둘째, 보다 실질적이고 실리적인 이해관계를 중시하는 방향으로 외교정책을 전개할 것이라는 것을 말해 주고 있다. 셋째, 중립화된 '중국'이란 개념 대신 '중화민족'이란 개념을 채택하여 보다 민족주의적 감성을 드러내고 있다. 넷째, 16차 대회에서 강조된 테러문제 대신 새로이 강조된 분야는 세계화와 중국은 불가분의 관계에 있다는 것이며, 국제주의,

---

22) 중국 외교의 이중성 문제에 대한 다른 차원의 접근을 보자면, 조영남, 《후진타오 시대의 중국정치》(서울: 나남출판, 2006), pp. 297~301.

23) 이러한 류의 주장에 대해서는 조영남(2006), p. 301.

24) 중국 내에서 국제정치 영역에 있어 규범, 문화를 적용시키는 연구는 쉽게 찾아 볼 수 있다. 특히 전통적인 현실주의의 영역인 안보문제에 있어서도 구조주의적 시각에서 바라보는 최근 글은 王學軍, "西方國際關係理論範式下的國家安全研究", 〈當代亞太〉 2007年 第9期.

25) 미국 내의 중국에 대한 시각을 국제정치 이론의 맥락에서 분류하고 정책적 함의를 제시한 글은 Aron L. Friedberg, "The Future of U.S.-China Relations Is Conflict Inevitable?", *International Security*, Vol. 30, No. 2 (Fall 2005), pp. 7~45.

환경문제 등을 적극 포용하여 새로이 제기되고 있는 세계적인 이슈나 이를 해소하는 방식에 대해 보다 구체적인 입장을 개진하였다.

제 17차 당대회와 관련하여 중국 연구자들이 가장 주목하는 후진타오 제 2기의 외교관련 문제는 중국이 향후 전략적 비전을 어떻게 설정하느냐 하는 것과 이에 따른 강대국 및 주변국과의 관계, 기타 외교의 중점 방향을 이해하는 것이었다. 한국의 중국 전문가 입장에서는 북핵문제와 관련하여 중국의 대한반도 정책의 향배를 어떻게 읽어낼 수 있는가 하는 문제도 제기된다.

2) 중국의 전략적 비전

(1) 정세인식 및 전략목표

17차 당대회 〈정치보고〉에서 드러난 중국의 국제정세에 대한 상황인식은 과거 16차 당대회시기보다 다소 부정적으로 나타나고 있다. 제 16차 당대회에서 강조되었던 '평화와 발전' 추세에 대한 강조보다는 변혁의 추세와 점증하는 국제정세의 불확실성에 대한 강조로 국제정세에 대한 인식을 드러냈다. 특히 제 16차 당대회의 〈정치보고〉에서 강조된 국제정세가 완화되는 측면으로 가고 있다는 분위기와는 사뭇 다르다. 16차 당대회에서의 〈정치보고〉에서는 평화와 발전이 당대의 추세이며 세계다극화와 경제세계화 추세가 세계평화 발전에 기회와 유리한 조건을 제공하고 있다고 평가를 가장 첫 문장에 배치하였다.

반면에 17차 당대회 〈정치보고〉에서는 16차 당대회의 국제정세에 대한 기본 인식을 공유하면서도 상대적으로 강조한 것은 국제정세가 대변혁과 대조정기에 들어섰으며, 세계는 대단히 불안정한 상황이라는 것이었다. 세계적 다극화와 경제세계화라는 양대 추세가 계속 진전되고 있으나, 과학기술의 혁명, 테러주의, 패권주의, 권력정치, 지역주의의 갈등 및 충돌, 경제적 빈부격차의 확대 등이 복합적으로 얽혀

평화와 발전의 추세에 제약을 가하고 있어 국제적 불안정의 요인이 대단히 크다는 분석이다.[26]

제 16차 당대회의 〈정치보고〉 중 외교관련 부분에서 중국 지도부는 새로운 평화와 발전이 시대적 흐름이라는 인식을 바탕으로 '신안보관' 이라는 전략적 인식의 변화에 입각하여 쌍무적이고 다변적인 외교 및 국제교류 등 다양한 수단을 통해 국제적 협력을 강화한다는 것과 세계정세의 발전방향에 대한 당위론적인 낙관론을 표명하였다. 하지만 제 17차 당대회의 〈정치보고〉는 당위론적이고 추상적인 개념 대신 중국이 해야 할 바를 보다 구체화하였다. 〈정치보고〉는 2020년까지 1인당 GDP 국민소득 3천 달러 달성이라는 구체적 목표를 제시하고 중등소득 수준의 소강사회 달성에 필요한 국제환경의 창출이라는 중기적인 외교정책의 목표를 담고 있다.

새로운 국제정세에 대처하여 〈정치보고〉는 지속가능한 평화를 추구하고, 공동번영하는 조화로운 세계를 건설한다는 외교정책의 방향을 제시하였다. 〈정치보고〉는 특히 중국의 대외정책의 행동원칙을 세분하여 설명하고 있다. 이는 제 16차 대회의 〈정치보고〉에서 세분화된 사항들을 보다 정교화한 것이다. 우선, 정치적으로는 평등한 협상을 하자고 강조하면서 국제관계의 민주화를 공동으로 추진하자고 제시하고 있다. 경제적으로는 합리적이고 공정한 신질서라는 명분론적인 주장 대신 보다 구체적이고 실제적인 사안인 경제세계화 방향에 대한 지지를 분명히 하면서 균형, 보편적 혜택, 공동이익의 추구라는 원칙을 제시하였다. 문화 및 안보의 영역에서 기존의 주장에다 강조된 것은 인류문명의 번영과 진보 및 세계의 평화와 안정을 위한 노력이었다. 여기에 새로이 추가된 사항 역시 새로이 부각되는 이슈인 환경보호 분

26) 최근 이와 관련한 중국 외교부산하 국제문제연구소의 분석은 http://www.ciis.org.cn/index-newsp.asp?ClassName=%C9%EE%B6%C8%B7%D6%CE%F6&NewsID=2007120514132664&d=4.

야이며 인류의 생존을 위해 공동의 노력을 기울이자고 주장하였다. 이상에서 드러난 특징은 중국의 외교무대가 책임 있는 강대국으로서 중국의 역할이며, 중국의 외교대상이나 태도가 지역적이고 수세적인 차원을 넘어 세계를 대상으로 적극적인 역할과 구체적인 방침을 모색하고 있음을 잘 보여주고 있다. 중국특색의 사회주의 외교를 새로운 국제환경에 입각하여 보다 정교화하려는 후진타오의 노력이 잘 드러났다고 할 수 있다.

당대회 〈정치보고〉에서 대외정책에 대한 방침을 언급하고 있는 제11장의 제목으로 "시종일관하게 평화적 발전의 길을 가자"를 채택한 것은 그간 후진타오 1기 시기(2002~2007)에 수립한 대외관계론인 "평화로운 발전론" 및 "조화세계론"의 개념을 구체화하려는 의도와 연관되어 있다고 보인다. 이는 제16차 당대회 〈정치보고〉에서 제시된 "국제형세와 대외공작"보다 구체적이고 실천지향적인 제목을 제시하면서 중국의 평화적인 외교정책의 추진의지를 강조하고자 한 것이다.

흥미로운 사실은 중국이 제시한 조화세계론은 현재 국제정치를 주도하는 미국에 대한 도전적 요소를 동시에 내포하고 있다는 점이다. 이는 중국이 추구하는 또 하나의 이론인 "평화로운 발전론"과 마찰의 여지를 안고 있다. 조화세계론은 서방 국제정치의 주류이론인 정치현실주의가 안고 있는 '힘' 위주의 국제정치관에 비판을 가하면서 '민주,' '평등,' '공동이익' 등의 가치개념을 강조하는 것인데[27] 현실정치에서는 기존의 국제질서를 주도하는 미국에 대한 도전으로 나타날 수 있기 때문이다.

이러한 이론적 모순과 갈등은 〈정치보고〉 중 강대국 외교전략부분에 잘 드러나 있다. 중국은 강대국 외교전략으로 패권추구에 반대하면서 평등, 공동이익 및 번영의 기초 위에서 국가관계를 추구한다는 제

---

27) Ibid., p. 2.

16차 당대회 〈정치보고〉의 입장을 계승하면서도, 선진국가들과 전략대화를 강화하고 장기적인 상호관계의 안정을 이룩하겠다는 입장을 추가하였다. 후진타오의 17차 당대회 〈정치보고〉는 미국 중심의 기존 국제질서를 존중하면서도, 증대된 중국의 국력에 대한 자신감을 바탕으로 중국의 자주적 대외정책을 강화하면서, 선진국들과 (대등한) 전략적 대화를 통해 중국의 이익을 적극 보호하고, 세계적인 문제를 관리하고 조정하는 참여자가 되겠다는 의지를 표명한 것으로 볼 수 있다. 이러한 자신감은 〈정치보고〉의 대외관계 관련 장의 마지막 절에 표현된 "중국의 발전은 세계와 유리될 수 없고, 세계의 번영과 안정 역시 중국과 유리될 수 없다"에서도 잘 드러나고 있다.

대주변국 외교에서는 주변국가와는 우호를 추구한다는 기존의 방침을 재확인하면서, 새로이 실무적 협력을 강화해 나간다는 방침을 추가하였다. 주변국과 관계에서 실무외교를 강조하는 것은 과거 16차 당대회의 〈정치보고〉에서는 나타나지 않는 새로운 용어로, 주변국과의 관계에서 명분보다는 실질적인 협상 및 협력을 통해 중국의 이해를 보다 적극적으로 추구하겠다는 의지로도 해석할 수 있다. 이는 주변국의 입장에서는 사안에 따라서는 중국과의 협상이 과거보다 어려워지고 고도의 협상력을 요구될 것이라는 평가도 가능하다.

동시에 〈정치보고〉의 9상 "국방과 군대의 현대화건설의 신국면을 열자"에서는 경제성장에 걸맞은 군사력의 강화를 병행하겠다는 적극적 의지를 표명하고 있어 중국의 외교는 급속히 성장하는 군사력의 뒷받침을 받을 것이라는 것을 말해준다. 이러한 추세는 후진타오의 대외정책이 세계적인 이슈들에 대해 과거에 비해 보다 적극적인 양상을 보이면서, 실리적인 이해관계를 중시하는 방향에서 결정될 것이라는 것을 말해 준다.

(2) 다층적 외교 및 다양한 이슈의 포용

중국 외교는 현재 비정부단체를 적극 활용하는 "다층적 외교"전략을 중시하고 있다. 이는 최근 주목되는 "연성권력"의 중요성에 대한 인식을 바탕으로 하며, '전천후 대화'나 '인간관계를 바탕으로 한 인맥관리' 등이 정부 간 대화보다 효용성이 크다고 판단하기 때문이다. 한 예로, 중국 개혁개방논단은 불과 15명 정도의 상근 근무자로, 매년 세계 10여개 국가와 20여회의 정기적인 전략적 대화를 주관하고 있다. 이제는 그 효용성을 바탕으로 "논단외교(*forum diplomacy*)"라는 신조어[28] 가 나올 정도로 중요한 외교적 역할을 수행하고 있다.

17차 당대회 과정에서 공산당 대외외교활동의 중요성이 강조되었다. 공산당의 외교활동은 정부 간 관계보다 비공식적이면서도 원활한 상대방과의 의사소통을 통해 경색된 외교관계를 타개하고, 중국의 주요 관심사를 적극 개진하는 등 다양한 목적을 달성하는 데 활용할 수 있기 때문이다.[29] 중국공산당은 현재 160여개 국가의 400여개 정당과 교류를 하고 있으며, 후진타오 시기에만도 30여개 국가의 100여개 정당과 새로운 교류관계를 수립하였다. 중국은 지난 5년간 정치국원 이상의 지도자가 50여 차례의 해외 순방외교를 행하였으며, 향후에는 지방당 지도자의 해외순방외교 역시 적극적으로 권장하고 있어 비정부외교가 보다 다층화될 전망이다.

한반도 상황과 관련하여, 중국공산당 대외연락부는 과거에 북한의 노동당 국제부와 더불어 북중 간의 정상간 왕래를 전담하였다. 그러나 중국공산당 대외연락부는 최근 북중 간의 주요 역할이 외교부로 넘어가면서 위축되었고, 특히 북한의 핵실험에 대한 예측에 실패하여 크게

---

28) 이는 인민외교학원 국제관계학과 부원장인 진찬룽(金燦榮) 교수의 표현을 빌려 왔다.

29) 중국은 이를 유암화명(柳暗花明)이라 지칭하는데, 버들잎이 울창하고 꽃이 만발하다는 의미로 "막혔던 길을 뚫는다"라는 의역으로도 해석된다.

질책을 받으면서 대북 외교의 전면에서 사라진 듯하였다. 하지만 향후 대외연락부는 북한 노동당과의 대화채널을 재가동하여 북한 핵문제의 해소를 위해 더 적극적인 역할을 하도록 할 것으로 보인다. 당 대외연락부의 대북한 역할 강화는 대외연락부 부장 출신인 따이빙궈가 17차 당대회 이후 중국 외교의 수장이 될 것이라는 측면에서도 예상해 볼 수 있다.

다른 한편으로는 안보의 외연을 확대하여 비전통 안보분야에서 중국이 건설적이고 긍정적인 역할을 수행할 것을 강조하고 있다. 특히 외교분야의 내용에 처음으로 환경보호와 관련하여 중국이 책임 있는 역할을 수행할 의지를 적극적으로 피력하고 있다는 것은 주목할 만한 사실이다. 중국은 환경보호 분야에서 해야 할 바에 대해 책임을 회피하지 않고, 국제적 협력을 바탕으로 공동으로 국가관계, 인간관계 및 사회와 자연간의 조화로운 발전을 위해 노력하겠다고 천명하였다.[30) 이는 국제사회에 널리 퍼져있는 '중국 위협론'과 '문명 충돌론'에 적극 대처하면서 중국이 국제사회의 책임 있는 대국으로서의 위상을 구축하려는 노력으로 보인다.

또 하나 제 17차 당대회의 〈정치보고〉에서 주목할 만한 사실은 중국 외교가 세계화의 추세를 지지하고 강조한다는 것이며, 미국의 일방주의 및 패권주의에 대응할 수단으로서 "국제기구"를 활용하는 데 적극적이라는 것이다. 특히 이번 〈정치보고〉에서 세계적으로 발생하는 다양한 도전 요인들에 대해 제 16차 〈정치보고〉에서 주장한 '국제사회와의 협력'이라는 모호한 원칙을 채택하는 대신 국제연합 헌장의 존중과 국제법과 국제관계의 준칙에 대해 강조한 부분은 중국의 외교가 보다 구체화되고 정교해지고 있음을 말해준다.

---

30) http://www.ciis.org.cn/index-newsp.asp?ClassName=%C9%EE%B6%C8%B7%D6%CE%F6&NewsID=20071205141326648&d=4. p. 2.

5. 당대회와 대한반도 정책 함의

당대회의 〈정치보고〉에서 한반도 문제가 직접적으로 언급되지는 않았다. 따라서 이 부분은 기존 중국의 대한반도 외교에 대한 이해를 바탕으로 당대회 〈정치보고〉에서 드러난 중국 외교정책의 정향에 입각하여 대한반도 외교의 지속적인 측면과 변화의 측면을 추론하고자 한다.

1) 후진타오 1기 시기의 한반도 정책

후진타오 체제는 대외관계에 있어 한반도의 중요성은 상대적으로 강화되었다. 1990년대 이후 중국 외교에서 주변국은 경제발전을 위해 안정화와 협력이 필요한 대상이며, 강대국과의 관계악화시 주요한 완충지대(*buffer zone*)로 작동하는 지역으로 새로이 주목을 받았다. 중국 외교에서 한반도 역시 북한과 '특수관계'도 존재하기는 하였지만 동시에 주변국 관계로도 분류될 수 있었다. 한반도는 동시에 강대국 외교와 주변국 외교가 교차하면서 분리될 수 없는 지역이 되었다.

2001년 출범한 부시행정부는 중국을 '전략적 경쟁자'로서 규정하고 중국을 견제하는 정책을 강화하자 중국에게 한반도의 전략적 중요성은 상대적으로 부각되었다. 북핵 문제로 야기된 위기는 중국 외교에서 한반도의 중요성을 여타 강대국의 수준으로 격상시켰다. 중국 외교의 실무 전반을 책임지는 외교부 수석부부장이 매일 챙겨야 하는 주요국 중 한반도 문제는 포함되었다.

후진타오 시기는 북핵위기와 더불어 시작되었으며 북핵 문제는 대한반도 외교의 핵심적인 사안이 되었다.[31] 중국은 대북 비핵화 외교

31) 제1차 북핵위기를 둘러싼 외교에 대해서는 이태현(역), 《북핵위기의 전말》(Joel Wit, Daniel Poneman, Robert Gallucci)(서울: 모음북스, 2004); 제2차 위기에 대해서 잘 정리한 글은 후나바시 요이치, 《김정일 최

를 강대국 외교의 핵심인 대미관계 개선에 적극 활용하였다. 후진타오는 2003년 3월 16일 부시와의 첫 통화에서 북핵 문제에 대해 먼저 언급하면서 북한 핵문제를 미국과 협력하여 해결하겠다는 의사를 전달하였다. 다른 한편으로는 2003년 4월 조명록 북한 국방위원회 제 1부위원장과 회담에서 조명록이 북중관계를 "피와 탄환"의 관계로 표현하자 후진타오는 이를 수긍하는 대신 직접 "전통적 우의" 관계라고 정정을 하여 중국 외교가 북한과의 관계를 재규정하고 있다는 것을 드러냈다. 이러한 중국의 대북정책의 변화는 후진타오의 취임 이후 대외정책을 전반적으로 검토하는 가운데 이미 이루어지고 있었다. 중국 외교부는 북한의 핵개발이 중국의 전략과 국익을 해칠 수 있다며 국익 위주의 관계로 전환해야 한다고 주장하였고 이러한 건의들이 중국 지도부에 의해 받아들여진 것이다.[32]

북핵 문제는 후진타오 시기의 대한반도 외교에 새로운 영향을 주었는데, 한반도의 대미 전략적 가치보다도 북핵 문제가 중국의 경제발전 및 정치적 안정을 위협하시 않도록 관리해야 하는 비용의 차원에서 더욱 중요해졌다. 중국의 대한반도 정책의 최우선 순위는 한반도 상황이 악화되어 중국의 발전에 저해가 되지 않도록 안정과 평화를 유지하는 것이며, 당분간 남북한 간의 전략적 균형정책이라는 원칙을 유지하면서, 실리를 추구하고, 한반도에서 중국의 영향력을 최대한 확보하는 것을 목표로 하였다.

(1) 문제아로서의 북한

후진타오 외교정책 내에서 북한의 위상은 전통적 혈맹이나 전략적 요충으로서의 가치보다는 중국의 강대국 외교에서 가장 중요시되는 미국과의 관계를 악화시킬 '문제아(*troublemaker*)'로서의 특성이 더 부각

후의 도박》(서울: 중앙일보 시사미디어, 2007).

32) 제안의 책임자는 왕이 부부장이었다. 후나바시 요이치(2007), pp. 395~97.

되었다. 더구나 "중국 외교의 기적"으로까지 일컬어지는 한국과의 관계개선과 발전을 크게 후퇴시킬 수 있는 사안이었다.[33] 중국은 이러한 북한을 관리하기 위해 정치적으로는 실리정책을 분명히 하고, 필요시 보다 공개적인 방식으로 견제와 압력의 수단을 채택하며, 경제적으로는 적극적인 포용 및 관여(*engagement*) 정책을 통해 영향력을 유지하려 하고 있다.

(2) 북·중관계의 정상국가 관계로 전환

북한의 미사일 발사와 핵실험은 중국 내부에 대북한 정책을 둘러싸고 존재하는 "강대국화 외교"의 흐름과 "전통적 우호외교"의 흐름이 충돌하는 상황에서 기존에 상대적으로 더 중시되어 온 전통적 우호외교가 한계에 부딪혔음을 보여주었다.[34] 현재는 중국의 대북 외교는 "강대국화 외교"의 측면이 강조된 양상이다. 즉, 중국은 북·중간 관계를 이데올로기나 역사적 측면에서의 유대보다는 국가이익으로 환원되는 전략적 이해관계와 실리를 중시하는 정상국가들 간의 관계로 조정하려 하고 있다.

2006년 9월 미국 전문가인 류샤오밍 북한 대사의 임명 및 2007년 4월 외교부 한반도 사무대사에 한반도 관련 경험이 없는 천나이칭 전 노르웨이 대사를 임명한 것도 북한 문제를 특수문제가 아닌 보다 거시적인 외교정책의 맥락에서 이해하려는 중국정부의 태도변화와 연관이 있다. 최근 대북한 관계를 주도하는 담당기관도 과거 대외연락부 중심에서 외교부로 전환되었다. 중국 외교는 북한이 핵문제로 초래할 비용을 최소화하면서 역내 안정을 가져오고 미국과의 협조관계를 유지할

33) 이러한 표현은 王生, "中韓建交 15年: 外交史上的奇迹, 和平共處的典範", 〈中國外交〉 2007年 No. 11(北京: 世界知識出版社, 2007).

34) 대한반도 정책과 관련한 중국내 논쟁의 흐름에 대해서는 김흥규, "북한미사일사태와 중국외교", 〈외교안보연구원 국제문제분석〉(2006. 8. 28).

수 있는 방안을 찾기 위해 노력하였다.

(3) 북·중관계의 균열 요인

우선, 북·중관계의 균열은 이미 오래전부터 진행되어 온 현상이라 할 수 있다.[35] 중국의 경제 우선 발전전략과 냉전의 종식은 북한의 중요성을 근본적으로 감소시킨 요인이었다. 1992년 장쩌민 시기 한중간 수교가 이루어졌으며, 점차 북·중 관계가 혈맹에서, 전통 우호관계로 그리고 국가이익에 근거한 관계로 변화했다. 두 번째로 양국 지도부의 세대교체 과정에서 인적 유대가 크게 약화되었다. 2006년 1월 김정일 위원장의 방중시 후진타오 주석이 당정치국 상무위원회 위원 전원을 소개한 것도 역설적으로 인적 유대의 약화를 반영하고 있다. 세 번째로 제 2차 북핵문제 해결을 위한 6자 회담과정은 북·중 양국간에 상호 불신과 혐오감을 가중시키는 과정이었다고 평가할 수 있다. 중국은 경제발전과 국내안정을 위해 한반도의 안정과 긴장완화를 추구하였고 특히 초강대국인 미국과의 직접적인 대립을 원치 않았다. 반면에 북한은 정권과 체제의 생존을 놓고 미국과 벼랑끝 외교를 전개하여 중국이 지향하는 "평화발전" 외교를 위태롭게 하였다. 북한의 입장에서는 중국은 북한을 위한 중재자라기보다는 자국의 이익을 추구하는 이기적인 행위자이며, 북한의 입장에 서서 문제해결을 돕기보다는 상황의 안정관리에 더 많은 관심을 보이는 것처럼 보였을 것이다.[36]

---

35) 오진용, 《김일성시대의 중소와 남북한》(서울: 나남출판사, 2004) ; 이종석, 《북한-중국관계, 1945~2000》(서울, 중심, 2000), pp. 206~214; 정성장·임재형, "대외전략", 《북한의 국가전략》(서울: 한울아카데미, 2003), pp. 235~239에서 잘 설명된다. 특히 문혁시기 북중 간의 갈등은 Bernd Schaefer, "North Korean Adventurism and China's Long Shadow, 1966~1972", *The Cold War International History Project Working Paper # 44* (Washington DC: Woodrow Wilson International Center for Scholars, October 2004).

(4) 대북한 정책

중국은 이미 북한에 대한 영향력 확보는 무력이나 정치적 압력보다는 경제적 포용정책이 더 효과적이라는 결론을 내린 바 있고, 이에 따라 북한 경제의 다양화 및 시장화를 위하여 대북한 경제협력 3원칙을 제시한 바 있다. 이 3원칙은 후진타오 정권 출범시 대북외교 평가과정에서 입안된 것으로 2006년 1월 김정일의 중국 방문시 원자바오 총리가 "정부인도, 기업참여, 시장원칙"을 제시하였고 그후, 북 미사일 실험 위기과정에서 "정부유인, 기업참여, 시장원칙"으로 전환되었다가[37] 최근 2007년 양제츠 외교부장이 평양 방문시, "정부인도, 민간참여, 시장원칙"으로 변화하였다. 주목할 사항은 과거에 비해 중국정부가 보다 긍정적이고 적극적으로 대북투자를 격려하겠다는 원칙을 천명한 것이라는 점이다.

(5) 북한의 탈중국화 노력

2006년에서 2007년 사이에 두드러진 북한의 대중국 전략은 탈중국화 전략으로 요약할 수 있다. 북한은 후진타오 주석에게 "핵실험 금지 및 6자 회담 복귀" 약속을 한 바 있으나, 중국의 강력한 경고에도 불구하고 이를 어기고 핵실험을 단행한 것은 중국에 대한 강한 불신을 드러낸 것이며, 미국과 직접 교섭을 통해 문제를 해결하겠다는 의지를 표현한 것이다.[38] 북한은 2007년 3월 김계관 부외상의 워싱턴 발언 및 2007년 10월 남북정상회담에서 제시된 정전체제 3-4자 구상, 베트남 모델의 발전전략 채택 움직임 등 중국을 배제하거나 우회하는

36) 동시에 김정일의 대중 불신은 보다 뿌리 깊다는 것을 다양한 인터뷰와 증언들을 통해 확인할 수 있다.

37) 이러한 변화에 대한 내용은 아직 공개적으로 외부로 알려진 바가 없다. 필자의 인터뷰(2007).

38) 북한의 대미접근 의도에 대한 분석은 윤덕민, "동북아정세와 한반도 평화체제", 현대경제연구원 남북경협세미나 발표논문(2007. 11. 13).

(*passing China*) 전략을 결합하여 구사하고 있다. 북한은 미국과 직접적 협력관계를 강화하여 중국을 견제하는 역할을 수행할 수 있다는 가능성을 제시하면서, 미중 양국 사이에서 줄다리기 외교를 전개하는 것이다.

(6) 한국의 전략적 위상과 한중관계

중국은 전략적 조정기에 들어선 동북아에서 한국의 전략적 가치를 높이 평가하면서, 우호적인 대한국 정책을 유지하고 있다. 한국은 노무현 대통령 시절 북핵문제 및 남북관계를 다루는 데 있어 한반도의 안정과 평화를 최우선시하여, 중국과 비교적 유사한 정책 우선순위를 보여 주었고, 동아시아 지역 내에서 가치를 중심으로 한 대중국 외교 전선이 형성되는 것에 저항하면서 중국이 국제적으로 고립되는 것을 막아 주는 완충과 균형자의 역할을 수행하였다. 2007년 현재 한중간 경제・통상・사회・문화 등 모든 분야에서의 급속한 관계발전을 이룩하였으며, 특히, 경제・통상분야에서 한・중 양국은 공히 상호 매우 중요한 파트너로 발전하였다. 중국은 한국의 No. 1 무역 파트너이며, 한국은 중국의 No. 3 무역 파트너이다.[39]

2003년 한중 양국은 노무현 대통령의 방중을 계기로 "전면적 협력 동반자 관계"를 채택하였으나, 실제 안보・군사분야에서는 북한에 대한 중국의 배려로 한중간에 교류・협력이 제한적으로 이루어졌다. 그러나 2007년에는 원자바오 총리가 한국을 방문하여 "전면적 협력 동반자 관계"에 상응하는 한중간의 군사핫라인의 개설에 합의함으로써 이 분야에서도 협력이 크게 강화되고 있다.

---

39) 이에 대한 구체적인 내용은 王生, "中韓建交 15年: 外交史上的奇迹, 和平共處的典範" 참조.

2) 제17차 당대회 이후의 한반도 정책

(1) 한반도 정책

지난 2008년 5월 이명박 대통령의 방중 시 한중 "전략적 협력 동반자 관계"로의 격상에 합의한 것에서 엿보이듯이, 후진타오 체제는 대외관계에서 한반도를 여전히 중시할 것으로 보인다. 이는 우리 스스로가 한반도를 중국의 강대국 관계에 종속되는 주변국 관계의 일부로 치부하거나, 역사적 경험을 바탕으로 자기를 비하하는 관성에서 벗어날 필요가 있다는 것을 의미한다. 당대회에서 언급한 것처럼 급격한 변화의 시기를 겪고 있는 국제정치 환경에서 향후에도 동북아 국제정세에 지속적인 변수로 작용할 미일 동맹, 북미 접근, 미·일·호·인도의 군사적 접근, 일본의 보통국가화, 러시아의 국력강화에 따른 역내 개입강화 가능성 등을 고려할 때, 중국은 한국과 우호적 관계를 유지하고 관계를 강화할 필요가 있다.

17차 당대회 과정에서 보이는 한반도 관련 중국 외교의 원칙은 후진타오 1기의 대한반도 정책의 기조를 유지하려 할 것으로 평가된다. 이미 지적한 바대로 경제발전을 위해 필요한 주변국 관계의 안정과 협력강화가 가장 주요한 외교원칙이다. 현재 후진타오의 대한반도 외교는 북핵문제가 중국의 경제발전에 저해되지 않고 중국의 정치적 안정을 위협하지 않도록 관리하는 차원에서 더욱 중요하다.[40] 당분간 남북한 간의 전략적 균형정책이라는 원칙을 유지하면서, 실리를 추구하고, 한반도에서 중국의 영향력을 최대한 확보하는 것을 목표로 하고 있다. 이를 위해 중국은 한국과 관계를 지속적으로 강화하여 영향력을 확대하고 북한의 돌발행동을 견제하기 위해 의사소통을 강화하면서 경제적 관여정책을 통해 행태변화를 유도한다는 원칙을 지니고 있다.

---

40) 북중동맹의 내적 관리기능을 강조한 논문으로는 최명해, "중국·북한 동맹 연구"(서울: 고려대 박사학위논문, 2007).

새로이 등장한 한국의 이명박 정부의 정책은 중국 외교에 새로운 변수를 안겨주었다. 기존의 북핵 문제를 매개로 긴밀한 협조관계를 유지했던 한중관계가 외교 및 경제 분야에서 새로운 도전에 직면할 개연성이 더욱 커졌기 때문이다. 중국은 새로운 한국정부가 미국과의 관계개선을 새로운 외교정책의 핵심으로 내세우고, 북한 핵문제에 대해서도 아직 북한 핵포기를 위한 대책에 대해서는 구체적 청사진을 보여주지 못하고 있어 우려의 시각을 지니고 있다. 동시에 중국의 경제구조조정과 내수중심의 경제전략으로 한국이 향유하고 있는 현재의 대중 무역흑자는 조만간 소멸되리라는 예측이 나오는 가운데 긴밀한 정치외교관계를 뒷받침했던 한중 경제관계 역시 일정 정도의 조정이 예상되고 있다.

중국의 고위급의 전략대화에 대한 적극적 태도에서도 예전과는 다른 중국의 변화를 읽을 수 있다. 중국의 외교는 보다 친미적이고 상호주의적 대북정책을 지향할 한국과 기존의 우호협력관계를 지속하고, 한반도의 안정을 위해 북핵문제에 협력할 수 있는 방안을 찾기 위해 노력할 것이다. 실리를 강조하는 주변국관계를 추구하겠다고 표방한 〈정치보고〉의 기조에 따라 영역을 확대하여 다차원적 분야에서 상호이익을 추구하면서 중국의 자국이해에 대한 목소리도 점차 높여 갈 것으로 추정된다. 중국은 대한국 정책에 대한 기존의 원칙을 유지하려 하면서도, 이명박 정부의 대외정책에 따라 적응력을 갖추려 할 것이고, 이는 북핵 문제의 해결에도 상당한 영향을 미칠 것이다.[41]

(2) 대북한 관계

17차 당대회 이후 비교적 북한에 대해 이해가 깊고, 북한이 가장 선호하는 인물로 알려진 중앙외사판공실 주임 따이빙궈가 탕자쉔을 대신

41) 이에 대해서 더 자세한 분석은 김흥규, “한중관계 평가와 신정부의 대중정책”, 〈외교안보연구원 국제문제분석〉(2008. 2. 27).

하여 중국 외교의 실무 수장이 될 것으로 전망되는 것은 북한에 긍정적 결과일 것이다.[42] 하지만, 실리에 입각한 정상국가 간 관계를 추구하는 대북한 정책의 지속성 역시 유지될 전망이다. 이는 후진타오 체제 출범 초기 북중 관계를 정상적 국가관계로 전환을 주장한 종합건의서를 올린 바 있는 왕이 외교부 수석 부부장이 17차 당대회 이후 중용된 것도 이러한 주장을 강화해 준다.

한국 정권의 변화 이후 대중정책의 불확실성은 중국에게 있어 북한의 전략적 유용성을 제고시키는 효과를 갖는다. 북한의 추가적인 상황악화 조치를 견제하고 북한 정권의 안정을 유지하기 위해 중국은 북한과 관계강화에 더 노력을 기울일 것으로 예상된다. 중국은 이미 17차 당대회 직후 류윈산(劉雲山) 중국공산당 선전부장을 파견하여 김정일에게 중국공산당의 새로운 지도부는 "전통적인 중-조(북) 친선을 고도로 중시하고 매우 귀중히 여기고 있다"는 구두친서를 전달하면서 북한과 관계를 중시하고 발전시켜 나갈 것이라고 표명하였다.[43]

또한 2008년 1월 대외연락부 부장인 왕자루이를 북한에 파견하여 북핵 문제와 관련한 북한의 전향적인 자세를 촉구하면서 북중 간의 관계강화를 위해 노력하고 있다.[44] 이러한 중국의 노력은 북한에 대한 압력과 병행하여 진행되고 있는 데, 북한 급변사태 시 중국군의 북한 진입계획을 의도적으로 흘린 것은 북한이 2008년 올림픽 기간을 전후하여 상황을 악화시키지 말라는 강력한 경고의 메시지로도 해석할 수 있다.[45]

---

42) 후나바시 요이치(2007), pp. 399~404, 418~421.

43) http://news.chosun.com/site/data/html_dir/2007/10/31/2007103100729.html.

44) http://www.munhwa.com/news/view.html?no=2008013101030132310002.

45) 이 글의 원전은 Bonnie Glaser, Scott Snyder, John Park, "Keeping an Eye on an Unruly Neighbor: Chinese Views of Economic Reform and Stability in North Korea", *US Institute of Peace Report*(January 3,

중국은 향후 신의주 지역에 자유무역특구 설치, 신의주-단동 경제협력지역 설치, 북한 내 인프라에 대한 투자확대 등을 추진하면서 북한 경제의 개방화를 위해 더욱 노력할 것으로 전망된다. 중국은 6자회담을 지속하면서 북한이 핵무장의 길로 나가지 못하도록 견제 및 관리하고, 경제적으로는 보다 적극적인 관여정책을 통하여 북한의 행태를 변화시키려 시도할 것이며 북한의 행동에 대응하여 '회유와 제재'를 병행하는 정책을 유지할 것이다.

북한은 미국이 대선정국에 들어가서 북한과 적극적인 협상을 할 수 없는 상황이 발생하고, 최근 한국정부의 대북 상호주의적 접근, 한미동맹 및 한미일 협력강화 정책이 예상됨에 따라 자신들의 생존공간을 확보하고, 북핵 협상에서 유연성을 강화하기 위해 중국과의 관계개선에 보다 깊은 관심을 가질 것으로 보인다.

(3) 북핵문제

중국의 한반도 비핵화에 대한 원칙은 일반적으로 알려진 것보다는 더욱 확고해 보이며, 북미수교와 평화체제의 수립은 북한의 비핵화가 완성된 후에 이루어져야 한다는 원칙을 지니고 있어 미국의 입장과 유사하다.[46] 중국은 현재 미북 간의 불신감은 여전하며, 미국은 북한의 체제 전환에 대한 희망을 여전히 유시하고 있고, 북한 역시 비핵화의 결단을 내리지 않은 상태로 보고 있다. 그 결과, 중국은 2008년 북핵 불능화 이후, 평화체제 이행이 지연되고, 미국 내 정세변화로 미국이 대북 강경정책으로 선회하고, 북한도 더 강경한 요구조건들을 내세우면서 상황이 악화되면, 북한의 안보불안은 더욱 커질 것이며, 이에 따라 북한은 추가 핵실험이나 핵보유국으로 인정받기 위한 조치를 모색

2008).

46) 북한 핵의 중국에 대한 위협에 대해서는 騰建群, "朝核問題的歷史和地緣政治解釋", 2007 中國軍控與裁軍協會 發表 글(2007).

할 것을 우려하고 있다.[47] 2008년 베이징 올림픽을 전후하여 북핵 위기가 악화된다면 중국이 '경제발전'을 통하여 강대국화를 달성하기 위해 필요한 "평화와 조화를 지향하는 외교" 및 현 주변상황의 악화방지 및 점진적 문제해결 방침에 중대한 문제를 야기하는 것이다.

북한이 핵실험을 단행할 경우 중국 내에서는 그 대응책을 놓고 크게 두 가지 정책정향, 즉, 중국내 "전통우호외교 그룹"과 "강대국화 외교 중시그룹"이 충돌할 것이다. 중국의 조치는 이들 그룹이 주장하는 공통분모를 중심으로 형성될 것이다. 중국내 전언에 따르면 후진타오 역시 "북한이 문제를 야기할 경우, 북한이 아파할 만큼 재제를 가하겠다"는 생각을 분명히 하였다.[48] 그러나 이 경우에도 북한체제의 생존과 안정을 유지하기 위해 필요한 조치 및 최소한의 인도적 지원 및 물적 지원은 유지할 가능성이 크다. 분명한 것은 제2차 핵실험이 중국의 마지노선(*Red Line*)은 아니며 중국의 대북 정책은 미국의 전략적 결단 여부가 가장 주요한 변수가 될 것으로 평가된다.

중국은 북한 핵실험 이후 한반도 비핵화 원칙을 고수한다는 원칙을 지속적으로 천명하면서도, 2008년 북한 핵폐기의 과정을 주의 깊게 주시하면서 북핵 문제의 위기가 발생할 경우를 상정하여 대비에 들어간 것으로 보인다. 동시에 최악의 경우를 상정한 "북한 급변사태 대비책"도 진행중이다.[49] 중국은 6자회담을 단기적으로는 북핵의 관리, 중장기적으로는 비핵화, 장기적으로는 동북아 다자안보체제 형성의 초석으로 활용하려 할 것이다. 당분간은 한반도 문제해결을 위한 무력사용에 반대하는 국제적 연대를 구축하여 미국에 압력을 가하고, 동시

---

47) 필자의 인터뷰(2007).

48) 필자의 인터뷰(2007).

49) 이에 대한 언급은 Bonnie Glaser, Scott Snyder, John Park, "Keeping an Eye on an Unruly Neighbor: Chinese Views of Economic Reform and Stability in North Korea".

에 북한의 추가적인 돌발 상황을 억제하는 데 미국과 협력하면서, 북핵 위기로 인하여 한반도에서 갈등이 강화되고 불안정해지는 상황을 저지하면서 '현상유지'를 하려 할 것으로 보인다.

6. 결 론

17차 당대회에서 드러난 후진타오의 외교는 경제발전우선 전략을 바탕으로 대외전략을 유지할 것이며, 대외적으로 평화로운 방식을 통해 강대국으로 부상하겠다는 의지를 보여주고 있다는 점에서 기존의 정책과 연속성이 강하다. 하지만 동시에 기존의 자신의 능력을 감추고 때를 기다리는 도광양회(韜光眹膾)적 외교에서 벗어나 해야 할 바를 적극적으로 찾아서 하겠다는 유소작위(有所作爲)적 외교로 전환하고 있다.[50] 이는 한국의 외교에 새로운 도전을 안겨줄 것으로 보인다. 직극직인 강대국화 전략과 실리중심의 외교정책은 기존의 한국을 중시하는 외교정책의 기조를 유지하겠지만, 경우에 따라서는 한국이 향후 중국과의 관계에서 보다 어려운 외교환경에 직면할 수도 있기 때문이다.

중국 외교의 큰 흐름은 경제발전을 통한 민생과 정치안정이라는 대원칙에 여전히 종속되어 있다. 미국 중심의 국제질서에 대해 인정하고 그 체제 안에서 실리를 추구하는 현실적 측면도 여전히 유지되고 있다. 이는 중국 외교가 지니는 이상과 현실을 동시에 표방하는 이중성 중 현실이 더 강조되는 것도 여전하다. 국제정치의 다원화와 민주적 운영, 개발도상국에 대한 배려 등과 같은 이상은 추구해야 할 미래적 가치이자 목표로 여전히 남아있다.

---

50) 최근 류테와 베이징 외국어대 교수도 이러한 주장을 담은 칼럼을 게제한 바 있다. 〈조선일보〉 2008년 1월 26일자 칼럼.

하지만 17차 당대회에서 드러난 정세분석과 담론 및 행동지침 등을 분석해 보면 중국은 과거에 비해 스스로의 이해에 부합된다고 생각하는 국제관계 및 규범의 창출을 위해 보다 더 적극적인 외교를 전개해 나갈 것으로 예상된다. 이는 16차 당대회 시기까지 유지했던 현실적응 중심의 외교에서 조심스럽지만 분명하게 현실타개적인 외교도 보다 구체화하는 징후를 보여주기 때문이다. 중국의 외교는 보다 구체적이고 복합적인 내용을 담으면서 정교화되고 있으며, 서방 중심의 제한적 보편성을 지닌 "강대국화 외교"보다 광의의 보편성과 규범성을 지닌 "조화로운 세계" 외교를 구체화하기 시작하였다.

물론 현실주의적 시각에서 본다면 현실의 공간에서 "조화로운 세계"의 외교는 강대국화 외교를 위한 수단적 측면이 부각되겠지만, 중국의 외교가 가지고 있는 이상주의적 규범성과 "조화로운 세계"의 담론들이 지니는 보편적 호소력은 중국에 새로운 연성권력(*soft power*)을 안겨주면서 동시에 기존 국제질서와 규범의 변화를 추동하는 에너지를 포함하고 있다. 이는 중장기적으로 보면 미·중간의 관계가 결코 순탄하지만은 않을 것임을 동시에 암시하고 있다. 하지만 17차 당대회에서 18차 당대회에 이르는 시기에 이러한 갈등이 본격적으로 표출될 것으로 보이지는 않는다. 이는 중국이 스스로의 종합국력에 대해 현실적으로 인지하고 있고, 대내적 경제발전과 안정문제가 보다 당면한 과제이기 때문이다.

중국은 북핵 문제 및 한반도 평화체제 구축과정에서 자국의 이해를 관철시키기 위해 지속적인 관심을 가지고 개입할 것으로 보인다. 한국의 새로운 정부와 실제적이고 보다 광범위한 협력관계를 더욱 강화하려 할 것이며, 북한의 행태에 영향을 미치기 위해 보다 적극적인 노력을 수행할 것이다. 중국은 북한에 대한 경제투자 확대 및 신의주-단둥을 잇는 경제특구 설치 등을 적극 추진하여 북한을 경제적 이해관계의 틀로 묶으려 할 것이다. 전략적으로 불안정하고 변혁기의 시기에 한반도 및 남북한 양국은 모두 다 중국이 포기할 수 없는 이해관계가 존재하는 지역으로 남을 것이다.

한국의 입장에서는 중국의 부상에 대해 과도 혹은 과소평가는 중대한 정책오류를 초래할 수 있어 중국의 역량, 취약성, 의도, 국가발전 전략에 대한 분석 및 국제정세의 흐름에 대한 종합적 이해를 바탕으로 신중한 정책을 취할 필요가 있다. 근본적인 구조변화를 경험하는 동북아 정세에 대응하면서, 한반도 평화 및 동북아 지역의 안정을 위해 공헌할 수 있기 위해서는 중국과 갈등을 확대하거나 이분법적 선택을 강요받는 전략환경 속에 놓이는 것을 회피하면서 중국과 전략적 협력관계를 강화할 필요가 있다. 중국과 전략대화의 활성화를 통해 상호이해를 증진하고, 한·미동맹이 지역안정 및 중국의 안보에 부정적이기 보다는 긍정적 요인이라는 것을 주지시킬 필요가 있다. 동시에 미래의 동북아 안보체제 구축을 위해 중국의 "조화세계" 담론이 지니는 보편성을 활용하여 새로운 규범을 창출하면서도, 그 제도적인 보완장치를 마련하는 노력이 필요하다.

제 7 장

중국공산당 제17차 당대회와 양안관계

지 은 주 (고려대학교)

1. 서론

2007년 10월 15일 후진타오(胡錦濤) 집권 2기의 시작을 의미하는 중국공산당 제17차 전국대표대회(全國代表大會 이하 당대회)[1]가 베이징에서 개막되었다. 당대회에서 후진타오 주석은 향후 5년간 중국이 나아가야 할 국정방향을 제시하였는데 그 〈정치보고〉 중 제10부분은 '일국양제(一國兩制)'의 실시를 지속하고, 조국의 평화통일(和平統一)의 대업을 이룩하자'의 제목 하에 양안관계에 대한 기본적 전략과 방향을 제시했다. 이번 제17차 당대회를 앞두고 세계의 언론들은 발표될

1) 중국에서 5년마다 한번 개최되는 공산당 당대회는 명목상 최고의 권력기구이다. 제17차 당대회는 2007년 10월 15일부터 21일까지 총 7,330만 당원을 대표로 한 2,212명과 57명의 특별 초빙대표를 합해 2,270명이 참여하여 7일간 계속되었다. 공산당 전국대표대회에 관한 1차 자료는 중국 공산당신문망(中國共産黨 新聞網)에서 찾을 수 있다. http://cpc.people.com.cn (검색일: 2007. 12. 28).

양안문제에 대해 중국이 과거와 달리 강경한 자세를 취할 것이라고 전망했다. 이러한 전망의 배경에는 대만 내의 독립세력의 움직임이 2007년에 들어서면서 활발해지기 시작했고, 집권 2기를 맞는 후진타오가 이러한 대만문제를 좌시하지만은 않을 것이라는 시각이 있었기 때문이다.

2007년 봄부터 대만에서는 2008년에 있을 입법원(立法院) 선거와 총통선거를 앞두고 선거를 위한 정치적 분위기가 무르익고 있었다. 민주화 이후 대만 선거에서는 항상 대만독립의 문제가 항상 핵심적 이슈(*salient issue*)로 부각되곤 하였는데 2007년도 예외 없이 대만독립 문제는 선거의 쟁점으로 등장하였다. 대만의 민주진보당(民主進步黨 이하 민진당)은 총통 선거시에 대만 공화국(臺灣共和國, Republic of Taiwan)의 명의로 유엔에 가입할 것인가의 문제를 결정하는 공민투표(公民投票)를 함께 실시해야 한다고 제안했고, 이러한 시도는 대만내의 현상유지파와 중국과의 통일을 추구하는 세력과 대립하여 사회적 분열현상을 가져왔다. 더욱이 대만공화국의 국호의 사용문제는 본질적으로 중국으로부터의 독립을 의미하는 것이기 때문에 이는 '하나의 중국(一個中國)'을 양안간의 기본입장으로 취하는 중국에게는 도전으로 받아들여졌고, 따라서 이에 상응하여 제17차 당대회에서 양안문제와 관련하여 중국이 중요한 조치를 취할 수 있을 것이라고 예견되었다.[2] 이와 같은 전망 속에서 당대회를 앞둔 9월 2일 중국 국무원 대만사무판공실(臺灣事務辦公室)의 리웨이이(李維一) 대변인은 "오는 10월에 있을 제17차 당대회에서 대만 정세를 분석하고, 정책방향에 대한 기본사상을 확정하며 추후 취할 조치와 통일과정에 의미 있는 양안관계 발전방향을 논의할 것"이라고 밝혔다. 이로 인해 대만은 물론이고 전 세계가 제17차 당대회에서 중국이 과거와는 다른 보다 강경

2) "'양안 문제' 대만 기자 등 외신 1천여 명 취재열기", 〈헤럴드경제〉, 2007. 10. 15, http://www.heraldbiz.com(검색일: 2007. 12. 20).

한 차원의 대만정책을 제시할 것이라고 예상했다.[3)]

또한 여기에는 2004년 이후 실권을 확보하게 된 후진타오가 대만문제에 대해서 독자적인 입장을 제시할 것이라는 기대도 있었다. 이는 지난 2002년 제 16차 당대회에서 최고지도자로 등극하였지만 실질적으로는 군을 기반으로 한 장쩌민(江澤民)의 영향력에서 벗어나지 못한 후진타오가 이번 2007년에는 보다 강화된 권력을 기반으로 하여 새로운 대만정책을 제시해줄 수 있을 것인가의 문제와 관련이 있다. 후진타오는 2004년 장쩌민으로부터 군사주석위를 승계하여 독립적 위치를 확보하면서 대만 문제에서 자신의 목소리를 내기 시작하였고, 따라서 향후 5년의 구상을 제시하는 이번 17차 당대회에서는 보다 구체적인 양안관계에 대한 자신의 입장을 제시할 것이라고 생각되었다. 이와 더불어 당대회 이후 개최될 17기 제 1차 중앙위원회 전체회의에서 향후 5년간 중국을 이끌어 나갈 핵심지도부를 선출하는 과정에서 후진타오 이후의 "제 5세대"의 구성이 어떻게 이루어질 것이며, 그로 인한 후진타오와 장쩌민의 역학관계가 어떠한 방식으로 형성될 것인지에 대한 다양한 관측이 제기되는 가운데 이것이 양안관계에 어떠한 영향을 미칠 것인가도 중요한 관심이 되었다.

따라서 이 글은 이러한 전망 속에서 개최된 제 17차 당대회의 양안관계 정책을 분석하는 것을 목적으로 한다. 2007년 이후 다시 활발해진 대만의 독립시도에 대해 중국은 당대회를 통해 어떠한 입장을 제시하였으며, 후진타오 집권 2기의 당내 역학관계는 양안관계에 어떠한 영향을 미치는지를 분석하고자 한다. 이를 위해 먼저 집권 1기의 후진타오의 양안관계 정책을 살펴보고 이를 집권 2기에 제시된 양안관계 전략과 비교하고자 한다. 이를 위해서 먼저 대략적인 중국의 양안정책을 살펴보고, 후진타오 주석 집권 1기 동안의 양안정책과 양안관계를

3) "中 17 全大에서 대만정책 확정", 〈연합뉴스〉, 2007. 9. 26, http://app.yonhapnews.co.kr(검색일: 2007. 12. 20).

분석할 것이다. 후진타오 주석은 집권 1기 동안 과거의 지도자들과 동일하게 '일국양제와 평화통일'의 원칙을 적용했지만 대만주민에 대해 화해의 제스처를 보냄으로서 양안간의 대화와 교류를 증진시켜왔다. 이어서 후주석의 이러한 양안정책이 제17차 당대회에서는 어떻게 변화하였는지를 내용분석(*content analysis*)의 방법을 활용하여 제16차 당대회의 〈정치보고〉와 비교, 평가해보고자 한다.

2. 중국의 통일방안과 후진타오 집권 1기의 양안관계

중국은 대만과의 통일을 '일국양제, 평화통일'로 공식화하고 있다. 따라서 중국은 대만의 자본주의 경제체제를 존중하며, 통일을 추구하되 평화적 방법으로 이행할 것임을 나타낸다. 그러나 이러한 중국의 통일방안이 단기간에 대만과 통일을 이루기 어렵다는 현실과 미국의 개입에 의해서 결정된 측면이 있다는 점을 볼 때 대만의 독립 움직임과 미국의 개입의 정도에 따라 유동적이 될 수 있음을 보여준다. 따라서 여기에서는 중국의 '일국양제, 평화통일' 통일방안의 형성과정을 간략하게 살펴보고, 후진타오 집권 1기의 시기 동안 이러한 통일방안이 대만의 독립움직임과 상응하여 어떻게 변화했는지 살펴보고자 한다.

1) 중국의 대만정책 : '일국양제, 평화통일'

중국의 대대만 통일정책 방안은 '일국양제, 평화통일'로 요약될 수 있다. 일국양제는 '하나의 국가에 두 개의 체제가 공존한다'는 내용으로 통일 이후 대만은 홍콩과 마카오의 사례와 같이 일정기간 동안 자본주의 체제를 유지할 수 있다는 내용이다. 1993년 중국 국무부가 발표한 〈대만문제와 중국의 통일(臺灣問題與中國的統一)〉에서는 일국양제를 공식적으로 중국의 대만 통일정책으로 삼았다. 또한 '평화통일'은 대만과의 통일은 평화적 방법으로 이루어야 한다는 입장으로서 1955년 저우언라이(周恩來)가 대만과의 평화적 통일문제를 제시한 이래로 추진되다가, 1979년 1월 1일 대만에 대한 무력통일 방식을 공식적으로 폐기함으로서, 중국의 통일방안의 한 축이 되었다.4) 중국공산당은 1997년 제 15차 당대회부터 〈정치보고〉에서 '일국양제, 평화통일'의 통일방안을 확인해 오고 있다.5)

그러나 이와 같은 '일국양제, 평화통일'의 통일방안은 대만을 독립된 정치체제로 존중하고, 양안간의 통일의 문제를 대화를 통해 해결하고자 하는 의도에서 수립된 것은 아니었다. 중국은 본래 대만과의 완전한 통일을 추구하는 것을 목표로 하였으며, 무력에 의한 통일방안 또한 배제하지 않았다. 그럼에도 불구하고 그 표현상에 변화가 있었던 것은 미국의 역할과 개혁개방 이후의 중국의 국가적 목표에서 우선순위의 변화와 관계가 있다. 양안에 군사적 긴장이 고조되던 1954년 미국은 대만과 방위조약을 제결하여 중국의 군사적 도발로부터 대만을 보호할 것을 약속하였다. 중국은 미국의 개입으로 인해 대만과의 통일이 단기간에 성립되기 어렵다는 판단 하에 평화적 통일방안의 개연성을 열어두었다. 이후 1979년 덩샤오핑(鄧小平)의 개혁개방 정책의 추진 하에서 중국은 미국과 수교를 추진하게 되었는데 이 때 미국은 중

4) 류동원, 《中國의 統一과 一國兩制》(부산: 부산대학교 출판부, 2001), pp. 9~15.

5) 제 15차 당대회의 보고문인 '평화통일의 추진'의 장에는 대만과의 통일을 적극적으로 추진할 것을 천명했다. 핵심적 내용은 '하나의 중국'의 견지, 통일방안으로서 '평화통일과 일국양제', '무력사용의 비배제', '양안교류의 추진'으로 구성되어 있다. 이후 제 16차 당대회에서도 '일국양제와 조국의 완전한 통일의 실현'을 거쳐 이번 제 17차 당대회의 '일국양제, 평화통일'에 이르기까지 기본적 통일방안에는 변화가 없다. http://cpc.people.com.cn(검색일: 2007. 12. 28)

국과의 수교과정에서 미국이 중국을 승인하는 것에 대한 대가로 중국이 대만에 대한 평화적 통일방안을 견지할 것을 요구하였다. 이 과정에서 중국은 '일국양제, 평화통일'의 방안을 제시하게 된 것이다.[6]

이후 양안관계에서 미국의 역할은 '전략적 모호성(*strategic ambiguity*)'을 특징으로 하면서 '하나의 중국'의 원칙을 존중하지만 동시에 대만이 중국으로 흡수 통일되는 것을 근본적으로 차단하였다. 이러한 전략적 모호성은 때로는 미국이 중국을 지원하는 것처럼 보이다가도 때로는 대만을 지원하는 것으로 보이도록 하였다. 미국의 양안에서 균형을 유지하는 이러한 전략은 그러나 전반적으로 대만 편향적인 자세로 인식되었다. 따라서 중미관계는 시간이 지날수록 악화되었고, 이를 복원하기 위해 1982년 중미 간에 대만이 중국의 일부라는 것을 인정하고 미국의 대대만 무기판매 감축을 규정하는 '8·17 공동성명'을 채택하였다. 그러나 이러한 조치에도 불구하고 미국의 대만 편향정책은 지속되었다.

미국은 대만에 대한 무기판매를 증가시키면서 대만수호의 의지를 보였다. 1992년 부시(George Bush) 대통령 집권말기에는 F-16 전투기 150대와 E-27 조기경보기 4대 등의 대규모 무기판매가 성사되었다.[7] 심지어 클린턴(Clinton) 집권시기에는 리덩휘(李登輝) 총통의 미국 방문을 허용하여 1996년 양안위기의 근거를 제공하기도 하였다. 중국과 이로 인한 양안위기가 발생하였을 때 미국은 오키나와에 정박해 있던 미 제7함대를 파견함으로서 중국이 대만을 침공할 경우 정면 대응하겠다는 의지를 보였다.[8] 클린턴 행정부 이후 집권한 공화당의

---

6) Alan D. Romberg, "Cross-Strait Relations: In Search of Peace", *China Leadership Monitor*, No. 23(2008), pp. 2~3.

7) 신상진, "대만문제와 중미관계", 〈중소연구〉, 통권 109호(2006), p. 48.

8) 1995년~1996년의 양안위기 당시의 중국과 미국 그리고 대만의 입장을 이해하기 위해서는 John F. Copper, "The Origins of Conflict across the

부시(George W. Bush) 대통령은 더욱 대만 편향정책을 실시하였다.[9] 집권 초기에 중국을 '전략적 경쟁자(*strategic competitor*)'로 정의한 부시 행정부는 중국의 발전을 견제하는 데 있어서 지렛대로 활용할 수 있는 대만에 대한 강한 지지입장을 밝혔다.

그러나 '9·11사건'은 이러한 판도를 바꾸어 놓게 되었다.[10] 미국은 반테러전을 수행하는 과정에서 중국의 협력이 필요하게 됨으로서 대만정책도 이러한 방향전환의 영향을 받게 되었다. 이로 인해 미국은 중국에 대해 대만에 무력을 사용할 경우에는 미국이 즉각 개입할 것이라고 하였지만 대만에 대해서도 대만이 스스로 도발한 분쟁에 대해서는 스스로 책임져야할 것이라는 입장을 밝힘으로서 대만이 독립을 선언하는 것에 대해서 분명한 반대의 입장을 취했다.[11] 그러나 이러한 변화가 미국이 대만을 중국의 군사적 도발에서 보호하지 않겠다는 것을 의미하는 것은 아니었다. 중국이 개혁개방 정책 이후 경제건설에 우위를 두는 한 그리고 미국이 대만을 군사적으로 보호하는 한 중국의 대만정책은 평화적 통일방안에서 벗어나기 어렵다. 양안위기가 극한점에 달한 경우라도 중국이 '평화통일'과 '일국양제'의 범위를 벗어나지 못하는 것은 이러한 미국의 역할을 간과하기 어렵기 때문이다.

Taiwan Strait", Suisheng Zhao(ed.), *Across the Taiwan Strait*(New York: Routledge, 1999), pp. 41~76; Suisheng Zhao, "Making Sense of the 1995~96 Crisis in the Taiwan Strait", Zhao(1999), pp. 1~20을 참조할 것.

9) 부시 제 2기 행정부의 대만정책을 위해서는 Robert Sutter, "The Taiwan Problem in the Second George W. Bush Administration-US Officials' Views and Their Implications for US Policy", *Journal of Contemporary China* Vol. 15, No. 48(2006), pp. 417~441 참조할 것.

10) Michael Mastanduno, "Hegemonic Order, September 11, and the Consequences of the Bush Revolution", Mark Beeson(ed.), *Bush and Asia*(New York: Routledge, 2006), pp. 80~94.

11) 신상진(2006), p. 62.

그럼에도 불구하고 대만의 민주화 이후 가시화되기 시작한 대만독립의 움직임은 중국으로서는 새로운 위협으로 다가왔다. 민주화 이전 소수에 불과했던 대만의 독립세력들이 대만에서 정치적으로 중요한 행위자로 등장함에 따라 중국은 독립세력의 능력(*capability*)과 의도(*intention*)를 의심[12]하기 시작했다. 과거 대만의 독립세력은 수적으로도 소수였고, 권위주의 정권에 의해서 효과적으로 통제되었기 때문에 대만의 독립은 근본적으로 불가능했다. 그러나 민주화 이후의 대만의 변화는 과거와는 달랐다. 독립세력이 다수의 지지를 얻을 경우 대만은 독립을 선언할 수도 있는 상황으로 변한 것이다. 따라서 중국은 이러한 변화에 대해 강경한 대응으로 돌아섰다. 1995년 1월 30일 장쩌민 총서기는 중국과 대만의 현 단계에서의 관계발전과 평화통일을 수립하기 위한 8개항의 견해와 주장이 담긴 '강팔점(江八點)'[13]을 발표하였다. 이는 대만문제에서 기본적으로 평화적 해결을 추구하지만 무력사용 또한 배제하지 않겠다는 내용을 수록함으로서 대만이 독립을 추가할 경우 방관하지 않겠다는 강한 의지를 보인 것이었다. 이후 대만이 독립행보를 강화할 때마다 중국은 '강팔점'의 입장을 확인하면서 대만의 독립행보가 지속된다면 중국 또한 '평화통일'의 원칙을 벗어나 무력대응을 할 수 있다는 의지를 보이기 시작했다. 후진타오가 집권한 시

12) 중국의 대만정책은 미국의 역할이 작동하는 한 평화통일의 방안을 벗어나기 어렵다. 이러한 미국의 역할을 상수로 가정할 때 대만의 독립 움직임은 중국의 양안관계 전략의 핵심적 변수로 작동하게 된다. 대만의 독립 움직임에 대한 중국의 인식(*perception*)에 따른 통일방안의 변화는 위협에 대한 인식을 상대방의 능력과 의도에 대한 객관적이고 합리적인 함수라고 보는 구성주의의 입장에서 설명이 가능하다. 이와 같은 입장은 David Singer, "Threat-Perception and the Armament Tension Dilemma", *Journal of Conflict Resolution* Vol. 2, No. 1(1958); Klaus Knorr, "Threat Perception", Klaus Knorr(ed.), *Historical Dimensions of National Security Problems*(Kansas: University Press of Kansas, 1876) 등을 참조할 것.

13) 류동원(2001), p. 82~84.

기의 대만과의 관계는 이러한 단계에 있었다.

2) 후진타오 집권 1기의 양안관계

(1) '일국양제와 평화통일'의 지속과 반분열국가법

중국이 무력대응의 가능성을 시사했음에도 불구하고 민주화 이후 대만의 독립추진은 더욱 가속화되었다. 총통자격으로 미국을 방문하여 중국을 자극했던 리덩휘는 1999년 '하나의 중국'에 반하는 '양국론(兩國論)'을 제시했다. 이어 2000년 총통선거에서는 대만독립을 주장하는 민진당의 천수이볜(陳水扁) 후보가 총통에 당선되었다. 취임 초기 천수이볜은 '4불1무(四不一無)'[14]를 발표하면서 양안관계에 변화를 가져올 그 어떤 시도도 하지 않겠다고 하였으나 점차 대만은 독립으로 기울고 있었다. 이로 인해 중국은《하나의 중국의 원칙과 대만문제》라는 제목으로 통일백서와 2000년《국방백서》를 발간하여 "대만의 독립은 진쟁도발을 의미한다 … 중국 인민해방군은 … 어떠한 조국 분열의 기도도 좌시하지 않을 것이다"라고 밝혔다.[15]

한편 장쩌민은 이 시기에 중국이 무력을 사용할 수 있는 세 가지 조건을 발표하였다. 이는 첫째, 그 어떤 명의로든 대만을 중국으로부터 분리하려는 사긴이 발생할 경우, 눌째, 대만이 외국세력에 의해서 침략 받거나 점령당할 경우, 셋째, 대만당국이 협상을 통해서 양안 통일의 평화로운 해결을 거부할 경우 이 모든 경우에 중국은 무력을 사용하여 이를 저지할 것이라는 내용이다.[16] 그러나 이러한 중국의 경고

---

14) '4불1무'의 내용은 임기 내에 '독립을 선포하지 않는다', '국호를 변경하지 않는다', '양국론을 헌법화하지 않는다', '현 상태를 변경하기 위한 국민투표를 실시하지 않는다' 그리고 '국통강령과 국통화의 문제를 폐기하지 않는다'이다.

15) 신상진(2006), p. 56.

16) Romberg(2008), p. 3.

에도 불구하고 천수이볜은 2001년 미국과 중남미를 방문한 가운데 '하나의 중국'을 거부하는 발언을 하였고, 2002년 8월 3일 '세계대만인대회(世界臺灣人大會)'에 보낸 축사에서는 대만과 중국과의 관계는 불평등한 공존이 아니라 대만해협을 사이에 둔 대등한 정치적 실체라고 공개적으로 밝힘으로 '일변일국(一邊一國)'론을 제기하였다. 이에 중국은 군사훈련을 재개하였고, 양안 간에는 경쟁적인 군비증강이 다시 가속화되기 시작했다.[17)]

2002년의 제16차 당대회는 이러한 양안위기가 재현되던 시기에 개최되었다. 당대회에서 장쩌민은 대만과의 평화적 통일에 대한 입장을 밝히고, 중국의 독립에 반대하는 해외세력과 대만독립을 추진하는 분리주의자들에 대해서는 무력사용을 할 수 있다는 것을 밝혔다.[18)] 그러나 당대회 〈정치보고〉에서는 원칙적인 양안관계를 확인할 뿐이었다. 대만의 독립 움직임에 대해 원칙적인 입장을 제시한 장쩌민은 후계자인 후진타오에게 주석직을 물려주었으나 양안문제를 관할하는 중앙군사위원회의 주석직은 여전히 맡고 있었다.[19)] 2004년 대만의 총통선거를 전후하여 대만은 대만의 정체성 찾기의 문제와 더불어 다시 대만 독립의 문제가 최대의 쟁점이 되었다. 대만의 선거를 앞둔 시기에

---

17) 인민해방군은 1996년 양안위기 이래 최대 규모의 군사훈련을 푸젠(福建)성에서 재개할 것이라고 경고하였고, 천수이볜은 이에 대해 이와 유사한 군사훈련으로 대응함으로써 결연한 의지를 보였다. 천수이볜은 국방 예산안을 증가하였고, 이에 대해 미국은 대만의 이러한 대중국 정책에는 동의하지 않았으나 대대만 무기판매의 문제를 의회에서 통과시켰다, Lin and Lin (2002).

18) Romberg(2008), p. 3.

19) 중국의 최고 권력의 지위는 당총서기, 국가주석 그리고 당 중앙군사위원회 주석직이다. 후진타오는 장쩌민으로부터 2002년 당총서기직을 물려받았으나 국가주석직은 2003년에 그리고 당 중앙군사위원회 주석직은 2004년 9월에 이르러서야 물려받게 되었다. 김흥규, "중국 제10기 전인대 3차회의: 내용과 의미", 세종연구소, 〈정세와 정책〉(2005년 4월), p. 14.

발행된 중국의 2004년의 《국방백서》는 온화한 표현을 사용하고 있지만 근본적으로는 대만 독립에는 반대한다는 입장을 담았다. "양안간의 건강한 발전을 위해서 대만에 대한 미국의 무기판매 중단 등 대만 문제를 합리적으로 해결해야 하며, 하나의 중국 원칙하에 어떠한 문제도 논의할 수 있다"[20]는 내용은 천수이벤이 '하나의 중국' 원칙을 지키는 한 대화할 수 있다는 유연한 자세를 보인 것이다.

2004년 후진타오는 당 중앙군사위원회 주석직을 물려받으면서 군과 당, 정 모든 부분에서 실권을 장악하게 되었고 이후 대만 문제에 대한 독자적인 목소리를 내기 시작했다. 대만 총통선거 이후 2004년 5월 중국 중앙 대만사무판공실과 국무원 대만사무판공실 명의로 후진타오는 '강팔점'과 유사한 '호칠점(胡七點)'을 제시했다. 이는 첫째, 양안간의 대화, 담판, 협상을 재개한다. 둘째, 적절한 방식으로 양안간의 연계의 유지 및 협상을 통해 교류 상의 다양한 문제를 해결한다. 셋째, 전면적인 '3통(三通)'을 실현한다. 넷째, 대만의 산업구조 및 경제상황을 고려한 경제협력의 긴밀한 안배와 상호이익을 강화한다. 다섯째, 다양한 인적 교류를 강화한다. 여섯째, 화해와 협력의 분위기에서 대만인들이 추구하는 평화, 사회안정, 경제발전을 실현한다. 일곱째, 대만의 국제적 지위 및 그에 상응하는 활동공간의 문제에 대해 협상을 할 수 있다는 내용이었다. 그러나 여기에는 대만에 대한 무력행사에 대한 시사는 찾아보기 어렵다.

2004년 후반 대만은 입법원 선거를 앞두고 또 다시 독립문제가 중요시 되었다. 재선 이후 독립문제에서 중립적 위치에 있던 천수이벤은 점차 독립으로 기울고 있었다. 2003년 수도를 타이베이시(臺北市)로 표기하고, 여권에 대만의 영문표기인 Taiwan을 첨가하면서 본격적으로 시작된 정명운동(正名運動)은 2004년 입법원 선거에서 중요한 쟁

20) 문홍호, 《중국의 대외전략과 한반도》(2006), pp. 73~74.

점이 되었다.[21] 중국은 대만의 이러한 분리운동에 대해 '명백한 중국의 주권과 영토보전에 대한 도전'이며, '양안은 물론이고 동북아시아의 평화에 위협'이 된다고 경고하였다.[22]

2005년 3월 4일 후진타오 주석은 제10기 3차 전국정치협상회의에 참석한 국민당 인사를 접견하는 자리에서 '4개결부(四個決不)'를 제시하였다. 그 내용은 첫째, 하나의 중국의 원칙에서 결코 동요하지 않는다. 둘째, 평화통일을 쟁취하기 위한 노력을 결코 포기하지 않는다. 셋째, 대만 인민의 염원을 관철하기 위한 방침을 결코 포기하지 않는다. 넷째, 대만의 독립, 분열활동과 결코 타협하지 않는다는 내용이다. 이는 무력통일을 시사하고 있지는 않으나 대만의 독립은 결코 용납하지 않는다는 것을 의미했다. 또한 3월 13일의 전인대 인민해방군 대표 전체회의에서 군이 '거안사위(居安思危)'의 정신으로 주권수호, 영토보존에 대한 군의 역사적 사명을 다할 것임을 강조하였다. 인민해방군이 대만독립의 문제에서 전통적으로 강경했던 것으로 볼 때 후진타오의 이러한 강조는 그의 통일의 의지를 확인해 준 것이라고 볼 수 있다.

이어 2005년 3월의 전인대에서 중국은 '반분열국가법(反分列國家法)'을 통과시켰다. 10개의 조항인 '반분열국가법'은 제8항의 비평화적인 수단을 사용할 수 있는 세 가지 주장에 무게를 두고 있다. 즉 대만이 어떤 방식으로든 독립을 시도한다거나, 대만 독립을 야기할 수 있는 주요 사건이 발생하거나 그리고 평화통일의 가능성이 완전히 사라졌다고 판단할 경우 중국은 무력을 사용할 수 있다는 것이다. 이는 대만의 독립의 의지가 현실화될 경우 즉각 무력대응하겠다는 의지의 표현이다. 이로서 후진타오는 장쩌민과 마찬가지로 대만에 대해 무력

21) 지은주, "대만의 독립문제와 정당체제의 재조정", 고려대학교 박사학위논문(2007), p. 233.

22) Romberg(2008), p. 6.

을 사용할 수 있다는 점을 확인함으로써 통일에 대한 강한 의지를 표명하였다. 미국은 중국의 '반분열국가법'에 대해서 즉각 반대성명을 발표하였다. 이로써 반분열국가법이 양안과 동아시아의 평화와 안보를 위협할 수 있다고 강조하고, 이 법안의 제정을 제고해 달라고 중국에 요청하였으나 중국은 이 법안이 미국의 '대만 관계법'과 상응한다는 의미에서 미국의 권고를 거절하였다.[23]

(2) 대만주민에 대한 기대의 한계

장쩌민에 이어 집권하게 된 후진타오는 '4개결부', '반분열국가법'을 통해서 대만에 대한 무력사용의 가능성을 제시했지만 미국의 강한 대만수호의 의지와 1978년 개혁개방 이후 성공적으로 추진하는 경제개혁으로 인해서 무력사용의 가능성은 거의 희박한 것으로 보인다. 이러한 가운데 중국은 대만에 대한 경제개방과 유화정책을 통해서 대만주민의 마음을 얻고자 하는 시도하고 있다. 구체적으로 제 16차 당대회 이후 후진타오 주석은 '이민위본(以民爲本)' 정책을 중국의 주민뿐만이 아니라 대만주민에까지 확산시켰는데 이는 이전의 지도자와 차별화되는 점이다. 후진타오 주석은 '권력은 국민들을 위해 사용하는 것이므로 국민들을 위한 정치를 해야 하며, 따라서 국민들의 마음을 얻는 것이 가장 중요하다'고 하였다. 이는 대만주민에게도 마찬가지여서 대만정책에 있어서 대만주민들의 마음을 얻는 것이 중요하다는 입장을 표명하였다.[24]

'4개 결부'와 '반분열국가법'이 통과된 2005년 후진타오는 대만정책의

23) 중국의 헌법 제 62조 14항은 전인대가 '전쟁과 평화의 문제에 대한 결정권한을 갖는다'고 규정하고, 제 80조는 '국가주석이 전인대와 전인대 상무위원회의 결정에 따라 전쟁상태를 선포하고, 동원령을 발령할 수 있다'고 규정하고 있다. 문홍호(2006), pp. 75~76.

24) 郭瑞華, "中共十七大之後的對臺政策", 中共十七大之後政經情勢與對臺政策 學術硏討會論文發表之三(2008).

'3개 범시(三個凡是)'를 발표했다. 그 내용은 중국은 '무릇 대만 인민의 이익에 유리한 것, 무릇 중국통일에 유리한 것, 무릇 중화민족의 위대한 중흥에 유리한 것'이라는 기준에 입각하여 대만정책을 추진할 것이라는 내용이다. 중국의 대만주민에 대한 이러한 상반된 화해 제스처는 2005년 중국국민당(中國國民黨 이하 국민당)의 롄잔(連戰)이 중국을 방문한 이후 더욱 강조되기 시작했고, 중국은 대만에 대해 각종 경제 우대정책을 제공하면서 대만주민의 마음을 사로잡기 위한 정책을 시도하고 있다.[25]

① 양안교류의 발전과 변화

1980년대 초까지만 하더라도 중국의 양안교류에 대한 입장은 '하나의 중국'이 우선시되었다. 따라서 양안간의 그 어떠한 교류도 '하나의 중국'이 존중될 때 가능한 것이었다. 그러나 중국은 점차적으로 '하나의 중국'의 적용범위에서 경제적 교류 부분은 예외적으로 두기 시작하였다. 즉 하나의 중국을 인정하지 않더라도 양안간의 경제적 교류는 확대시킨다는 의미이다.[26] 이로 인해 양안의 경제적 교류는 1980년대 초반부터 가시적으로 변화하기 시작하였다. 최초의 공식적 교역이 시작된 1981년 미화 약 3억 달러에 이르던 규모가 1985년에는 미화 7억 달러로 두 배 이상 증가하였고, 후진타오 1기가 시작된 2002년도에는 미화 394억 달러로 그리고 2006년에는 미화 881억 달러로 증가하게 되었다(〈표 7-1〉).

양안 교역의 특징은 대만의 대중국 의존성이 크다는 것이다. 〈표

---

25) "中, 對대만전략 변했나", 〈조선일보〉, 2007. 6. 20, http://news.chosun.com(검색일: 2007. 12. 20).

26) Yun-han Chu, "Power Transition and the Making of Beijing's Policy towards Taiwan", Yun-han Chu, Chih-cheng Lo and Ramon H. Myers (eds.), *The New Chinese Leadership: Challenges and Opportunities after the 16th Party Congress* (Cambridge University Press, 2004), p. 211.

〈표 7-1〉 양안 경제교류(100만 달러) (1990~2006)

연도	무역총액	대만의 대중국수출	대만의 중국으로부터의 수입	대만의 대중국투자
1990	5,160	4,395	765	844
1996	23,787	20,727	3,060	3,475
2000	31,233	25,010	6,223	2,296
2002	39,497	31,529	7,968	3,970
2004	65,723	48,931	16,792	3,117
2006	88,115	63,332	24,783	2,136

출처: 대만 行政院大陸委員會(www.mac.gov.tw)

7-1〉에 의하면 주로 대만상품이 중국으로 이동하고 있는 것을 볼 수 있다. 대만의 수출총액은 수입총액의 두 배를 훨씬 상회한다. 또한 대만의 대 중국투자는 1990년 약 8억 달러에서 2002년에는 39억 달러로 약 5배가 증가하였다. 2001년 11월 중국은 미국을 제치고 대만의 최대 수출시장이 되었다. 3만개 이상의 대만 기업체가 중국으로 진출하고, 10만 명 이상의 대만경제인들이 중국에서 활동하게 되었다. 양안간 인적 교류도 증가하여 제 17차 당대회가 개최되기 한 달 전인 2007년 9월 중국에 거주하는 대만인은 약 40만 명에 이른다. 그 중 18,000명이 정착한 대만인이다. 이미 양안 간에는 27만 쌍이 결혼하였으며, 약 4,600만의 대만인이 중국을 방문하였고, 156만 명의 중국인이 대만을 방문하였다.[27] 그러나 중국주민이 대만을 방문하는 것은 경제적, 제도적 제약으로 인해 대만인이 중국을 방문하는 것과 같이 용이하지 않아 양측 방문인의 수는 큰 차이를 보인다.

양안간의 경제적 교역이 이와 같이 증가하자 대만에서는 전면적인

27) Xinhwa, "400,000 Taiwanese Currently Reside on Chinese Mainland", *China Daily*, 2007. 11. 2). http://www.chinadaily.com.cn(검색일: 2007. 1. 28)

경제적 교류가 대만의 정치적 자율성을 침해하고, 결국 대만이 홍콩과 같은 운명이 될 수도 있다는 불안감이 생기기 시작했다.[28] 그러나 중국의 거대한 시장과 기회는 대만 내 많은 사업가들에게는 뿌리칠 수 없는 것이었다. 1990년대 중반의 한 조사에 의하면 대만 기업인의 70.8%가 중국과의 관계가 악화되는 것을 원하지 않았다. 또한 경제적 이익으로 인해서 중국측이 주장하는 3통에 대한 요구가 대만 내부에서 일어나기 시작했다. 선박, 민항기, 우편물의 직접 교류는 이로 인해서 얻을 수 있는 이익이 대만 측이 더욱 크기 때문이다.

2000년 총통에 선출된 천수이볜은 당시 안정된 양안관계를 강조하고, 리덩휘와 차별된 적극적인 교역과 교류를 추진하면서 '효과적 관리와 적극적 개방(有效管理, 積極開放)' 정책을 채택하고 대륙에 대한 개인 투자제한액인 미화 5천만 달러의 한도액을 철폐하였다. 그리고 2001년에는 소3통(小三通)을 실시하여, 중국의 푸젠(福建)성과 진먼(金門)을 우선적으로 개방하였다. 이에 상응하여 2002년 중국은 제16차 당대회에서 양안간의 교류와 왕래를 확장시켜야 함을 강조하고, 양안간의 직접적인 3통을 실현하는 것이 양안간의 이익에 부합한다고 제안하였다.

그러나 불균형적인 양안교류 현황은 대만을 불안하게 하였고, 천수이볜은 2006년 신년사에서 기존의 '효과적 관리와 적극적 개방' 정책을 '적극적 관리와 효과적 개방(積極管理, 有效開放)' 정책으로 전환하였다. 이는 앞으로는 개방보다는 관리에 치중할 것이라는 입장의 표현이었다. 이로 인해 2006년도 대중국 투자액은 현격하게 줄어들었다. 이러한 대만의 변화에 대해서 중국은 일관되게 교류의 중요성을 강조하고 있다. 그러나 양안간의 이러한 경제적 교류의 증가에도 불구하고, 여기에는 몇 가지 한계점을 보이고 있다. 첫째, 무엇보다도 양안간의

---

28) Yun-han Chu, "The Political Economy of Taiwan's Mainland Policy", Zhao(1999), p. 180.

교류가 지나치게 대중국 편향적인 성격을 가진다는 점이다. 이는 대만의 불안감을 가져와 결국 대만정부의 대중국 진출에 제한을 가져오게 되었다. 둘째, 양안교류를 처음 시작할 당시 중국과 대만정부는 경제적 교류가 정치적 교류로 이어질 것을 기대했지만 그 방향은 달랐다.[29] 중국이 대만과의 경제적 교류를 확산시켜 자연스럽게 중국으로 흡수통일 할 것을 기대했다면 대만은 경제적 교류를 통해 중국을 민주화시키고[30], 그 가운데에서 자연스럽게 양안의 통일로 이어질 수 있다는 기대가 있었다. 즉 동일한 현상에서 서로 다른 기대를 가지고 추진한 것이다.

② 대만의 정치세력에 대한 중국의 선별적 대응: 국민당 우선주의

이러한 경제적 교류의 확산 이외에도 정치적 인사들 간의 교류도 '하나의 중국'의 원칙 하에서 제한적으로 진행되기 시작했다. 후진타오 집권 1기의 양안관계 개선성과 중 하나는 리덩휘의 독립행보 이래로 중단되었던 양안간의 정치적 교류를 재개한 것이다. 중국은 '하나의 중국'을 인정하는 세력과는 그 누구라도 대화할 수 있다는 입장에서 대만의 독립을 주장하는 세력과는 대화할 수 없지만 역으로 중국과의

29) 차오치엔민(Chao, Chien-min)은 문화적으로 동일한 기반을 가지고 있는 중국과 대만이 양안교류를 통해서 통합으로 나아가고 있는가 아니면 분리로 나아가고 있는가에 대한 분석에서 양안은 분리의 방향으로 가고 있다고 진단하고 있다. 그 원인으로서는 서로 다른 정치적 목적에 의한 양안교류의 추진 때문이며, 또한 대만 내의 대만인 정체성의 증가가 중국의 민족주의와 상호 충돌하기 때문이라고 본다. Chien-min Chao, "Cross-Strait Relations in the 21st Cenrury: More Integration, More Alienation?", John Wong and Zheng Yongnian(eds.), *China's Post-Jiang Leadership Succession: Problems and Perspectives*(Singapore: Singapore University Press, 2002), pp. 327~354.

30) Jay Taylor, *The Generalissimo's Son*(Cambridge: Harvard University Press. 2000).

통일을 지향하는 세력과는 대화할 수 있다는 태도를 보임으로서 국민당 인사의 대륙방문을 허용하였다.

국민당과의 정치적 대화는 장징궈(蔣經國) 통치시기에 비공식적으로 이루어지다가 리덩휘 총통 시기에 독립행보로 인하여 중단되었다. 이 후 2000년 총통 선거에서 국민당이 민진당의 천수이벤에게 패하면서 리덩휘가 탈당하고, 그 과정에서 국민당은 다시 '하나의 중국'의 원칙을 회복하였다. 총통 선거에서 패배한 2000년 11월 국민당의 부주석인 우포슝(吳伯雄)은 베이징을 방문하여 첸지천(錢其琛)을 면담했다. 이는 1949년 이래로 국민당 인사가 공식적으로 중국을 방문한 최초의 일이었다. 양 측은 '하나의 중국'의 원칙에 동의하고 양안문제를 논하기 위한 학술포럼을 개최할 것을 합의하였다. 2002년의 제16차 당대회에서 중국은 '하나의 중국'의 원칙 하에서 대만내의 각 당의 파 그리고 각계의 인사들과 양안관계의 발전과 평화적인 통일의 추진에 대해서 의견을 교환하기를 희망한다고 하였다.

이후 중국은 국민당과는 전향적 자세로 통일의 문제를 논할 수 있을 것으로 보고, 국민당과의 일방적 교류를 진행하고 있다. 국민당은 2004년 총통선거 캠페인 과정에서 천수이벤의 무모한 독립 시도에 대해 공격하고, 양안문제는 국민당만이 대륙과의 대화를 통해서 해결할 수 있다고 강조하였다. 그러나 2004년 총통 선거에서 국민당은 다시 민진당에 패배하였다. 그러나 선거 패배 이후 중국과 국민당의 교류는 더욱 활발해졌다. 국민당 주석인 롄잔은 2005년 4월 중국을 방문하였다. 롄잔 주석은 4월 29일 베이징대학에서의 연설을 통해서 중화민족의 위대함을 찬양하고, 민족의 태평성대를 위한 양안 간의 대화, 화해, 협력을 강조하였다.

방문기간 동안 롄잔과 후진타오는 다섯 개 항에 합의하고, '92 공식'[31]에 근거하여 대만 독립에 반대하기 위한 협상을 지속하기로 하였다. 다섯 개 항은 첫째, 양안이 '92 공식'을 바탕으로 하여 대등한 대화와 협상을 재개하며, 둘째, 양안간의 적대적 관계를 청산하기 위해 군사적 신뢰를 구축하며, 셋째, 양안간의 경제적 협력과 상호교류를 위한 기제를 마련하며, 넷째, WHO와 같은 국제기구와 기관에 대만 주민들이 참여할 수 있도록 협력하며, 다섯째, 주석 간 회담이 지속적으로 이루어질 수 있도록 정당 대 정당 간의 상호채널을 구축한다로 이루어져 있다.[32] 2005년 두 정당 간의 만남은 제 3차 '국공회담(國共會談)'이라고도 불린다. 한편 롄잔 주석은 당시 후 주석과의 회담에서 '양안 경제, 무역, 문화포럼'을 공동으로 개최하기로 합의하였다. 이로 인해 2006년 4월 이후 두 차례의 포럼이 개최되었으며, 2007년 4월 28일과 29일에도 포럼이 개최되었다. 두 정당이 참여하는 포럼에서는 직항, 교육, 관광 등 양안간의 경제적, 문화적 교류에 대해 논의하였다.[33]

그러나 이러한 회담은 대만 독립을 주장하는 민진당에게는 허용되지 않았다. 민진당은 민주화 세력과 대만독립 세력이 연합하여 수립한

---

31) '92 공식'이란 1990년대 초 양안교류가 증가하는 가운데 대만에서 발표된 1991년의 국가통일강령과 1992년의 '현 단계 양안관계와 중국대륙정책'의 핵심적 내용을 말한다. 이는 현 중국공산당을 중국을 통치하는 합법적 정권으로 인정하고, 장기적으로는 중국과의 통일을 추구한다는 입장을 선언한 것이다. 이를 위해서 '국가통일강령 3단계'를 발표하였는데 1단계로 상호왕래, 2단계의 상호신뢰를 위한 협력, 3단계의 통일협상의 추진으로 구성되어 있다. '92 공식'의 자세한 내용에 대해서는 蘇起, 鄭安國 編《'一個中國各自表述' 公識的史實》訂四版(臺北: 國家政策研究基金會, 2005)을 참조할 것.

32) "Lien, Hu share 'vision' for Peace", *Taipei Times*, 2005. 4. 30, http://www.taipeitimes.com(검색일 2008. 1. 10).

33) 집권당인 민진당과 천수이볜은 이러한 국민당의 행보에 대해 공식적으로 반대의 입장을 보였다. 민진당은 국민당의 이러한 독자적 행보가 양안문제에서의 주도권을 상실할 수 있다는 생각에 반대하였으며, 더욱이 대만이 스스로의 정체성을 확립하는 과정에서 정치권이 중국과의 '하나의 중국'에 대해 합의하는 것은 사회적 분열을 가져올 위험이 있었다. 문흥호(2006), pp. 88~89.

정당으로서 정당을 수립한 이후 점차 대만 독립 문제를 강조해오고 있기 때문이다. 이러한 중국의 대국민당 편중전략은 부정적 효과를 내포하고 있다. 먼저, 중국이 국민당과 대화를 함으로써 정작 대만 독립을 주장하는 민진당에 대해서는 영향력을 발휘하지 못한다는 점이다. 민진당의 공민투표안에 대해 중국은 국민당과 동일한 노선에서 민진당을 비판하였기 때문에 민진당 지지자들에게는 영향력을 미치기 어려울 수밖에 없다. 한편으로는 이러한 중국의 태도로 인해 독립추진을 위한 운동을 더욱 촉발시킨 결과도 가져왔다. 또한 국민당이 이러한 중국의 태도를 선거전략에 이용함으로써 중국 내에서는 거꾸로 중국이 대만 선거과정에서 국민당에게 이용당하고 있다는 비난을 가져오기도 하였다.[34] 중국과 국민당과의 대화가 활발해지기 시작한 것은 국민당이 총통 선거에서 민진당에 패배하고 난 이후였다. 국민당은 대만 경제의 침체가 민진당의 잘못된 대중국 정책 때문이라고 비난하였고 궁극적으로 경기회복을 위한 양안관계의 개선은 국민당만이 해결할 수 있다는 점을 대만주민들에게 설득시키기 위해 중국과의 관계를 이용하기도 한다는 것이다.

③ 대만주민의 중국에 대한 인식

후진타오 주석은 2005년 대만이 공민투표안으로 논란이 지속되고 있을 때 "민진당의 공민투표안이 대만민중들에게 인기가 없다"는 확신에 찬 발언을 하였다. 중국은 다수의 대만주민들이 민진당의 독립추구에 대해 반대한다고 믿는 것으로 보였다.[35] 중국과 국민당의 입장은 동일하게 민진당의 독립추진의 시도는 양안관계의 불안을 가져와 대만 경제에 불안을 가져오고, 이것이 대만주민들의 불만을 가져온다는 것이다. 그렇다면 그 반대의 입장은 어떠한가? 중국과 교역을 확대하고,

34) Lai(2007), p. 3; Roy(2007).

35) Lai(2007), p. 3.

경제적 잉여를 향유하며, 궁극적으로 '하나의 중국'을 지향하는 정책에 대해 대만주민들은 지지하고 있는 것인가?

중국과의 교역의 문제에 대해 실시한 여론조사를 살펴보면 이는 중국과 국민당의 기대에 미치지 못한다. 대만 행정원 대륙위원회(行政院大陸委員會)가 조사한 〈양안교역의 속도(*The Pace of Cross-Strait Exchanges*)〉[36]에 의하면 후진타오가 집권한 2002년도 12월 양안교역의 속도에 대해 35.5%의 응답자가 '잘 모르겠다', 29.6%가 '적당하다,' 19.6%가 '너무 느리다' 그리고 15.4%가 '너무 빠르다'였다. 같은 질문에 대해 제 17차 당대회를 앞둔 2007년 8월의 결과는 36.1%가 '적당하다', 32.2%가 '너무 느리다', 18.6%가 '너무 빠르다', 그리고 8.5%가 '잘 모르겠다'라고 대답했다. '잘 모르겠다'는 응답자의 비율이 4년 전에 비해 35.5%에서 8.5%로 현격히 떨어진 것을 보면 대만주민들이 양안교역에 대해 중요성을 인정하기 시작했다는 것을 의미한다. 그러나 천수이벤의 규제로 인해 양안의 교역이 활발하지 않은 상황에서도 2007년의 응답자중 36.1%가 양안교역의 속도가 적당하다고 보고 있다. '너무 느리다'는 비율은 5년 동안 약 12% 증가하였으나 중국이 기대하는 수준의 증가라고 보기는 어렵다. 중요한 점은 여전히 다수의 응답자가 현 상황을 '적당하다'고 평가하는 것이다.

양안간의 교역이 대만에게 경제적 이익을 가져다주는 것이 명백함에도 불구하고, 대만주민들의 이러한 응답은 근본적으로 대만주민들이 중국을 신뢰하지 않는다는 것을 말한다. 〈그림 7-1〉은 중국이 중화민국 대만정부와 대만주민에게 갖는 적대감에 대한 설문조사이다. 이에 의하면 대만주민들은 중국이 중화민국 대만정부 즉 정치세력에 대해 적대감을 가지고 있다고 보지만 대만주민에 대해서도 역시 적대감을 가지고 있다고 보고 있다. 2002년 제 16차 당대회가 끝난 이후

---

36) 행정원 대륙위원회 여론조사. *The Pace of Cross-Strait Exchanges*, http://www.mac.gov.tw(검색일: 2008. 1. 10)

〈그림 7-1〉 중국의 중화민국 정부와 주민에 대한 적대감(대만주민의 인식)

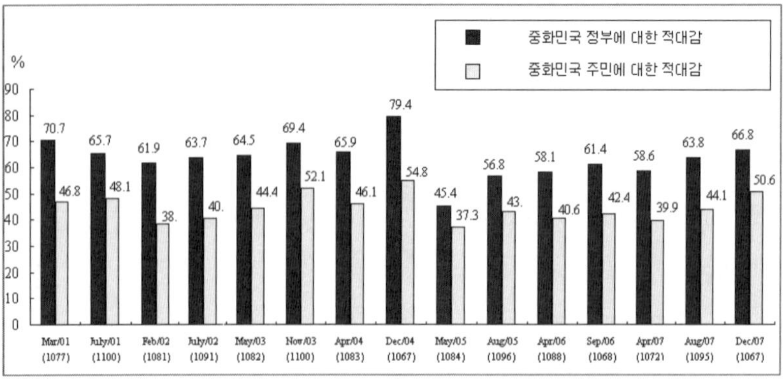

출처: 대만 行政院大陸委員會(www.mac.gov.tw)

실시된 2003년 5월의 조사는 응답자의 64.5%가 중국이 천수이벤 정부에 대해 적대감을 가지고 있다고 보았고, 이보다는 낮지만 44.4%의 응답자가 중국이 대만주민에 대해서도 적대감을 가지고 있다고 보았다.[37]

한편 중국이 주장하는 '일국양제'에 대한 대만주민의 입장 또한 단호하다. 〈그림 7-2〉에 의하면 후진타오가 집권한 2002년 70.7%의 응답자가 '일국양제'에 대해 반대하고 있으며, 2007년 8월에는 67.8%가 반대의사를 보이고 있다. 중국은 홍콩과 마카오의 성공적인 일국양제의 운영을 선전하고 있지만 1999년 이래로 대만에서의 대다수의 주민들은 일국양제에 대한 통일방안에 대해서는 반대하고 있는 것을 볼 수 있다.

한편 중국과의 통일에 대한 대만주민들은 약 75%이상이 양안관계

37) 2005년 5월에 조사한 자료는 그 이전 해에 비해서 크게 떨어진 것을 볼 수 있다. 이는 2005년 초에 국민당의 롄잔과 쑹추위가 중국을 방문하면서 양안관계가 급속도로 가까워진 것 때문이라고 이해할 수 있다. 그러나 적대감에 대한 인식은 이후 매년 다시 상승하고 있음을 볼 수 있다.

〈그림 7-2〉 중국의 '일국양제' 통일방안에 대한 대만주민의 입장(1999~2007)

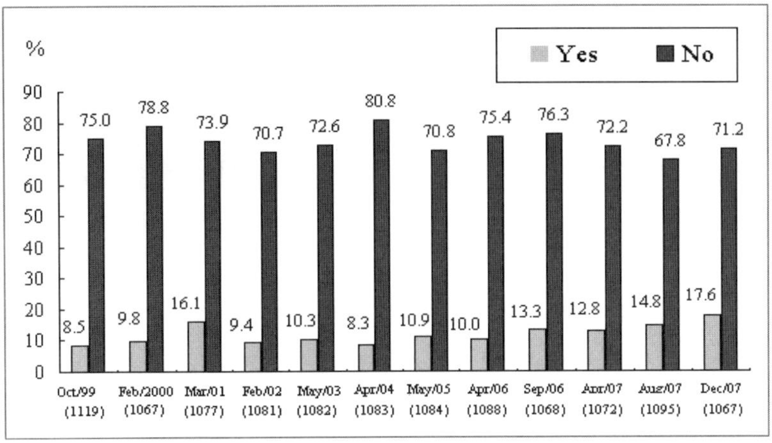

출처: 대만 行政院大陸委員會(www. mac. gov. tw)

에서 현상유지를 원하고 있다. 그러나 중국으로부터 군사적 위협이 없다고 가정했을 때에는 응답자의 독립선호 비율은 높아진다. 2004년 대만주민들을 대상으로 실시된 여론조사의 분석에 의하면 '대만이 독립을 선언했을 때 중국이 공격하지 않는다면 독립에 찬성하는가?'의 질문에 대해서 다수의 현상유지를 원하는 응답자들 중 약 60%가 독립을 지지한다고 응답했다.[38] 달리 말하면 중국의 군사적 위협이 대만주민들이 독립을 지지하는 것을 저지하는 데 효과적이라는 것이다. 이는 1990년대 중반 이후 대만에서 대만인 정체성의 증가와 관련된 것으로 보인다. 1992년 약 17.3%에 불과했던 대만인 정체성은 2002년에 41.7%로 증가하였다.[39] 스스로를 중국인과 구별된 대만인으로 인식

38) Duke University의 '아시아 안보연구 프로그램(the Program in Asian Security Studies)'에서 실시한 2004년 〈대만 국가 안전 서베이(Taiwan National Security Survey)〉 조사자료.

39) 행정원 대륙위원회 여론조사자료. *Unification or Independence?*, *How People in Taiwan Identify Themselves, as Taiwanese, Chinese, or Both?*,

하게 된 주민들은 중국과의 통일이 반드시 대만의 미래가 되어야 할 필요가 없다고 생각하는 것으로 보인다.

따라서 중국은 대만의 독립세력과 대만주민을 분류하여 대만주민들에 대해서는 같은 동포이며, 대만인민의 권익을 보호할 것을 보장한다고 밝히고 있으나 대만주민들의 인식은 이와 차이가 있음을 알 수 있다. 대만주민들은 중국의 중화민국 대만정부에 대한 적대감이 높다고 인식하고 있지만 대만주민에 대한 적대감 또한 높다고 평가하고 있으며, 더욱이 중국이 제시하는 일국양제에 대해서는 홍콩과 마카오의 성공적인 사례에도 불구하고 대만의 통일방안으로서는 부정적으로 평가하고 있다. 또한 대만주민들은 비록 다수가 현상유지를 원하고 있지만 중국의 군사적 위협이 없다면 약 60%의 주민들이 독립을 원하는 것으로 나타나는데 이는 중국이 가장 우려하는 결과이다. 최근까지의 이러한 통계에 의한다면 후진타오 주석의 대대만 화해 제스처는 별 성과가 없어 보인다.

3) 제17차 당대회 전후의 대만의 독립행보: 유엔가입 공민투표

후진타오 집권 1기의 5년 동안 대만의 독립행보는 더욱 빨라졌다. 당선 이후 양안관계에서 조심스런 행보를 하던 천수이벤 총통은 2007년 3월 2000년 당시 취임사에서 제시한 '4불1무'를 대신하는 '4요1무(四要一沒要)'를 제시하면서 양안 간의 현상을 유지할 것이라는 입장에서 대만 독립을 주장하는 입장으로 전환했다. '4요1무'의 '4요'는 ① 대만은 독립해야 한다, ② 대만의 이름을 바로 잡아야 한다, ③ 신헌법이 필요하다, ④ 대만은 발전해야 한다 이며, '1무'는 대만은 좌우노선이 존재하지 않으며 오직 통일과 독립의 문제만이 존재한다는 것을 내

---

http:// www.mac.gov.tw(검색일: 2008. 2. 5)

용으로 한다. 이러한 선언은 천수이볜이 향후 공개적으로 대만의 독립을 추구하겠다는 의미로서 그 구체적인 실천으로 공민투표와 정명운동이 속도를 더하기 시작했다.

2007년 제 17차 당대회를 앞두고 유엔가입 공민투표는 그 성사여부와 관계없이 대만의 국제사회에서의 지위에 대해 국제사회의 여론을 환기시키고, 대만 내의 대만인 정체성을 증가시킬 수 있다는 점에서 반가운 일이 아니었다. 대만공화국으로 유엔에 재가입하는 문제는 대만이 국제사회에서 '국가성(*statehood*)'을 회복한다는 것을 의미하는데 이는 '하나의 중국'에 반하는 것이며, 실질적으로 대만이 중국과 다른 하나의 독립된 국가로 국제사회가 인정해주기를 바란다는 것을 말한다.[40]

공민투표안은 2008년의 입법원 선거와 총통 선거가 다가올수록 대만의 핵심적인 두 정당인 국민당과 민진당 간에 가장 첨예한 쟁점이 되었다. 천수이볜과 민진당의 총통후보인 셰창팅(謝長庭)[41]은 공민투표안의 중요성을 대만주민에게 적극적으로 설득했다. 셰창팅 후보는 본래 양안관계에서 천수이볜보다 실용적이고 중립적인 위치에 있었기 때문에 양안간의 직접적인 3통의 실행을 주장하고, '중국과 보다 나은 관계를 희망한다'[42]고 하였지만 셰창팅 역시 대만의 독립문제에 대해

40) 이러한 유엔 재가입의 문제는 천수이볜이 최초로 제기한 것은 아니다. 과거 총통에 당선된 이후 리덩휘는 매년 형식적으로 대만의 유엔 재가입을 유엔에 신청해왔다. 그러나 천수이볜의 유엔가입 공민투표가 과거 리덩휘 시기와 다른 점은 명칭을 중화민국이 아닌 대만으로 한다는 것이며, 유엔에 재가입하는 것이 아닌 새로운 국가로서 가입한다는 점이다.

41) 민진당의 총통 선거 후보인 셰창팅은 대만독립주의자로서 1979년 미려도 사건 당시 민주화 세력을 변호했던 변호인단 중 한 명이었다. 셰창팅은 중국이 반분열국가법을 선언했을 때 이에 대해서 대만이 헌법을 개정하고, 별도의 국가를 선언해야 한다는 강경한 입장을 보였다. 문흥호(2006), p. 76.

42) Denny Roy, "Taiwan's 2008 Presidential Candidates: Resolving the Cross-Strait Imbroglio?", *China Brief*, Vol. 7, No. 13(June 27, 2007).

서는 강경한 입장에 있었다. 따라서 중국은 '하나의 중국'의 원칙에 기본적으로 동의하고 있는 국민당의 후보를 선호했다.[43)]

한편 원칙적으로는 '하나의 중국'을 지지하면서도 양안관계에서는 '전략적 모호성'을 구사하는 미국은 대만의 공민투표안의 추진에 대해 적극적으로 반대하였다. 미국은 대만의 유엔가입 공민투표안이 미국과의 관계를 악화시킬 것이라고 경고했다. 미국은 대만이 국가성을 필요로 하는 그 어떤 국제기구에도 가입하는 것을 반대한다[44)]고 밝혔다. 크리스텐슨(Christensen) 미 국무부 동아태 담당 부차관보는 9월 12일 대만의 유엔가입 투표안은 '국호 개정문제까지 이어지는 불필요한 도발이고, 반드시 실패할 것'이라고까지 경고하였다.[45)] 중국과 미국이 반대하는 가운데 민진당은 2007년 9월 15일 가오슝(高雄)에서 천수이벤 총통을 비롯하여, 뤼슈렌 부총통, 셰창팅 후보가 참석한 가운데 유엔 가입 공민투표안에 찬성하는 지지행진을 벌였다. 이 행진에 참여한 대만주민은 약 10만 명이 넘는 것으로 추산된다.[46)]

중국은 이에 즉각적으로 대응하여 상하이에서 최대 규모의 군사훈련을 실시했고, 해군 북해함대는 9월 17일 대만해협 부근에서 함대기동훈련을 실시했다. 이에 대해 대만은 가오슝 부근 해역에서 지더(紀德)호를 기함으로 하여 쾌속선 함대를 편성하여 해상 사격, 반잠수함, 반쾌속선 훈련을 실시하였다.[47)] 이어서 9월 28일 중국외교부 부장인

---

43) Lai(2007), p. 3.

44) Kathleen Kingsbury, "Taiwan's War of Words with the U.S.", *Times*, 2007. 9. 17, http://www.times.com(검색일: 2007. 12. 28).

45) "대만 유엔가입 지지 시위에 중 군사훈련 응대", 〈연합뉴스〉, 2007. 9. 13, http://app.yonhapnews.co.kr(검색일: 2007. 12. 23).

46) "유엔가입 문제로 소용돌이치는 대만정국", 〈연합뉴스〉, 2007. 9. 16, http://app.yonhappnews.co.kr(검색일: 2007. 12. 23).

47) 한편 미 국방부는 9월 12일 대만에 P-3C 대잠초계기 12대를 비롯하여 엔진 및 관련 장비와 항공기 및 순항 미사일, 요격용 대공미사일 SM-2 114기를

양지에치(楊潔篪)는 대만이 공민투표의 추진을 통해 '실질적(*de jure*)인 독립'을 추구하는 것에 대해 제 62차 유엔 총회연설에서 "이것이 제지되지 않으면 이는 양안뿐만이 아니라 아시아와 태평양 지역의 평화를 위협하게 될 것"이라고 강조하고, "어떠한 경우이든지 대만을 중국으로부터 분리하는 것에 대해 좌시하지 않겠다"는 강력한 입장을 밝혔다.[48] 이와 같이 양안간의 갈등이 첨예한 가운데 제 17차 당대회가 진행되었다.

판매할 것을 의회에 보고했다. 이와 관련하여 중국 외교부는 16일 미국의 대대만 무기판매 계획에 강력하게 항의하며 판매를 중단할 것을 촉구했다. "양안, 사태악화대비 군사 움직임 긴박", 〈연합뉴스〉, 2007. 9. 17, http://app.yonhapnews.co.kr(검색일: 2007. 12. 23).

48) Xinhua, "China warns against 'Taiwan independence' attempts", *China Daily*, 2007. 9. 29, http://www.chinadaily.com.cn(검색일: 2007. 12. 29).

3. 제17차 당대회와 양안관계

1) 공산당 당대회와 양안관계

공산당 당대회에서 양안관계에 대한 중국의 입장이 나타나기 시작한 것은 1992년 10월의 제14차 당대회에서 부터였다. 당시 중국공산당 중앙총서기인 장쩌민은 “평화적 통일과 일국양제의 방침에 따라 조국통일을 적극적으로 추진하여야 한다”고 밝히면서, “중국 공산당은 중국 국민당과 빠른 시일 내에 접촉함으로써 통일을 위한 여건을 조성하여 양안의 적대적인 상태를 정식으로 종결하고, 점진적으로 평화통일을 실현시키기 위해서 대화를 하기를 희망하며, 대화과정에서는 양안의 다른 정당과 단체 그리고 각계를 대표하는 인사들도 참여할 수 있다”고 하였다. 당시 양안 간에는 비공개적인 대화가 진행되고 있었고, 당시의 국민당은 중국과 동일한 ‘하나의 중국’의 원칙에 동의하고 있었다. 따라서 1992년 대회에서 중국의 발표내용은 이러한 시대적 배경을 반영하고 있었다.

그러나 1997년 9월 제15차 당대회에서는 ‘평화통일의 추진’이라는 새로운 장이 구성되면서 중국은 향후 대만통일을 적극적으로 추진할 것을 밝혔다. 마침 1996년 대만에서는 민주화 이후 최초로 총통 선거가 실시되었고, 선거를 전후하여 대만 독립을 추구하는 움직임들이 나타나기 시작했다. 특히 총통으로서 리덩휘의 미국방문은 중국을 충격에 빠뜨렸고, 이로 인해 1995년 말부터 1996년 봄까지 양안 간에는 근 50년 만에 군사적 위기가 감돌았다. 제15차 당대회에서 양안관계에 대해 하나의 독립된 장을 구성하게 된 데에는 바로 이러한 당시의 상황과 이에 대한 중국의 입장을 반영하고 있었다.

제15차 당대회의 양안관계를 언급하고 있는 ‘평화통일의 추진’의 핵심적인 내용은 다음과 같다. 첫째, ‘평화통일과 일국양제’의 방침과

'강팔점'을 견지한다. 둘째, '하나의 중국' 원칙을 견지하며, 대만 분리와 독립활동 및 외국세력의 간섭을 반대한다. 셋째, 평화적 방식을 통해 통일을 추진하나 무력사용의 포기는 허용하지 않는다. 넷째, 양안간의 경제교류와 협력을 적극 발전시키며, '3통'을 실현한다. 다섯째, 소수의 '대만독립'을 주장하는 인사를 제외하고 나머지 대만의 각 정당과 각계 인사들과 양안관계 발전과 평화통일에 대한 의견의 교환을 환영한다. 다시 한 번 경고하건대 제 1단계로 양안은 '하나의 중국'의 원칙하에 상호 적대적인 관계를 종식하기 위한 담판을 진행한다. 또한 '하나의 중국'의 전제하에서 어떠한 문제도 토의할 수 있다.

2002년 11월에 실시된 제 16차 당대회에서 장쩌민은 중국이 '평화통일과 일국양제'의 원칙을 지켜갈 것이라고 재확인하는 한편 대만의 독립 기도에 대해서는 단호한 행동으로 사전에 예방책을 마련해야 할 것임을 강조했다. 제 16차 당대회가 있기 전 대만에서는 2000년 총통선거를 통하여 대만독립을 주장했던 민진당의 후보인 천수이볜이 총통에 당선되었다. 천수이볜은 당선 직후 양안간의 안정을 유지하기 위해 독립주장에서 후퇴하는 듯싶었으나 점차 대만의 독립을 주장하기 시작했다. 한편 1980년대 이래로 증가하기 시작한 양안간의 교역은 대만주민에게 중국과의 교역으로 인한 대만의 경제적 이익이 얼마나 크고 또한 유익한 것인가를 일깨워주면서 대만주민의 대륙에 대한 새로운 기준을 마련해 주었다.

제 16차 당대회는 이러한 대만의 독립 움직임의 증가와 양안교류의 확산 속에서 진행되었다.[49] 그러나 제 16차 당대회의 내용은 과거 15

49) 제 16차 당대회는 2002년 11월 8일부터 14일까지 2,120명의 공산당원 대표가 참가한 가운데 베이징 인민대회당에서 개최되었다. 제 16차 당대회를 통해서 후진타오-원자바오 체제가 등장하였으나 여전히 장쩌민이 군을 장악하는 가운데 그 영향력을 지속하였다. 또한 장쩌민이 제기한 '삼개대표론'이 당장(黨章)에 삽입되면서 장쩌민은 마오쩌둥, 덩샤오핑과 동등한 지도자의

차 당대회의 내용과 차이를 거의 보이지 않는다. 차이점이 있다면 1997년과 1999년 반환된 홍콩과 마카오의 문제를 '일국양제'의 방식에 따라 성공적으로 적용하고 있다는 부분에 대한 평가가 추가되었다는 점이다. 후 주석은 홍콩과 마카오의 특별행정구로서의 지위를 보장하고, 자율행정이 성공적으로 이루어지고 있는 것을 지지한다고 밝히고 있다. 그 밖의 내용은 '평화통일과 일국양제'의 적용, '강팔점'의 지속적인 추진, '하나의 중국'에 대한 견지, 대만동포에 대한 희망적인 기대, 양안교류의 확대와 양안 간 직접적인 교류의 실현, 그리고 그 어떤 독립시도에 대한 결사적인 반대로 이루어지고 있다. 이러한 내용은 큰 변화 없이 사실상 17차 당대회에서도 그대로 이어진다.

2) 제17차 당대회와 양안관계

2007년 10월 15일 개막된 제17차 당대회에서 후진타오 주석은 〈정치보고〉 전반의 과거 5년에 대한 평가에서 양안관계와 관련하여 대만정책이 진일보하였다고 자평하고, "양안 정당간의 교류가 성공적으로 이루어졌으며, 인적 왕래와 경제적 문화적 교류가 새로운 지평에 도달하게 되었다"고 평가하였다. 또한 "반분열국가법을 제정하여 국가의 주권과 영토보전을 수호할 수 있었다"고 평가하였다.

그러나 〈정치보고〉 상의 양안관계 부분은 대만의 독립움직임이 증가하기 때문에 이에 상응하여 강경한 입장을 보일 것이라는 예상과 달리 지난 16차 당대회와 큰 차이가 없이[50] '일국양제'와 '평화적 통일'을

반열에 오르게 되었다. '삼개대표론'은 공산당이 첫째, 선진적인 사회생산력 발전 요구, 둘째, 선진문화의 창달, 셋째, 광범위한 인민재중의 근본이익 등의 3가지를 대표해야 한다는 이론이다.

50) 제16차 당대회의 중국의 대만정책에 대한 분석은 다음을 참조하라. Chu (2004) ; Chen-yuan Tung, "An Assessment of China's Taiwan Policy

재확인하는 수준에 그쳤다.[51] 또한 예상되었던 대만의 공민투표안에 대한 직접적인 언급이 포함되지 않았으며, 16차 당대회에서 언급한 것과 같이 "무력을 불사한다"는 위협적 표현을 사용하지 않음으로써 표현에서는 오히려 더 부드러워졌다.

(1) '일국양제와 평화통일'

〈정치보고〉 제 10장의 많은 부분은 홍콩과 마카오의 성공적인 '일국양제'의 적용사례에 대한 평가에 할애되었다. 1997년과 1999년 홍콩과 마카오가 중국으로 반환되었을 때 서구사회는 물론이고, 대만은 이러한 실험이 어떠한 결과를 가져올지에 주목하였다. 중국은 이번 보고에서 홍콩과 마카오의 사례가 외부에서 기대하는 것 이상으로 매우 성공적이라고 발표하였다. 이어서 홍콩과 마카오의 번영과 안정의 유지를 위해서 '일국양제'를 지속적으로 적용할 것이라고 하였다. 그리고 홍콩과 마카오의 주민들은 중국에 대한 애국심을 보여야 할 것이며, 대륙중국과 협력하여 서로 발전할 것을 권고하였다. 그러나 그 어떤 외부세력이든지 홍콩과 마카오의 일에 '간섭'하는 것에는 결사적으로 반대한다는 입장을 분명히 하였다.

'일국양제'의 성공적인 사례인 홍콩과 마카오에 대한 내용에 이어 제 10장은 양안관계의 발전을 위한 평화적 통일과 '일국양제'의 방침의 설명으로 이어진다. 먼저 후진타오 주석은 '평화적 통일과 일국양제'의 방침과 현 단계의 양안관계의 발전을 위한 '강팔점'을 지속적으로 추진할 것을 밝혔다. 이는 원칙적으로는 평화통일의 입장을 고수하나 무력

---

under the Third Generation Leadership", *Asian Survey* Vol. 45, No. 3 (2005), pp. 343~361.

51) I-Chung Lai, "17th Chinese Communist Party Congress: Policy Implications on Taiwan", *China Brief*, Vol. 7, Issue 21 (November, 2007); 김흥규, "중국 제 17차 공산당 전국대표대회 평가 및 대외 정책적 함의", 외교안보연구원, 〈주요 국제문제 분석〉(2007 11월).

사용의 가능성을 전면 배제하지 않겠다는 기존 입장을 확인하는 것이다. 이는 1979년의 '일국양제, 평화통일'의 주장과 1995년의 '강팔점', 2005년의 '4개 결부' 그리고 '반분열국가법'의 내용을 그대로 담은 것이라고 할 수 있다.[52] 그러나 중국의 무력사용을 정당화할 수 있는 대만에서의 유엔가입 공민투표안에 대한 직접적 언급은 포함되지 않음으로써 중국이 이번 당대회를 통해 새로운 대만정책을 제시할 것이라는 예상은 빗나가게 되었다.

(2) 하나의 중국

후진타오 주석은 양안관계와 관련하여 "하나의 중국의 원칙의 견지에는 그 어떤 타협도 있을 수 없다"고 강한 입장을 표명하였다. "국가의 주권과 영토를 보전하고, 중화민족의 근본적인 이익을 수호하기 위해서 평화통일을 위한 노력을 지속할 것임"을 밝히고, 이어서 "하나의 중국의 원칙을 견지하는 것은 양안관계의 평화적 발전의 정치적 기초이다. 양안 간에는 아직 통일이 이루어지지 않았지만 대륙과 대만은 하나의 중국이라는 사실에는 전혀 변함이 없다. 중국은 양안동포의 공동의 고국이며, 양안동포가 마땅히 협력하여 우리의 공동의 고국을 잘 수호하고 건설하여야 한다"고 밝혔다.

후 주석은 이어서 이러한 바탕 위에서 '하나의 중국'의 원칙을 승인하는 정당이라면 그 어떤 정당이든 교류, 대화, 협상 그리고 담판이 가능하다고 하였다. 그러나 이는 역으로 '하나의 중국'을 인정하지 않는 경우는 대화하지 않겠다는 것을 의미하는 것이다. 한편 양안간의 적대적인 상태를 종결하고 평화적인 발전을 위한 그 어떤 문제라도 담판이 가능하다고 하였는데 양안간의 적대적인 상태를 정식으로 해결하는 문제, 평화적인 합의, 양안관계의 평화적인 발전의 틀을 수립하는

52) "十七大報告確立大陸對臺灣工作基本方針", 〈中國網〉, 2007. 10. 15, http://china.com.cn(검색일: 2008. 1. 5).

것 그리고 양안관계의 평화적인 발전의 신국면을 창조하는 문제를 논할 수 있다고 구체적으로 제시하였다.

이와 같은 내용을 과거의 〈정치보고〉와 비교하여 볼 때 17차 당대회에서는 '하나의 중국'의 원칙이 보다 심화되어 있는 것을 볼 수 있다. 제 16차 당대회에서는 '하나의 중국'의 원칙에 대해 "세계에는 오직 하나의 중국밖에 없다. 대륙과 대만동포는 하나의 중국에 속한다. 중국의 주권과 영토의 보전은 쉽게 분리될 수 없다"고 하였지만 17차 당대회의 〈정치보고〉 상에는 "양안 간에는 아직 통일이 이루어지지 않았지만 대륙과 대만은 하나의 중국이라는 사실에는 변함이 없다. 중국은 양안동포의 공동의 고국이며, 양안동포가 마땅히 협력하여 우리의 공동의 고국을 잘 수호하고 건설하여야 한다"고 하였다. 또한 대만의 어떠한 정당이든 "양안이 '하나의 중국이라는 것'을 인정할 때에만 교류와 협상, 담판을 할 수 있다"고 밝혔다. 이 내용은 뒤에 이어지는 대만주민에 대한 호소의 부뷰과 연결된다.

(3) 대만주민에 대한 호소

제 16차 당대회의 〈정치보고〉에서는 대만동포에 대해 "찬란한 애국주의의 전통을 가지고 있고, 이러한 것이 양안관계의 중요한 역량이 된다"고 하였으며, "충분히 대만동포의 생활방식과 주인의식의 소망을 충분히 존중한다"고 하였다. 그러나 제 17차 당대회에서는 이와 비교적 큰 차이를 보인다. 대만주민을 대륙과 분리된 다른 개체로서 존중한다는 해석을 가져올 수 있는 부분의 내용이 삭제되었다. 대신 대륙동포와 대만동포가 혈연 상으로 연결된 하나의 운명공동체임을 강조하고 있다. 본문에는 "대륙동포와 2,300만의 대만동포는 혈연 상으로 연결된 운명공동체이다. 만약 대만동포에게 이익이 되는 일이라면, 만약 대만해협의 평화에 이로운 상황을 수호하기 위한 것이라면, 만약 조국의 평화적 통일에 유리한 상황을 촉진시키기 위한 것이라면 우리는 모두 최선의 노력을 다할 것이다"라고 하였고, 이어서 "우리는 대만의 동포를 이해하고, 신뢰하며, 관심을 가지고 있으며, 지속적으로 광범위한 대만동포의 정책적 조치를 실시하고 강화하며, 법에 의존하여 대만동포의 정당한 권익을 보호하고, 해협의 서쪽과 대만상인들의 투자가 상대적으로 집중된 곳을 후원할 것이다"라고 하였다. 대만 주민에 대한 이러한 '직접적인 호소'는 중국이 대만의 진정한 통치자이며, 대만주민 역시 중국의 국민이라는 것을 내포하고 있는 것으로서 대만주민의 권익은 중국이 보호하겠다는 의지를 표명한 것으로 볼 수 있다.

(4) 양안 교류

양안교류와 관련하여 〈정치보고〉에는 "양안동포들은 교류를 더욱 강화하고, 경제·문화적 교류를 강화하며, 계속적으로 그 영역을 넓혀야 한다"고 하였고, '3통'에 대해서는 그 등급을 높여 '직접 3통'을 추진해야 한다고 주장하였다. 양안간의 경제적, 문화적인 교류는 1980년대 이후 폭발적으로 증가하였지만 그 교류의 범위와 수준은 제한되어 있기 때문에 중국은 양안교류에 개방의 폭을 더욱 넓히고자 하였다. 그러나 교류의 근본적 목적이 경제적 상호이익에 있는 것이 아니라 '하나의 중국'을 위한 교두보로 사용되고 있음을 알 수 있는 바, 중국은 교류의 궁극적 지향점을 '중화민족'의 위대한 부흥으로 설정하고 있다. 즉 경제적 효과가 정치적 효과로 전이될 수 있는 효과를 기대하고 있다[53].

---

53) 중국이 경제적 교역이 정치적 통합으로 이어지는 통합이론(*integration theory*)에 의한 통일을 추구한다는 설명은 다음과 같다. Chung-chian Teng, "Interaction Between Taipei and Beijing Toward China's Reunification: A Regime Change Prospective", 〈政治學報〉 第21期(1993), pp. 257~293; Chu(1999).

양안교류와 관련하여 第16차 당대회 〈정치보고〉에서는 양안의 교류와 왕래를 확장시켜야 하며, 공동으로 중화문화의 우수한 전통을 선양해야 한다고 하였다. 반면 17차 당대회에서는 양안의 교류를 강화하여 서로 간에 감정의 융합을 촉진하여 궁극적으로 중화민족의 위대한 부흥을 위해 공동으로 노력해야 한다고 밝히고 있다. 두 표현은 유사해 보이나 큰 차이를 내포하고 있다. 전자가 문화적 공동체를 지향한다면 후자는 민족적 공동체, 나아가서는 국가적 공동체를 지향하고 있기 때문이다. 문화적 공동체는 국경과 민족을 넘어 형성이 가능하지만 중국의 민족주의는 국가적 민족주의이기 때문에 후자의 표현은 잠재적으로 양안의 교류를 통해 하나의 국가를 건설하겠다는 강한 의지가 담겨져 있는 것이라고 하겠다. 즉 경제적 통합을 통해서 궁극적으로 정치적 통합을 이루겠다는 강한 의지를 보이고 있다.

(5) 대만의 독립세력에 대하 입장

〈정치보고〉의 마지막 부분에는 대만 독립의 움직임에 대한 중국의 입장을 밝히고 있다. 이는 2008년 총통선거를 앞두고 대만에서 전개되는 유엔가입 공민투표의 추진, 정명운동 등 다양한 독립추진 운동에 대한 직접적으로 언급하고 있지는 않지만 단호한 대응을 포함한다. 후 주석은 "국가의 주권과 영토보전을 유지하기 위해서는 국가를 분열하고자 하는 시도에 대해 적극적으로 반대해야 한다"고 강조하였다. 그리고 "대만을 포함한 중국의 주권과 영토의 보전의 문제는 대만동포를 포함한 전 중국인민들이 결정해야 한다"고 함으로써 "대만의 미래는 2,300만 대만주민들이 결정해야 한다"[54]는 대만 독립주의자들의 주장에 대해 정면으로 대응하고 있다. 그러나 第16차 당대회에서는 대만

54) 대만의 독립주의자들은 중국과의 통일이냐 독립이냐의 미래의 양안관계에 대해 말할 때 이는 정치인들이 결정하는 것이 아닌 2,300만의 대만주민들이 결정하는 것이라는 화법을 사용해오고 있다.

독립을 도모하는 국외의 세력과 대만 내의 분리세력이라고 구체적으로 지적한 반면, 제17차 당대회에는 국외 세력에 대한 직접적인 표현을 사용하지 않고, 대만 독립을 추구하는 분리세력으로만 표현하였다.

이상과 같이 제16차와 제17차의 두 당대회에서 양안문제와 관련하여 나타난 표현상의 차이를 정리하면 다음의 〈표 7-2〉와 같다. 이를 종합해 평가해보면 다음과 같다. 첫째, 제16차와 제17차의 양안관계에 관련된 〈정치보고〉 상에는 기존의 '일국양제, 평화통일' 방안을 다시 확인하고, '하나의 중국'의 논의를 더욱 심화시켰으며, '하나의 중국' 원칙 하에서 가능한 논의의 범위 내용 중 대만의 국제사회에서의 활동범위와 대만당국의 지위에 대한 논의를 누락시킴으로써 대만의 유엔가입 공민투표에 대한 근본적인 반대의 입장을 표현하였다. 둘째, 대만동포도 중국동포와 같이 중화인민공화국의 하나의 법의 적용대상으로 삼고자 하였고, 양안 간의 교류를 통해서 과거와 같이 중국문화

〈표 7-2〉 16차 당대회와 17차 당대회 〈정치보고〉 중 양안관계상 표현의 차이

제16차 당대회	제17차 당대회
일국양제, 평화통일 강팔점	일국양제, 평화통일 강팔점
하나의 중국 (대만의 국제사회에서의 활동공간에 대한 내용 포함)	하나의 중국 (주 내용은 양안간의 평화적 발전 분야)
대만 주민에 대한 노선 (대만의 생활양식, 주인의식에 대한 존중)	대만주민에 대한 노선 (양안 주민은 공동운명체, 대만동포에 대한 중화인민공화국의 법의 보호 시사)
양안교류 (단계론, 중국문화의 선양)	양안교류 (영역의 확장, 중화민족의 부흥)
대만 독립세력에 대한 대응 (대만 독립을 획책하는 국외세력과 대만 내 분리세력)	대만 독립세력에 대한 대응 (대만독립을 추구하는 분리세력)

를 선양하는 문화적 공동체를 구성하는 것이 아닌 중화민족의 부흥이라는 표현을 통해 민족적 공동체를 구성할 것을 요구하였다. 셋째, 이와 같은 내용상의 변화를 종합하면 제 17차 당대회의 양안관계 분야 정치보고의 내용은 비록 표현상으로는 부드럽게 완화된 면이 있기는 하지만 실질적으로는 제 16차 당대회 내용보다 대만과의 통일에 대한 의지를 더욱 확고히 하고 있음을 알 수 있다.

4. 결론: 제 17차 당대회 평가와 향후 전망

제 17차 당대회는 대만의 2008년 총통 선거를 앞두고 민진당의 대만 독립을 위한 시도[55]가 이루어지는 가운데 실시되었다. 후진타오 집권 1기의 중국은 '하나의 중국'의 원칙을 지향하는 가운데 대만의 독립노선에 대해서는 반대하고 저지해야함을 분명히 해왔다. 그러나 후 주석이 지난 정권과 다른 점은 대만주민에 대한 평화로운 접근을 활용하였다는 점이다. 후진타오 1기의 중국은 양안교류의 확산, 국민당과의 협조를 통해 효과적으로 대만주민의 마음을 얻어 통일의 기반을 다지고자 하였다. 그러나 기대와 달리 대만의 독립추진을 위한 움직임은 더욱 가속화되었다. 그럼에도 불구하고 제 17차 당대회의 〈정치보고〉에서 이러한 대만의 독립행보에 대한 적극적인 대응은 명시되지 않았다. 그 원인은 무엇인가?

첫째, 그 중 가장 지지를 얻고 있는 것은 중국의 경제우선론이다. 지난 제 16차 당대회와 마찬가지로 중국은 가장 우선시하는 경제발전을 위해 대만문제를 잠시 유보해둔다는 입장이다. 즉 당면목표인 소강

55) 유엔가입 공민투표안은 대만의 주권, 국가안보, 양안관계 그리고 국가적 정체성의 모든 내용을 함축하고 있다. Mily Ming-Tau Kao, "The Referendum Phenomenon in Taiwan", *Asian Survey* Vol. 44, No. 4 (2004).

사회(小康社會) 건설을 위해서 대만문제에서는 여전히 한걸음 뒤에 물러서 있는 것을 택한 것이다. 더욱이 중국 경제발전의 중요한 계기가 될 2008년 베이징 올림픽을 성공적으로 치르기 위해서는 국제사회 특히 미국과 일본의 도움이 필요한 상황에 있다. 따라서 대만문제로 인해 미국과 일본과의 관계가 악화되는 것을 원하지 않았을 가능성이 크다.[56)]

둘째, 대만의 유엔가입을 위한 공민투표안에 대만 반대입장을 직접적으로 명시하지 않은 이유는 설사 공민투표안이 통과된다고 하더라고 그 결과가 현 양안관계에 큰 변화를 가져오지는 않을 것이라고 보기 때문이다. 즉 중국의 입장에서는 대만이 여전히 중국의 일부분이며, 대만이 실제로 유엔에 가입할 수는 없을 것이라고 판단하고 있다. 더욱이, 대만에 대한 미국의 입장에 변화가 있지 않는 이상 이는 실현되기 어려울 것이라는 판단이다. 미국은 양안 간에 군사적 긴장을 초래한 어떤 시도에 대해서도 반대하며, 대만의 유엔가입을 위한 공민투표안에 대해서도 반대하고 있다. 따라서 미국이 지지하지 않는 이상 중국의 입장에서는 이에 적극적인 반응을 보일 필요가 없다.[57)]

또한, 유엔가입 공민투표는 대만의 대중국 전략이라기보다는 국내선거용이라는 분석이 지배적이다. 이는 공민투표로 인해 대만인의 정체성을 강화시키고, 사실상 공민투표안은 실제 선거에서 다수를 획득하려는 민진당의 선거전략의 하나이다. 1990년대 이후 급격히 성장하기 시작한 대만인 정체성은 대만선거에서 중요한 변수로 등장하였는데

---

56) 중국은 덩샤오핑이 전권을 장악한 이후 실용주의적이고 경제우선적인 정책으로 선회하였으며, 이를 승계한 장쩌민도 현실주의적 세계관과 자유주의적 시장경제를 중요시하면서 이의 균형 속에서 실리적 외교정책을 추종하였다. 따라서 개혁개방 이후 대회의존도가 높아진 중국경제는 경제대국인 미국, 일본과 우호적 관계를 유지하는 것이 중요했다. Robinson(1995).

57) Lai(2007), p. 2.

유엔가입 공민투표는 이러한 증가하는 대만인 정체성과 상호작용의 효과를 갖게 된다. 따라서 기본적으로 '하나의 중국'에 찬성하는 국민당의 경우에도 초기에는 적극적으로 반대하였으나 시간이 지나면서 대만주민들의 호응이 높아지자 대만의 명의로 유엔에 가입할 것이 아니라 '중화민국(中華民國, Republic of China)'의 명의로 유엔에 재가입해야 한다는 대안을 내놓기에 이르렀다. 국민당 후보 마잉지우(馬英九)는 민진당의 공민투표안에 대해서 "대만 명의로 유엔에 재가입할 것인지 혹은 중화민국의 명의로 유엔에 재가입할 것인지"를 공민투표에 부쳐야 한다고 주장하였다.[58)]

제17차 당대회가 끝난 뒤 대만의 천수이벤 총통은 후진타오의 양안관계에 대해 다음과 같이 대응했다. 양안 간에 협상을 할 수 있는 세 가지 조건이 있다. 먼저 중국이 '하나의 중국'을 포기하는 것이다. 둘째, '반분열국가법'을 포기하는 것이다. 셋째, 동남부 해안에 대만을 향해 있는 미사일을 해제하는 것이다. 천수이벤은 '중국은 대만과 본래 하나가 아니며, 대만의 미래는 2,300만의 대만인들이 결정하는 것'이라고 밝혔다. 또한 국민당의 마잉지우 주석은 후진타오의 메시지를 인정했지만 대만의 미래는 대만인들이 결정해야 할 것이라는 말을 덧붙였다. 그리고 양안관계는 '92공식'의 시기로 거슬러 올라가야 하며, '하나의 중국, 각자의 해석(一個中國, 各自表述)'의 원칙을 지켜야 할 것이라고 강조하였다.[59)] 이와 같은 대만 측의 대응은 통일에 대한 중국의 원칙적인 입장의 확인에 대한 개별 정당의 원칙적 입장을 확인해 준 것이라고 볼 수 있다.

그럼에도 불구하고 중국의 대만문제의 중요성을 고려해볼 때 여전

---

58) "유엔가입 문제로 소용돌이치는 대만정국", 〈연합뉴스〉, 2007. 9. 16, http://app.yonhappnews.co.kr(검색일: 2007. 12. 19).

59) "Chen Sets Terms for Dialogue with PRC", *Taipei Times*, 2007. 10. 17, http://www.taipeitimes.com(검색일: 2008. 1. 17)

히 강경한 대만정책의 가능성은 상존한다. 특히 이는 대만문제에 대해서 보수적 입장에 있는 장쩌민과 군부의 영향력 때문이다. 후진타오의 집권 1기 대만정책은 비교적 유화적인 입장을 취하고 있으나 군을 기반으로 하는 장쩌민의 영향력이 아직 사라지지 않았기 때문에 언제든지 강경한 입장으로 전환될 수 있는 개연성이 있다.[60] 중국에서의 군부는 대만문제에 항상 보수적 입장에 있으며, 때로는 독자적인 목소리를 낸다.[61] 또한 중국 권력의 상층부는 인치적 성격이 강하기 때문에 중국의 당-군 관계는 당 최고지도자의 개인적인 정치적 위상과 군 내부에서의 당 최고지도자의 위상에 의해서 결정된다.[62] 장쩌민보다 카리스마적 지도력이 약하다고 평가받는 후진타오의 경우는 2004년 공식적으로 전권을 인계받을 때까지 대만문제에 독자적인 목소리를 내는 것이 사실상 불가능했다. 따라서 후진타오의 유화적인 입장이 지속될 수 있을까 하는 문제는 여전히 유동적이라고 볼 수 있다.

이러한 경향은 제 17차 당대회 직후 나타났다. 당대회가 폐막된 후 개최된 17기 제 1차 중앙위원회 전체회의에서는 향후 5년간 중국을 이

---

60) 조영남 (2006), pp. 129-130.

61) 중국의 외교정책 결정과정은 점차 관료적인 성향으로 변해가고 있다. 장쩌민의 경우에도 과거의 지도자보다 카리스마적 지도력이 약하기 때문에 다양한 부처와 이익집단간의 협상이 더욱 중요해졌다. 대만문제에 대해서는 일반적으로 군부가 강경한 위치에 있으며 중국 내 사업가 집단의 경우는 보다 온건한 입장을 지닌다. 장쩌민 통치 시기의 중국의 외교정책에 대해서는 Thomas W. Robinson, "〔In〕〔ter〕dependence in China's Post-Cold War Foreign Relations", Samuel S. Kim (ed.), *China and the World: Chinese Foreign Policy Faces the New Millennium:* Fourth Edition (Westview Press, 1998), pp. 193~216; Elizabeth Economy and Michel Oksenberg, *China Joins the World: Progress and Prospects* (Council on Foreign Relations Press, 1999) 를 참조할 것.

62) 김태호, "胡錦濤 시대 중국의 당-군 관계 전망", 〈중소연구〉, 통권 100호 (2003/2004).

끌 "제 5세대" 핵심지도부를 선출했다. 후진타오는 이번 정치국 상무위원회에서 자신이 원하는 변화를 가져오지 못했다. 원자바오(溫家寶)와 리커창(李克强)을 제외하고는 모두 장쩌민과 쩡칭홍(曾慶紅)이 후견하는 인물들로 채워졌으며, 제 5세대 후계자를 선정하지 못한 상황에서 후진타오가 지지하는 리커창보다 장쩌민이 지지하는 시진핑(習近平)이 차세대 지도자로 예견되고 있기 때문이다. 시진핑은 2008년 전인대에서 쩡칭홍으로부터 국가부주석의 자리를 물려받은 이후 현재 후진타오 주석의 대대만 중앙연도소조 조장의 자리를 이을 것으로 예상된다. 이 과정에서 후진타오의 권력 공고화가 불확실함이 드러나게 됨으로서 후진타오의 양안해법이 지속적으로 유지되기 어렵게 되었다. 더욱이 차세대 지도자로 여겨지는 시진핑은 '대만통'으로 알려져 있는데 그가 정치국 상무위원으로 지명됨으로서 중국이 다음 제 5세대의 통치가 시작되는 2012년부터는 국가의 최고 해결과제로서 '대만문제'가 떠오를 것으로 보인다.[63] 이는 대난의 독립행보를 더 이상 두고 볼 수 없다고 판단한 원로[64]와 군부가 올림픽의 성공적 개최와 소강사회의 목표를 달성한 이후에는 대만문제에 대해 보다 적극적인 조치를 취할 수도 있다는 함의를 던진 것이라고 볼 수 있다.

---

63) "中 차세대 지도부 특명은 '대만'", 〈조선일보〉, 2007. 10. 26, http://news.chosun.com(검색일: 2008. 1. 13).

64) 장쩌민은 16차 당대회 당시 주석직에서 물러나면서 퇴임 후에는 숙원사업인 대만문제에 전념할 것을 밝혔다. 삼성경제연구소, "제16차 전국공산당대회와 중국의 미래", *Issue Paper*(2002), p. 6.

1. 국문

강준영(2007). "제17차 중국공산당 전국대표대회의 이해". 〈NEAR 브리핑(www.nearfnd.com)〉 10월 24일.

김도희(2003). "중국 신지도부의 과제와 사회안정". 〈신아세아〉 10권 1호(봄).

김재관(2003). "제4세대 지도부의 개혁개방전략에 대한 전망". 〈신아세아〉 10권 1호(봄). 61~80.

김태호(2003~2004). "胡錦濤 시대 중국의 당-군관계 전망". 〈중소연구〉 통권 100호.

김태호(2000). "중국의 정치엘리트 연구". 정재호 편. 《중국정치연구론: 영역. 쟁점. 방법 및 교류》. 서울: 나남출판. 31~67.

김태호(2003). "중국의 제16차 당대회: 신지도부 인사내용과 함의". 〈신아세아〉 중국의 제16차 당대회와 지도부의 세대교체 특집호. 10권 1호(봄). 25~41.

김태호(2005). "중국의 당-군관계와 군의 역할 변화". 유세희 편. 《현대중국정치론》. 서울: 박영사. 207~255.

김태호(2007). "중국의 새로운 최고지도부 인사 분석: 내용. 성향. 함의 및 관찰자의 문제". 미래전략연구원(www.kifs.org). 2007년 11월 8일. 검색일: 2007.11.8.

김흥규(2007). "후진타오 '잠 못 이루는 밤'". 〈동아일보〉. 10월 24일. p. A35.

류동원(2001). 《中國의 統一과 一國兩制》. 부산: 부산대학교 출판부.
문흥호(2007). 《대만문제와 양안관계》. 서울: 폴리테리아.
문흥호(2006). 《중국의 대외 전략과 한반도》. 서울: 울력.
박광희(2003). "사영기업주의 포용과 후진타오 시대의 사회통합". 〈신아세아〉 10권 1호(봄).
백승욱(2007). "후진타오 시대 중국 노동관계의 변화: 노동계약법 도입 과정을 중심으로". 〈현대중국연구〉 9집 1호.
삼성경제연구소(2002). "제16차 전국공산당대회와 중국의 미래". 〈Issue Paper〉.
송의달(2007). "현직 후진타오. 전직 장쩌민에 밀려". 〈조선일보〉. 10월 23일.
신상진(2006). "대만문제와 중미관계". 〈중소연구〉 통권 109호.
신태용(2004). "중국경제의 부상과 한국의 정책대응". 산업연구원.
안치영(2003). "중국 개혁개방 정치체제의 형성(1976~1981)". 서울대학교 대학원 정치학 박사학위 논문.
오승렬(2007). "中에 드리운 '성장통 먹구름'". 〈동아일보〉. 10월 16일, p. A35.
劉金賀·馬玆暉·姬虹(2007). "환경오염과 중국 경제발전". 〈SERIChina Review〉 제2007-17호.
이남주(2007). "중공 17차 전대회 분석: 중국 후계구도의 특징과 불안요인". 미래전략연구원(www. kifs. org). 10월 26일.
이동률(2003). "16대 이후 신지도부의 등장과 외교정책 전망". 〈신아세아〉 10권 1호(봄).
이문형·정만태·김석진(2004). "중국 제11차 5개년 계획의 산업정책 방향과 시사점". 산업연구원.
이민자(2007). 《중국 호구제도와 인구 이동》. 서울: 폴리테이아.
이장규·배승민(2008). "중국 지방간부 평가의 환경조항 추가와 시사점". 〈KIEP 지역경제 포커스〉. 2~6.
이태환(2007). "17차 당대회의 의미와 후진타오 집권 2 기 정책전망". 〈정세와 정책〉 통권 139호(11월호). 9~12.
이희옥(2005). "중국의 국가전략: '전면적 소강사회론'을 중심으로". 〈한국과 국제정치〉 제21권 제1호.

장영석(2005). "중국의 경제성장과 실업문제". 〈한국과 국제정치〉 제21권 제1호.

장영석(2007). "체제 전환기의 중국 노동시장의 형성과 발전". 〈국제노동브리프〉 Vol.5, No.11.

장영석(2007). 《지구화 시대 중국 노동관계》. 서울: 폴리테이아.

전병곤(2003). "중국의 다자주의 지역전략". 〈신아세아〉 10권 1호(봄).

전병곤(2007). "중국공산당 제17차 전국대표대회의 의미와 전망". 통일연구원(www.kinu.or.kr). 10월 25일.

전성흥(2003). "중국 16차 당대회에 대한 서설적 평가 주요 쟁점과 시각을 중심으로". 〈신아세아〉 10권 1호(봄).

전성흥(2007). "중국 '17대' 관전 포인트". 〈중앙일보〉. 10월 16일, p.39.

정상은(2007). "2008년 중국경제에 대한 8가지 질문". 삼성경제연구소.

정상은(2007). "한중수교 15주년을 맞이한 한중관계의 회고와 전망". 삼성경제연구소.

정재호(2007). "베이징에서 본 중국의 정치". 〈조선일보〉. 10월 23일.

정주호(2007). "후진타오-장쩌민 권력암투 막전막후". 〈연합뉴스〉. 10월 23일.

조영남(2006). 《후진타오 시대의 중국정치》. 서울: 나남.

조영남(2003). "중국의 제16차 당대회와 정치체제의 변화". 〈신아세아〉 10권 1호(봄).

조영남(2006). "'조화사회' 건설: 후진타오 통치이념의 등장". 미래전략연구원(www.kifs.org). 10월 23일.

조영남(2007). "중국공산당 제17차 전국대표대회와 엘리트정치". 〈현대 중국의 기억과 현실, 그리고 지향〉. 현대중국학회 연말 학술회의 논문집, 12월 21일.

조영남(2007). "중국공산당 통치의 지속성과 정치적 기초". 현대중국학회 2007년도 한중학술회의 발표 논문(성균관대학교, 2007년 10월 5일).

주장환(2007). "제17기 중국공산당 최고지도부 인선의 함의". 코리아연구원(www.knsi.org). 11월 6일.

지은주(2007). "민주화 이후 대만의 독립문제와 정당체제의 재편성". 고려대학교 박사학위 논문.

최지영(2007). “중국공산당 제17차 전국대표대회 평가 및 의의: 파벌정치적 관점에서”. 코리아연구원(www.knsi.org). 11월 14일.

최형규(2007). “후·장 후계구도 암투 ‘5세대 선점’ 경쟁 … 장쩌민 우세승”. 〈중앙일보〉. 10월 23일.

하도형(2007). “17차 중국 공산당대회와 권력구도 변화방향”. 〈u-안보리뷰〉 Vol. 22(11월 15일). 1~4.

하종대 (2007). “中 시진핑 떴다 … 리커창 제치고 후진타오 후계자리 선점”. 〈동아일보〉. 10월 23일.

한국은행(2007). “중국 외환투자공사(CIC) 설립 배경과 영향”. 한국은행 조사국 해외조사실.

한국은행(2007). “중국경제의 리스크와 정책과제”. 《한국은행 조사국 해외조사실》.

황윤진(2006). “주요 교역상대국간 한국 산업의 동태적 비교우위 측정”. 〈국제경제연구〉 12권 2호. 71~98.

2. 영문

Ahearne, A., Fernald, J., Loungani, P. and Schindler, J. (2006). “Flying Geese or Sitting Ducks? China's Impact on the Trading Fortunes of other Asian Countries”. *Bruegel Working Paper* No. 3.

Baum, Richard(1998). “The Fifteenth Mational Party Congress: Jiang Takes Command?”. *The China Quarterly* 153.

Bergsten, F., Lardy, N., Gill, B. and Mitchell, D. (2007). *The China Balance Sheet in 2007 and Beyond*. Center for Strategic and International Studies.

Bo, Zhiyue(2007). *China's Elite Politics: Political Transition and Power Balancing*. Singapore: World Scientific.

Braham, Laurence(2007). “Scientific Harmony”. *South China Morning Post*. (Internet Edition), November 6(http://www.scmp.com/portal/site/SCMP)

Brookings Institution. “China's 17th Party Congress: Looking Ahead to

Hu Jintao's 2nd Term". Washington, D. C. October 30, 2007.

Brown, Kerry (2007). "China's 17th Party Congress: Leadership, not Policy". *Briefing Note.* November.

Chao, Chien-min (2002). "Cross-Strait Relations in the 21st Century: More Integration, More Alienation?". John Wong, and Zheng Yongnian (eds.). *China's Post-Jiang Leadership Succession: Problems and Perspectives.* Singapore: Singapore University Press. 327~354.

Chen, Weising and Guoli Liu (2005). "Building a New Political Order in China: Interpreting the New Directions in Chinese Politics". Chen and Zhong (eds.) (2005). 57~79.

Chen, Weixing and Yang Zhong (eds.) (2005). *Leadership in a Changing China.* New York: Palgrave Macmillan.

Cheung, Tai-ming (2004). "The Chinese Defence Establishment in 2004: Strategic Ourlooks, Defence Modernization and Military Posture", 〈전략연구〉 통권 제31호. 57~82.

Chu, Shulong (2005). "The 16th National Congress of the Chinese Communist Party and China's Foreign Policy". Chen and Zhong (eds.) (2005). 133~146.

Chu, Yun-han (1999). "The Political Economy of Taiwan's Mainland Policy". Suisheng Zhao (ed.). *Across the Taiwan Strait.* Routledge. 163~195.

Chu, Yun-han (2004). "Power Transition and the Making of Beijing's Policy towards Taiwan". Yun-han Chu, Chih-cheng Lo and Ramon H. Myers (eds.). *The New Chinese Leadership: Challenges and Opportunities after the 16th Party Congress.* Cambridge University Press. 198~218.

Chu, Yun-han, Chih-cheng Lo and Ramon H. Myers (eds.) (2004). *The New Chinese Leadership: Challenges and Opportunities after the 16th Party Congress.* Cambridge, London: Cambridge University Press.

Copper, John F. (1999). "The Origin of Conflict Across the Taiwan

Strait". Suisheng Zhao (ed.). *Across the Taiwan Strait.* Routledge. 41~76.

Cui, L., Syed, M. (2007). "The Shifting Structure of China's Trade and Production". *IMF WP/07/214.*

Deng, Yong (1999). "Research Note: The Chinese Conception of National Greatness and Nationalistic Writing in the 1990s". *China Quarterly* 152. 725~745.

Dittmer, Lowell (1983). "The 12th Congress of the Communist Party of China". *The China Quarterly* 93.

______(2004). "Leadership Change and Chinese Political Development". Chu, Lo and Myers (eds.) (2004). 10~32.

Dittmer, Lowell and Yu-shan Wu (2006). "Leadership Coalitions and Economic Transformation in Reform China: Revisiting the Political Business Cycle". Lowell Dittmer and Guoli Liu (eds.). *China's Deep Reform: Domestic Politics in Transition.* Lanham, Maryland: Rowman & Littlefield. 49~80.

Economy, Elizabeth and Michel Oksenberg (1999). *China Joins the World: Progress and Prospects.* Council on Foreign Relations Press.

Farrell, D., Beinhocker, E., *etc.* (2006). "From 'Made in China' to 'Sold in China': The Rise of the Chinese urban Consumer". Mckinsey Global Institute.

Fewsmith, Joseph (2007). "Democracy Is a Good Thing". *China Leadership Monitor* 22.

Finkelstein, David M. and Maryanne Kivlehan (eds.) (2003). *China's Leadership in the 21st Century: The Rise of the Fourth Generation.* Armonk: M. E. Sharpe.

Goodman, David S. G. (1986). "The National CCP Conference of September 1985 and China's Leadership Changes". *The China Quarterly* 105.

Hamrin, Carol Lee (1992). "The Party Leadership System". Kenneth G. Lieberthan and David M. Lampton (eds.). *Bureaucracy, Politics, and Decision-Making in Post-Mao China.* Berkeley and Los Angeles: University of California Press. 95~124.

Hermann, Margaret G., Charles F. Hermann, and Joe D. Hagan (1987). "How Decision Units Shape Foregin Policy Behavior". Charles F. Hermann, Charles W. Kegley, Jr., and James Rosenau(eds.). *New Directions in the Study of Foreign Policy.* London: Allen & Unwin.

Hsieh, John Fuh-sheng(2005). "Cross-Strait Relations After 16th National Congress of the Chinese Communist Party". Weixing Chen and Yang Zhong(ed.). *Leadership in a Changing China.* New York: Palgrave Macmillan. 193~203.

Huang, Cary(2007). "Congress Secures Hu Legacy". *South China Morning Post*(Internet Edition). October 22(http://www.scmp.com/portal/site/SCMP) 검색일: 2007. 10. 22.

______(2007). "Hu MakesPeace Offer to Taiwan". *South China Morning Post*(Internet Edition). October 16(http://www.scmp.com/portal/site/SCMP) 검색일: 2007. 10. 26.

Huang, Jing(2000). *Factionalism in Chinese Communist Politics.* Cambridge, London: Cambridge University Press.

IMF(2007). *World Economic Outlook.*

Jung, Joo-Youn(2007). "China's National Security Policymaking: Waning Military Representation and Shifting Policy Priorities". *Korean Journal of Defense Analysis* Vol. 19, No. 3. (Fall). 77~98.

Kahn, Joseph(2007). "China's Leaders Deadlocked Over Succession". *New York Times.* October 5.

______(2007). "Politburo in China Gets Four New Members". *New York Times*(Internet Edition). October 22(http://www.nytimes.com/2007/10/22/world/asia/22china.html) 검색일: 2007. 10. 23.

Kao, Mily Ming-tzu(2004). "the Referendum Phenomenon in Taiwan: Solidification of Taiwan Consciousness?" *Asian Survey* Vol. 44, No. 4. (July/August).

Kim, Taeho(2003). "Leading Small Groups: Managing All Under

Heaven". David M. Finkelstein and Maryanne Kivlehan(eds.). *China's Leadership in the 21st Century: The Rise of the Fourth Generation*. Armonk: M.E. Sharpe. 121~139.

Knorr, Klaus. "Threat Perception". Klaus Knorr(ed.). *Historical Dimensions of National Security Problems*. Kansas: University Press of Kansas. 1876.

Lague, David(2007). "China Promotes Taiwan-Focused Military Officers". *New York Times*(Internet Edition). October 10(www.nytiems.com/2007/10/10/world/asia/10china.html) 검색일:2007.11.2.

Lai, I-chung(2007). "17th Chinese Communist Party Congress: Policy Implications on Taiwan". *China Brief* Vol.7, Issue 21(November).

Lam, Willy(2007). "Hu's Impasse at the 17th Party Congress". *China Brief* Vol.7, Iss.19.

______(2007a). "Striving for Balance: Assessing Recent Municipal and Provincial Leadership Changes". *China Brief* Vol.7, Iss.8(April 18). 2~3.

______(2007b). "Limited Reforms: Status Quo at the 17th Party Congress". *China Brief* Vol.7, Iss.17(September 19). 6~7.

______(2007c). "Reorienting the 17th Party Congress: Boosting Unity and Thwarting Taiwan". *China Brief* Vol.7, Iss.18(October 3). 2~3.

______(2007d). "Hu's Disappointments at the 17th Party Congress". *China Brief* Vol.7, Iss.19(October 17). 6~7.

______(2007e). "Post-Congress Appointments Motivated by Factional and Ideological Bases, Not Reform". *China Brief* Vol.7, Iss.20(October 31). 1~3.

Lee, Hong Yung(1991). *From Revolutionary Cadres to Party Technocrats in Socialist China*. Berkeley: University of California Press.

Li, Cheng(2001). *China's Leaders: The New Generation*. Lanham, Maryland: Rowman & Littlefield.

______(2005). "The New Bipartisanship within the Chinese Communist

Party". *Orbis* 49-3(Summer). 387~400.

______(2006). "Party's Inner Party Democracy: Toward A System of 'One Party, Two Functions'?" *China Brief* Vol. 6, Iss. 24.

______(2007a). "Anticipating Chinese Leadership Changes at the 17th Party Congress". *China Brief* Vol. 7, Iss. 6(March 21). 5~7.

______(2007b). "China's Two Li's: Frontrunners in the Race to Succeed Hu Jintao". *China Leadership Monitor* 22(Fall).

______(2007c). "China's Most Powerful Princelings: How Many Will Enter the New Politburo?" *China Brief* Vol. 7, Iss. 19(October 17). 2~5.

______(2007d). "China: Riding Two Horses at Once". Brookings Insititution. November 21(http:www.brookings.edu/articles/2007/1023china.aspx?p=1) 검색일: 2007. 11. 21.

Li, Cheng and Lynn White (1998). "The Fifteenth Central Committee of the Chinese Communist Party: Full-Fledged Technocratic Leadership with Partial Control by Jiang Zemin". *Asian Survey* Vol. 38, No. 3.

______(2003). "The Sixteenth Central Committee of the Chinese Communist Party: Hu Gets What?" *Asian Survey* Vol. 43, No. 4.

______(2006). "The Sixteenth Central Committee of the Chinese Communist Party: Emerging Patterns of Power Sharing". Lowell Dittmer and Guoli Liu(eds.). *China's Deep Reform: Domestic Politics in Transition*. Oxford: Rowman & Littlefield Publishers.

Li, Cheng and Scott W. Harold(2007). "China's New Military Elite". *China Security* Vol. 4, No. 4(Autumn). 62~89.

Li, Mingjiang(2007). "17th CPC Congress: Transition the World Missed". *ISN Security Watch*. November 1(http://www.isn.ethz.ch/news/sw/details.cfm?ID=18304). 검색일: 2007. 11. 7.

Li, Nan(2002). "The Central Military Commission and Military Policy in China". James C. Mulvenon and Andrew N. D. Yang(eds.). *The People's Liberation Army as Organization: Reference volume v1.0*. Santa Monica: The RAND Corporation. 45~94.

Lin, Gang (2003). "Ideology and Political Institutions for a New Era". Gang Lin and Xiaobo Hu (eds.). *China after Jiang*. Washington, D.C.: Woodrow Wilson Center Press. 39~68.

______ (2005). "Leadership Transition, Intra-Party Democracy, and Institution Building in China". Chen and Zhong (eds.) (2005). 37~55.

Liu, Guoli (2005). "Leadership Transition and New Foreign Policy Orientation". Chen and Zhong (eds.) (2005). 169~191.

Liu, Guoli and Lowell Dittmer (2006). "Introduction: The Dynamics of Deep Reform". Lowell Dittmer and Guoli Liu (eds.). *China's Deep Reform: Domestic Politics in Transition*. Oxford: Rowman & Littlefield Publishers.

Lu, Ning (1997). *The Dynamics of Foreign-Policy Decisionmaking in China*. Boulder: Westview.

Lu, Ning (2001). "The Central Leadership, Supraministry Coordinationg Bodies, State Council Ministries, and Party Departments". David M. Lampton (ed.). *The Making of Chinese Foreign and Security Policy in the Era of Reform, 1978~2000*. Stanford: Stanford University Press. 39~60.

Maddison, A. (2007). *Chinese Economic Performance in the Long Run*. Second Edition, Revised and Updated. OECD.

Miller, H. Lyman (2004). "Hu Jintao and the Party Politburo". *China Leadership Monitor* No. 9 (Winter).

Murphy, Melissa (2008). "Decoding Chinese Politics: Intellectual Debates and Why They Matter". A Report of the CSIS Freeman Chair in Chinese Studies. Center for Strategic & International Studies (January).

Nathan, Andrew J. and Bruce Gilley (2002). *China's New Rulers: The Secret Files*. New York: New York Review Books.

Robinson, Thomas W. (1998). "Interdependence in China's Post-Cold War Foreign Relations". Samuel S. Kim (ed.). *China and the World: Chinese Foreign Policy Faces the New Millennium*: Fourth

Edition. Westview Press. 193~216.

Romerg, Alan D. (2008). "Cross-Strait Relations: In Search of Peace". *China Leadership Monitor* No. 23.

Roy, Denny (2007). "Taiwan's 2008 Presidential Candidates Resolving the Cross-Strait Imbroglio?" *China Brief* Vol. 7, Iss. 13 (June).

Saich, Tony (1992). "The Fourteenth Party Congress: A Programme for Authoritarian Rule". *The China Quarterly* 132.

Schram, Stuart R. (1988). "China after the 13th Congress". *The China Quarterly* 114.

Shambaugh, David (2002). "The Pinnacle of the Pyramid: The Central Military Commission". James C. Mulvenon and Andrew N. D. Yang (eds.). *The People's Liberation Army as Organization: Reference.* Santa Monica: The RAND Corporation. 95~121.

Shambaugh, David (2007). "China's 17th Party Congress: Maintaining Delicate Balances". *Brookings.* November 21 (http:www. brookings. edu/opinions/2007/11_china_shambaugh. aspx) 검색일: 2007. 11. 21.

Shi, Jiangtao (2007). "Four Allies of Hu Elevated to New Politburo". *South China Morning Post* (Internet Edition). October 23 (http://www. scmp. com/portal/site/SCMP) 검색일: 2007. 10. 23.

Shi, Ting (2007). "Hu up with Party Greats after Its Adopts His Scientific Theory". *South China Morning Post* (Internet Edition). October 22 (http://www. scmp. com/portal/site/SCMP) 검색일: 2007. 10. 22.

Singer, David (1958). "Threat-Perception and the Armament Tension Dilemma". *Journal of Conflict Resolution* Vol. 2, No. 1.

Swaine, Michael D. (1998). *The Role of the Chinese Military in National Security Policymaking.* rev. ed. Santa Monica: RAND Corporation.

Taylor, Jay (2000). *The Generalissimo's Son.* Cambridge: Harvard University Press.

The Brookings Institution (2007). *China's 17th Party Congress: Looking*

Ahead to Hu Jintao's 2nd Term. Washington, DC: The Brookings Institution. (October).

Tung, Chen-yuan(2005). "An Assessment of China's Taiwan Policy under the Third Generation Leadership". *Asian Survey* Vol. 45, No. 3. 343~361.

Wang, Xiangwei(2007). "The Limits of Hu's Influence are Laid Bare". *South China Morning Post*(Internet Edition). October 23(http://www.scmp.com/portal/site/SCMP) 검색일: 2007. 10. 23.

Wang, Zhengxu and Yongnian Zheng(2007). "Key Policy Outcomes of the 17th National Congress of the Chinese Communist Party". *Briefing Series* 31.

Wong, John and Zheng Yongnian(eds.)(2002). *China's Post-Jiang Leadership Succession: Problems and Perspectives.* Singapore: Singapore University Press.

Wu, Yu-Shan(2004). "Jiang and After: Technocratic Rule, Generational Replacement and Mentor Politics". Chu, Lo and Myers(eds.)(2004). 69~88.

Zhao, Suisheng(1999). "Making Sense of the 1995~96 Crisis in the Taiwan Strait". Suisheng Zhao(ed.) *Across the Taiwan Strait.* Routledge. 1~20.

______(2004). "The New Generation of Leadership and the Direction of Political Reform after the 16th Party Congress". Chu, Lo and Myers(eds.)(2004). 33~68.

Zheng, Yongnian(2005). "The 16th National Congress of the Chinese Communist Party: Institutionalization of Succession Politics". Chen and Zhong(eds.)(2005). 15~36.

______(2007). "Hu Jintao's Road Map to China's Future". *Briefing Series* 28.

3. 중문

"新華網特別專題: 黨史資料". 〈新華網〉 2007. 10. 24 http://news.xinhuanet.com/ziliao/2004-11/24/content_2255749.htm. 검색일: 2007. 11. 20.

OECD(2006). 《中國公共支出面臨的挑戰: 通往更有效和公平之路》. 北京: 淸華大學出版社.

"'中國共産黨章程(修正案)' 誕生記". 〈人民網〉 2007. 10. 28. http://politics.people.com.cn/GB/1026/6444090.html. 검색일: 2007. 10. 29.

"爲構建社會主義和諧社會努力奮鬪". (人民日報社論) 〈人民網〉 2006. 10. 12. http://politics.people.com.cn/GB/1026/4907610.html. 검색일: 2006. 10. 12.

中共中央文獻硏究室 編(2000). "中共中央關於黨章修正案的說明". 《十五大以來重要文獻選編》(上). 北京: 人民出版社.

中共中央文獻硏究室 編 1986). "中國共産黨章程(1982. 9. 6)". 《十二大以來重要文獻選編》(上). 北京: 人民出版社.

"中國共産黨章程"(中國共産黨第十七次全國代表大會部分修改, 2007年 10月 21日 通過). http://www.china.com.cn/17da/2007-10/25/content_9179079.htm. 검색일: 2007. 11. 20.

"中國共産黨第十六次全國代表大會關於'中國共産黨章程(修正案)'的決議". 中共中央文獻硏究室 編(2005). 《十六大以來重要文獻選編》(上). 北京: 中央文獻出版社.

"中國共産黨第十一屆中央委員會第三次全體會議公報". 中共中央文獻硏究室 編(1982). 《三中全會以來重要文獻選編》(上). 北京: 人民出版社.

"中國共産黨中國共産黨第17次全國代表大會關於'中國共産黨章程(修正案)'的決議". 〈人民網〉 2007. 10. 22. http://politics.people.com.cn/GB/1026/6411396.html. 검색일: 2007. 10. 22.

"中國共産黨中央委員會關於建國以來黨的若干歷史問題的決議". 中共中央文獻硏究室 編(1982). 《三中全會以來重要文獻選編》(下). 北京: 人民出版社.

"中共中央關於建立老幹部退職制度的決定(1982. 2. 20)". 中共中央文獻研究室 編(1982). 《三中全會以來重要文獻選編》(下). 北京: 人民出版社.

"中國機構及領導人資料庫". 〈人民網〉 http://politics.people.com.cn/GB/shizheng/252/9667/index.html. 검색일: 2008. 3. 30.

"中央和地方重要人事任免". 〈人民網〉 http://politics.people.com.cn/GB/shizheng/252/9823/index.html. 검색일: 2008. 3. 30.

"解讀十七大報告中的九個新表述和兩個沒有變". 〈新華網〉 2007. 10. 21. http://www.scol.com.cn/focus/zgsz/20071021/2007102185529.htm. 검색일: 2007. 10. 24.

"中國共產黨章程"(수정본) (2007. 10. 21). 〈人民網〉 2007. 10. 25. http://politics.people.com.cn/GB/1024/6429094.html. 검색일: 2007. 10. 26.

江澤民(1996). "加强改革開放和現代化建設步伐, 奪取有中國特色社會主義事業的更大勝利". 中共中央文獻研究室 編. 《十四大以來重要文獻選編》(上). 北京: 人民出版社.

江澤民(2000). "高擧鄧小平理論偉大旗幟, 把建設有中國特色社會主義事業全面推向二十一世紀". 《中共中央文獻研究室》.

姜洁(2007). "國家豫防腐敗局揭牌". 〈人民網〉 2007. 9. 14. http://politics.people.com.cn/GB/1026/6262017.html. 검색일: 2007. 9. 14.

顧昕· 方黎明(2007). "自願性與强制性之間-中國農村合作醫療制度嵌入性與發展可持續性分析". 徐月賓主 編. 《社會政策理論與實踐》. 中國勞動社會保障出版社.

郭瑞華(2008). "中共十七大之後的對臺政策". 《中共十七大之後政經情勢與對臺政策 學術硏討會論文發表之三》.

教育部· 國家統計局· 財政部(2007). "2005年全國教育經費執行情況統計公告". http://www.moe.edu.cn/edoas/website18/level13.jsp?tablename=748&infoid=24279(검색일: 2007년 12월 26일).

國家統計局人口和就業統計司· 勞動和社會保障部規劃財務司 編(2006). 《2006中國勞動統計年鑑》. 中國統計出版社.

國務院新聞辦公室(2005). 《中國的民主政治建設》(白皮書) (2005. 10).

國務院新聞辦公室(2005). "中國的和平發展道路"(白皮書). 〈新浪網〉 2005.

12. 22. http://news.sina.com.cn/c/2005-12-22/10097773884s.shtml. 검색일: 2006. 3. 3.

鄧小平(1982). 《黨和國家領導制度的改革》. 中共中央文獻研究室(上).

鄧小平(1993). "在武昌, 深圳, 珠海, 上海等地的談話要點". 中共中央文獻研究室 編. 《十三大以來重要文獻選編》(下). 北京: 人民出版社.

路克利(2007). "7大以來歷次黨代會臺灣問題的論述". 〈新華網〉 2007. 11. 10. http://news.xinhuanet.com/politics/2007-11/10/content_7042143.htm. 검색일: 2007. 11. 10.

李春(2007). "江系沒全退 胡系沒全上". 〈聯合報〉 2007. 10. 23.

林利民(2007). "'和諧世界'的理論超越". 〈新華網〉 2007. 9. 30. http://news.xinhuanet.com/world/2007-10/17/content_6890647.htm. 검색일: 2007. 10. 17.

馬立誠·凌志軍 (1998). 《交鋒: 當代中國三次思想解放實錄》. 北京: 今日中國出版社.

文濤來(2008). "中共改革派新思維與政府機構改革". 〈多維新聞〉 (www.dwnews.com/gb/Mainnews/Opinion/2008_3_17_22_54_56...). 2008. 3. 17.

傅旭(2007). "堅定不移發展社會主義民主政治". 〈人民網〉 2007. 10. 19. http://politics.people.com.cn/GB/1026/6399393.html. 검색일: 2007. 10. 19.

徐尙禮(2007). "近卄太子黨躋身黨政軍高層". 〈中國時報〉 2007. 10. 22.

蘇起· 鄭安國 編(2005). 《'一個中國 各自表述' 公識的史實》訂四版. 臺北: 國家政策研究基金會.

孫宇挺(2007). "中共高層新成員: 文科高學歷地方歷練'新生代'". 〈中新網〉 2007. 10. 23. http://news.xinhuanet.com/politics/2007-10/23/content_6927117.htm. 검색일: 2007. 10. 24.

沈寶祥(1997). 《眞理標準問題討論始末》. 北京: 中國青年出版社.

阿瑟·候賽因, 尼古拉斯·斯特恩(Athar Hussain, Nicholas Stern) (2006). "中國的公共財政, 政府職能與經濟轉型". 《比較》 제 26집.

楊桃源(2005). "構建和諧社會的戰略意圖". 〈人民網〉 2005. 2. 24. http://politics.people.com.cn/GB/8198/70195/70203/4757848.html. 검색일: 2007. 7. 15.

嚴昭柱(2007). “提升軟實力的關鍵點”. 〈人民網〉 2007. 11. 2. http://politics. people. com. cn/GB/30178/6474279. html. 검색일: 2007. 11. 6.

葉篤初(2006). “六中全會硏究構建和諧社會 彰顯中南海大手筆”. 〈人民網〉 2006. 9. 5. http://politics. people. com. cn/GB/1026/4782602. html. 검색일: 2006. 9. 5.

吳建民(2007). “構建中華主流文化成當務之急”. 〈人民網〉 2007. 11. 2. http://politics. people. com. cn/GB/30178/6474278. html. 검색일: 2007. 11. 6.

溫家寶(2007). “關於社會主義初級階段的歷史任務和我國對外政策的幾個問題”. 〈人民網〉 2007. 2. 26. http://politics. people. com. cn/GB/1024/5418093. html. 검색일: 2007. 2. 26.

汪莉絹(2008). “共靑之花劉延東 缺地方歷練”. 〈聯合報〉 2008. 3. 18.

王銘義(2007). “‘後胡時期’對臺和平攻勢軟的更軟硬的更硬”. 〈多維新聞〉 2007. 10. 22. http://www7. chinesenewsnet. com/gb/MainNews/Forums/BackStage/... 검색일: 2007. 10. 22.

王夢奎(2005). 《中國中長期發展的重要問題:2006~2020》. 中國發展出版社.

王小魯(2008). “什麽造成貧富分化?”. 《財經年刊, 2008:豫測與戰略》.

王海軍(2007). “中央黨校副校長: 中央新領導班子具有三個特點”. 〈中新網〉 2007. 10. 23. http://news. xinhuanet. com/newscenter/2007-10/23/content_6927782. htm. 검색일: 2007. 10. 24.

劉思揚· 孫乘斌· 劉剛(2007a). “肩負起黨和人民的重托”. 〈人民網〉 2007. 10. 22. http://politics. people. com. cn/GB/1026/6411397. html. 검색일: 2007. 10. 22.

______(2007b). “爲了黨和國家興旺發達長治久安: 黨的新一屆中央領導機構産生紀實”. 〈新華網〉 2007. 10. 24. http://news. xinhuanet. com/newscenter/2007-10/24/content_6931498. htm. 검색일: 2007. 10. 24.

劉延棠(2007). “新階段的中國外交”. 〈新華網〉 2007. 10. 22. http://news. xinhuanet. com/world/2007-10/22/content_6920351. htm. 검색일: 2007. 10. 24.

劉勇・高化民 主編(2001).《大論爭: 建國以來重要論爭實錄》(下冊). 珠海: 珠海出版社.

劉雲山(2007). "更加自覺更加主動地推動社會主義文化大發展大繁榮". 〈人民網〉 2007. 10. 29. http://politics. people. com. cn/GB/1024/6444326. html. 검색일: 2007. 10. 29.

兪錚(2007). "中共開啓政治體制改革新局". 〈新華網〉 2007. 10. 17. http://news. xinhuanet. com/politics/2007-10/17/content_6896712. htm. 검색일: 2007. 10. 18.

柳曉力(2007). "國臺辦: 大陸方面絕不會呑下'臺獨'這個苦果". 〈人民網〉 2007. 10. 31. http://politics. people. com. cn/GB/14858/6459705. html. 검색일: 2007. 10. 31.

李培林(2006).《和諧社會十講》. 社會科學文獻出版社.

李詩佳(2007). "推動建設和諧世界: 中國外交的新理念". 〈新華網〉 2007. 9. 30. http://news. xinhuanet. com/newscenter/2007-09/30/content_6818999. htm. 검색일: 2007. 10. 1.

李亞傑(2007). "永遠立於不敗之地: 16大以來權力監督工作成效顯著". 〈新華網〉 2007. 9. 28. http;//news. xinhuanet. com/politics/2007-09/28/content_6809016. htm. 검색일: 2007. 9. 29.

李源潮(2007). "推進黨內民主建設 增强黨的團結統一". 〈人民網〉 2007. 11. 1. http://politics. people. com. cn/GB/1027/6464041. html. 검색일: 2007. 11. 1.

張宏良(2008). "元旦雜談". http://www. wyzxsx. com('烏有之鄕' 2008년 1월 15일판, 총56기).

張樹軍・高新民(1998).《中共十一屆三中全會歷史檔案》(上·下). 北京: 中國經濟出版社.

張秀蘭・徐月賓· 方黎明(2007). "對中國農村減貧政策的反思和建議". 徐月賓主編,《社會政策理論與實踐》. 中國勞動社會保障出版社.

張宿堂(2006). "構建社會主義和諧社會若干重大問題的決議誕生記". 〈人民網〉 2006. 10. 19. http://politics. people. com. cn/GB/1026/4937088. html. 검색일: 2006. 10. 19.

張勇(2007). "黨的16大以來黨中央譜寫對臺工作新篇章". 〈新華網〉 2007. 9. 30. http://news. xinhuanet. com/politics/2007-9/30/content_

6819099. htm. 검색일: 2007. 10. 1.

張車偉(2004). "擴大與促進就業的思路與對策". 陳佳貴·王延中主編. 《中國社會保障報告(2001~2004)》. 社會科學文獻出版社.

財政部(2007). "關于2006年中央和地方豫算執行情況與2007年中央和地方豫算草案報告"(2007년 3월 5일 제 11기 전국인민대표대회 제 5차 회의).

錢綱(2007). "政治體制改革在哪裏". 〈亞洲週刊〉 21~43.

鄭立中(2007). "17大報告對指導令後對臺工作意義重大". 〈人民網〉 2007. 10. 20. http://tw. people. com. cn/GB/14810/6406021. html. 검색일: 2007. 10. 20.

鄭必堅(2007). "高擧中國特色社會主義偉大旗幟". 〈人民網〉 2007. 10. 31. http://politics. people. com. cn/GB/1026/6457254. html. 검색일: 2007. 10. 31.

趙紫陽(1991). "沿着有中國特色的社會主義道路前進". 中共中央文獻研究室 編. 《十三大以來重要文獻選編》(上). 北京: 人民出版社.

中共中央(2006). "關於構建社會主義和諧社會若干重大問題的決議". 〈人民網〉 2006. 10. 18. http://politics. people. com. cn/GB/1026/4932440. html. 검색일: 2006. 10. 19.

中共中央(2007). "中國共産黨第16屆中央委員會7次全體會議公報". 〈人民網〉 2007. 10. 13. http://politics. people. com. cn/GB/1024/6373547. html. 검색일: 2007. 10. 13.

中共中央政治局(2007a). "中共中央政治局建議". 〈人民網〉 2007. 8. 28. http://politics. people. com. cn/GB/1024/6182429. html. 검색일: 2007. 8. 29.

中共中央政治局(2007b). "研究擬提請16屆7中全會討論的文件". 〈人民網〉 2007. 9. 18. http://politics. people. com. cn/GB/1026/6277142. html. 검색일: 2007. 9. 18.

中共中央政治局(2007c). "中央政治局討論16屆6中全會以來政治局的工作". 〈人民網〉 2007. 9. 28. http://politics. people. com. cn/GB/1024/6329206. html. 검색일: 2007. 9. 29.

中華人民共和國國家統計局編(2006). 《2006年中國統計年鑑》. 中國統計出版社.

中華人民共和國財政部, "關于2005年中央和地方豫算執行情況與2006年中央與地方豫算草案的報告".

中華人民共和國財政部主管(2006). 《2006中國財政年鑑》. 中國財政雜誌社.

曾培炎(2007). "促進國民經濟又好又快發展". 〈人民網〉 2007. 10. 30. http://politics. people. com. cn/GB/1024/6450733. html. 검색일: 2007. 10. 30.

陳少峰(2007). "發展文化産業的國際經驗借鑒". 〈人民網〉 2007. 11. 2. http://politics. people. com. cn/GB/30178/6474283. html. 검색일: 2007. 11. 6.

蔡昉(2008). "勞動力無限供給時代結束". 《財經年刊, 2008:豫測與戰略》.

蔡昉・都陽・王美艶 (2006). 《中國勞動力市場轉型與發育》. 商務印刷館.

楚樹龍(2007). "中國和平發展戰略". 중국공산당의 경쟁력과 지속 가능성(중앙일보 중국연구소 창립기념 심포지엄 발표논문), 2007년 10월 9일, 한국 프레스센터.

刘思扬・刘刚・孙承斌(2007). "肩负起党和人民的重托: 新一届中共中央委員會和中共中央纪律檢查委員會诞生记". 〈人民網〉 2007. 10. 22. http://politics. people. com. cn/GB/1026/6411397. html. 검색일: 2007. 11. 19.

______(2007). "爲了党和國家兴旺发達长治久安: 党的新一届中央领導机构産生纪實". 〈新華網〉 2007. 10. 24. http://news. xinhuanet. com/newscenter/2007-10/24/content_6931498. htm. 검색일: 2007. 11. 20.

湯躍國(2007). "中共中高級官員選拔培養解讀: 取捨昇降有五標準". 〈中新網〉 2007. 10. 23. http://news. xinhuanet. com/politics/2007-10/23/content_6927789. htm. 검색일: 2007. 10. 24.

湯應武(1997). 《1976年以來的中國》. 北京: 經濟日報出版社.

彭志平(2007). "5大軍區領導人 世代交替". 〈中國時報〉. 2007. 10. 2.

馮飛・楊建龍(2006). 《2006 中國産業發展報告》. 華夏出版社.

胡錦濤(2005). "胡錦濤强調扎實做好工作大力促進社會和諧團結". 〈新華網〉 2005. 2. 19. http://news. xinhuanet. com/newscenter/2005-02/19/content_2595497. htm. 검색일: 2006. 10. 8.

______(2007). "胡錦濤在中國共産黨第十七次全國代表大會上的報告". 〈新

華網〉.

______(2007a). "胡錦濤在中央黨校發表重要講話". 〈人民網〉 2007. 6. 25. http://politics. people. com. cn/GB/1024/5910958. html. 검색일: 2007. 6. 25.

______(2007b). "高擧中國特色社會主義偉大旗幟, 爲奪取全面建設小康社會新勝利而奮鬪: 在中國共産黨第17次全國代表大會上的報告". 〈人民網〉 2007. 10. 25. http://politics. people. com. cn/GB/1024/6429094. html. 검색일: 2007. 10. 25.

胡鞍鋼(2007). 《2020中國全面建設小康社會》. 淸華大學出版社.

胡耀邦(1986). "全面開創社會主義現代化建設的新局面". 中共中央文獻硏究室.

昊狄(2007). "北京規定國企職工不漲薪老總禁先漲". 〈新京報〉 2007. 12. 28. http://news. sina. com. cn/c/2007-12-28/022514617620. shtml(검색일: 2007년 12월 28일).

華人民共和國衛生部(2007). "2007中國衛生統計年鑑". http://www. moh. gov. cn/open/statistics/year2007/p83. htm(검색일: 2007년 12월 26일).

孙承斌·李斌·李亞杰(2008). "担当起時代賦予的庄嚴使命: 新一屆國家机构和全國政协领導人員産生纪實". 〈人民網〉 2008. 3. 20. http://politics. people. com. cn/GB/1026/7021671. html. 검색일: 2008. 3. 30.

찾아보기

(용 어)

ㄱ

ㅈ

ㅊ · ㅌ · ㅍ

ㅎ

기타

찾아보기

(인 명)

저·자·약·력

(게재순)

·전성흥

현재 서강대학교 정치외교학과 교수 / 中國 人民大學 國際關係學院 객원교수
서강대학교 정치외교학과 박사

주요 연구:
“중국 정치체제 변화의 회고와 전망”, 《전환기의 중국 사회 Ⅰ, Ⅱ》(편), “중국 자본주의의 발전과 세계정치에서의 위상”, 《중국모델론》(편), 《중국의 부상(中國崛起)》(공편)

·김태호

현재 한림국제대학원대학교 국제학과 교수 겸 현대중국연구소 소장
미국 오하이오 주립대학교 정치학과 박사

주요 연구:
China's Arms Acquisitions from Abroad, *The Dynamics of Sino-Russian Military Relations*, “Leading Small Groups(領導小組)”, 《중국군의 미래전 준비 및 전망》

·조영남

현재 서울대학교 국제대학원 교수
서울대학교 정치학과 박사

주요 연구:
《중국 의회정치의 발전》, 《후진타오 시대의 중국정치》, 《중국 정치개혁과 전국인대》, *Local People's Congresses in China: Development and Transition*.

· 정 상 은

현재 한남대학교 중국통상 · 경제학부 교수
중국 북경대학교 경제학 박사

주요 연구:
"在中國大陸韓國企業的經營成果與產業空洞化研究", "다국적기업의 중국내 사회적 책임(CSR) 활동 분석", "중국기업의 走出去 전략 분석"

· 장 영 석

현재 성공회대학교 중어중국학과 교수
중국 북경대학교 사회학과 박사

주요 연구:
《지구화 시대 중국 노동관계》, 《당대 중국 노동제도 변화와 노동조합 기능 전환》(중국어), 《동아시아 제조업의 분업구조와 고용관계 I, II, III》(공저), 《중국은 어디로 가고 있는가》(역), 《고뇌하는 중국: 현대 중국 지식인의 담론과 중국 현실》(역), 《중국 노사관계와 현지 경영》(역)

· 김 흥 규

현재 외교안보연구원 교수
미국 미시간대학(Ann Arbor) 정치학 박사

주요 연구:
《중국의 정책결정과 중앙-지방관계》, "중국의 정책결정과 민주집중제", "鄧小平시대 중앙-지방 관계", "The Politics of Fiscal Standardization in China: Fiscal Contract vs. Tax Assignment", "중국의 반국가분열법과 양안관계 전망", "양빈사건과 북한-중국관계(공저)", "China's Military Buildup and Its Implication", "후진타오 신 외교노선과 북중관계"

· 지 은 주

현재 고려대학교 평화연구소 연구교수
고려대학교 정치학 박사

주요 연구:
“민주화 이후 대만의 독립문제와 정당체제의 재편성”(박사학위논문), “Independence Issues and National Identity in Taiwan”, 《지속가능한 민주주의》(역), 《갈등의 정체성》(역)